圖1　桃園市楊梅區永寧里700年樟樹伯公樹，樹幹跟部以紅布圈住，樹之周圍有圍籬，禁止跨入、觸摸。（2020.10.28攝）

圖2　客家粄十念：一槌（油錐仔）、二粢、三甜粄、四惜圓、五包（菜包）、六粽、七水粄、八摸挲（米篩目）、九層粄、十紅桃。

圖5 金包銀（拍攝地點：桃園機場
環北站附近民居，拍攝時間
2011.01.10）

圖6 楊梅泉水窩人家大門前的擋水簷，讓水從兩旁鰲魚口流下，亦象徵「獨占鰲
頭」。（2016.10.18攝）

圖7　福建南靖縣田螺坑東歪西斜樓（2010.07.31攝）

圖9　傳統婚禮中女方送男方的
　　　五種：帶葉芋、蓮蕉、長
　　　命草、穀種、豆種

圖10　傳統喪俗在家屋前的空地做法事場

圖11　桃園市平鎮區2019年「全國客家日」以
　　　五色粄祭天

圖12　中壢後站健福宮2012
　　　年「食伯公福」盛
　　　況，約80餘桌

圖13 苗栗名產「綠豆餅」，又名
「綠豆凸」，現在俗稱「肚
臍餅」

圖14 平鎮東勢忠恕堂曾屋於
2009年開始，於祖先牌
位右下方設立「姑婆牌」
（2017.04.09攝）

圖16　炭窯已封窯

圖17　計算工時與記事

圖18 廣東梅州市梅縣區丙村溫公祠後之化胎左右兩棵鐵樹（2010.08.02攝）

圖19 建於光緒元（1875）年的龍潭聖蹟亭，是目前臺灣所存最具規模、保留最完整的聖蹟亭。（2018.10.31攝）

客 家
民俗禁忌

徐貴榮 ———————————— 著

五南圖書出版公司 印行

推薦序
以民俗與禁忌來豐富客家的多樣性

　　客家語言及文化的保存與推展，一直都是新楊平社區大學長期以來所努力的目標。從2006年5月社大創校以來，16年間社大開設了相關客家類課程包含「語言文學、社會文化、音樂戲劇、百工技藝」等，從單科的課程，逐步發展成學群、學程，更提升至領域，系統化的建構在地的客家知識體系，並通過臺師大的非正規學程認證通過。我們自許成為在地民間的客家學院，希望開設的課程能接地氣，符合成人的學習需求，而課程規劃發展最主要的靈魂人物就是徐貴榮老師，也是新楊平社大客家文化學程的召集人。

　　社區大學學員的學習特色就是黏著度高，當教室裡的師生關係建立後，學習方式就可以無限的延伸，徐老師一生從事教育工作，從國小、國中、高中到大學都擔任過教職，在社大任教更是退休後的另一創舉，當多數教育工作者選擇退休安度餘年時，徐老師以身作則從社大學員成為社大教師，更積極參與學習並榮獲博士學位，可謂之成人終身學習的標竿典範，也因為他的豐富人生經歷，只要學員想上什麼課程都難不倒他，是一個全方位型的學者。

　　桃園升格直轄市後，原有的鄉鎮市民大學都將走入歷史或併入社區大學中，徐老師在平鎮市民大學經營了14年28期的客家文化課程也面臨了相同的問題，當老師和學生的關係已經發展到亦師亦友的程度，在學員的支持下開設了「客家民俗禁忌」課程，這是歷史的創舉，是正規學校與社區大學之間從來沒有人敢挑戰的課程，此課程不但成功開設且連續延續了六期三年，且獲得臺師大非正規學分的認證，在臺灣社大20週年慶的活動時還受邀分享經驗並接受表揚的肯定，非常的不容易。

　　凡走過的路必留下痕跡，學校鼓勵徐老師能將他三年來嘔心瀝血的

(4) 客家民俗禁忌

資料分類整理出版，與更多的同好來分享。民俗文化就是常民生活經驗的累積，本書命名為「客家民俗禁忌」，共著有十個篇章，主要內容聚焦在臺灣客家地區的民俗禁忌為主，內容包含相關的文獻資料探討、飲食、語言、生命禮俗、歲時節令等八種禁忌，及日常生活中常遇到的民俗與習俗禁忌等，本書可作為閱讀者日常生活的倫理教化及自我行為約束的參考，也可做為傳承客家文化底蘊的工具書，值得您我大家共同來支持、閱讀與珍藏。社區大學強調地方知識的探究傳承，本書可豐富客家文化論述的多樣性和在地性，是一本值得推薦的優良著作。

新楊平社區大學校長

唐春榮

2021.06.28

自序

　　臺灣民間俗語，不論閩客都有這句：「無禁無忌食百二」，照這樣來看，凡事不太需要講禁忌就可以活到高壽囉！不但如此，還曾聽到「*毋驚毋驚！扨耳食百二*」這句。「食百二」是句語言民俗，大家心裡都期望「食百二」，可見大家不只希望長命百歲，還想活到一百二十才滿足呢！那為什麼又要講禁忌？其實通常講這句話之時，是在語言或生活、行為上犯了禁忌之後，對自己、給別人的安慰話，壓壓驚罷了！一些經常「番番」沒有禁忌的人，與他提到「死」的問題時！他馬上就正經起來了！可見禁忌還是有其社會功能與作用。

　　俗言：「入境而問禁，入國而問俗，入門而問諱。」人類社會普遍具有的一種文化現象，是日常生活的行為規範，它是客觀存在的，我們要融入這個社會，就必須尊重這個社會的禁忌。禁忌的內容、存在、功能極其複雜，也不全然是迷信，事實上有很多是族群歷史的圖騰，文明衛生的因素，行業生產的關係，看了本書讀者即會清楚明白。當然，隨著時代的進步，科學的昌明，社會的變化，有些毫無根據的禁忌，已逐漸被人們拋棄，至今甚至已成歷史。

　　會完成這本書，起因於2016年10月，前往桃園客家文化館參加由客家事務局主辦，桃園客語教師協會舉辦的「平安戲暨師生教學成果展」後，古美珠理事長、司儀羅乙甯小姐邀集臺北客家公共事務協會楊進煥理事長、文學作家張捷明先生等一群人於糧園餐廳午餐時，筆者談到於「平鎮市民大學」的「客家文化」課程已歷經14年共28期，可說江郎才盡，配合桃園市升格，「平鎮市」改為「平鎮區」走入歷史，「平鎮市民大學」也將併入「新楊平社區大學」，準備收攤了。這幾位從沒上過我的市大課程，起鬨說筆者一定還有壓箱寶沒有使出，偷藏一步，使我百口莫辯。於是在一陣酒酣耳熱中，不知誰迸出要筆者說說客家人常講的「你婆个扨

仔」、「你婆个扒攋」（leb deb）的由來和故事，結果眾夥一陣哄堂大笑之後，竟然要求筆者開這些「粗俗語」、「詈罵語」、「禁忌語」的課。

這些「粗俗語」、「詈罵語」、「禁忌語」屬社會底層的語言，要在社會語中才聽得到。若要分辨這語言是否活絡？是否還是當地流行語言？端看這些底層語言還活絡否？可是若要拿到課堂去講，可以嗎？講者敢講，聽者敢聽嗎？老師上起課來，不臉紅耳赤才怪！不被一些衛道之士、教育人士、社會各界人士批評、臭罵才怪！至少校長會有意見吧！縣政府審核會過嗎？有那麼多內容好上嗎？有那麼多材料好找嗎？幸好筆者出身鄉下，對這些禁忌語、詈罵語並不陌生，前幾年也收集了一些，在眾夥的推波助瀾之下，研究之後，定下具有學術性課程面紗的課目名稱「客家禁忌語研究」。校長怕我一朝不慎，導致身敗名裂，膽戰心驚地勉強送審，結果幸運地通過了。

有位教授聽到筆者開這課，覺得非常驚奇，不可思議地說：「兩小時就講完的課程，竟然還可以上到一學期！」幸好學員都是成人，甚至老年了，上這課不用「家長同意」，亦是他們要求要開的，大家心有靈犀，上起課來不至於戰戰兢兢，面紅耳赤。剛開學人數不很多，幸好很快地人數增加，真的！經過一學期誠惶誠恐、膽戰心驚、忐忑忑忑，有時講得面紅耳赤，有時又欲言又止，終於上完一學期。本想結束，可是同學們卻欲罷不能，看到書架上好多本有關民俗禁忌的書，腦際突想：何不以此「禁忌語探究」出發，再去探討客家民俗上的一些禁忌問題？結果與同學討論之後，得到全班學員的贊同，繼續開課，課程名稱改為「客家民俗與禁忌」，開始尋找資料，編輯講義，並送臺灣師範大學「非正規課程認證」通過，於2019年獲得社區大學20週年社大課程績優獎，且於10月受邀到臺北萬華剝皮寮公開講演。個人也曾受邀寶島、講客、新客家等電臺專訪，談談開課原因與目的，實是當初開課時料想不到的。

本書的編成，即是上了三年6期的講義整理完成的。內容參考了很多書後所附參考文獻的資料，以及教學相長，學員於上課時也提供資料，加

上個人的生活經驗，綜合編輯成書。客家分布廣泛，本書所謂的客家，主要聚焦在臺灣地區，內容參考各家內容與分類，共有十章，除第一章概說及第十章客家民俗禁忌的禳除、傳承、生存與式微外，將民俗禁忌分成日常生活禁忌、語言交談禁忌、生命禮俗禁忌、歲時節日禁忌、人生觀念禁忌、民俗信仰禁忌、行業生產禁忌、宇宙生物禁忌等八章（類別），每章再分節次。本書主旨不在探討民俗，而是以民俗出發，期望以最簡潔的內容，藉由歷史、其他族群民俗的禁忌，看客家民俗禁忌的起源、內容、式微等，提供讀者做為參考。

　　本課程能開成，要感謝當初餐會起鬨的那群老友，社大唐校長及其行政團隊、學員的支持。本書之出版，要感謝新楊平社區大學的指導、財團法人客家公共傳播基金會的補助及五南圖書公司的出版。個人才疏學淺，懇切期望各界賢達惠賜指教，殷切盼望是幸，感激不盡。

徐貴榮

2021.03.23 寫於中壢

CONTENTS
目　次

第一章
概說

第一節 有關民俗

民俗（Folklore）是什麼呢？分開來說，「民」可以是民族、社會群體、任何一個人民、全民、古人、現代人，「俗」是以口頭、物質、風俗或行為等非正式和非官方的形式創造和傳播的文化現象，是一種約定俗成的東西，它不是什麼人宣揚和倡導的內容，也不是人們自我標榜的內容，而是人們在日常生活中自覺和無意識地遵循和維護的一種行為規範，道德倫理、認知方式和思維模式[1]。」所以說：「民俗是一個特定群體所呈現的文化，包括了該文化、次文化或是群體的共同傳統。」[2]這其中包含了該族群的敘事、諺語、史詩、說唱或笑話等口傳文學，日常生活、行業生產工具等物質文化，傳統建築風格、工藝美術、特有的手工玩具等民俗文物，婚禮、喪禮、喜慶、節日、舞蹈及成年禮等慶祝活動的傳統儀式、形式。簡單地說，就是人民的風俗、習慣，有關民俗的學術研究則稱為民俗學。

《禮記・緇衣》言：「君民者，章好以示民俗，慎惡御民之淫，則民不惑矣。」《管子・正世》也提到「料事務，察民俗」。《韓非子・解老》又說：「府倉虛則國貧，國貧則民俗淫侈。」說明「民俗」的概念在秦漢之前已經出現了！也可見民俗的良善與否，影響國家社會至巨，居上位者必須時時察訪民俗，以作為施政的方針。

1　參閱王娟《民俗學概論》的說法，全文見該書頁5～11。
2　參考維基百科「民俗」意念。

　　唐太宗追思魏徵曾說過：「以銅為鏡，可以正衣冠；以史為鏡，可以知興替，以人為鏡，可以明得失。[3]」歷史是一面活的鏡子，而民俗的鏡子卻是以往人們生活的寫照，從民俗中的禁忌，或許更能窺知人們日常生活、禮俗信仰、思想觀念的核心與變遷的原理。民俗是民間一直流傳下來的文化，可以說有人類以來它即存在著。它的存在，對社會和民眾的行為發生巨大的規範作用，早已成為學術界的一種共識。

一、民俗事項與分類

　　民俗的形成、構成要素、載體、功能、特點、事項、傳承與變異，一直是民俗學研究的重點。有關民俗學的民俗事項，相當多樣，各國學者各提出其類別，分類標準也因學者對於民俗的觀念存在著不同的認識，而導致眾多的不同看法，分類標準也因而稍有差異，本書提出中國兩位學者的分類再加以綜合。

　　王娟《民俗學概論》根據美國著名的民俗學家理查德・多爾森著的《民俗學與大眾生活》中把民俗事項第四大類[4]的「民間表演藝術」歸到其他事項中，將民俗事項分成三類：一為口頭民俗，細分為敘事民俗、俗語民俗、音韻民俗等三小類，二為風俗民俗，三為物質民俗。

　　葉濤、吳存浩《民俗學導論》根據廣義文化觀念所提供的人類文化，將之分為「物質民俗、行為民俗、意識民俗」三大類[5]，但又將歸類於意識民俗中的「語言民俗」提出特別成一節說明。他說：「語言民俗本身就是一種民俗事項，而且還記載和傳承其他民俗事項」，說明語言民俗帶有更為特殊的屬性。

　　所以本書把「語言民俗」脫離意識民俗事項，獨立於其他三類事項之

3　見《舊唐書・魏徵傳》。

4　理查德・多爾森著《民俗學與大眾生活》的四類民俗事項：口頭民俗、物質民俗、民間社會風俗、民間表演藝術，見王娟《民俗學概論》頁31。

5　葉濤 吳存浩著《民俗學導論》頁264～299

外，成為第四個民俗事項而分成四大類。

1. 物質民俗

物質民俗是指人類在日常生活所依賴和能夠感覺到有形的實體性民俗，因而又稱為「實體民俗」。物質民俗可以說是以有形的、可以看得到的物質形式傳播的民俗事項。主要包括日常生活的飲食、烹飪、節日食俗、衣著、刺繡、居住、建築等生活民俗，以及生產工具、勞動對象、民間工藝、民間美術等有關的器用民俗、工業民俗、產業民俗等。物質民俗用於人類生活需要與發展需要，是與人類生活最密切的一種。

人類賴以生存的物質，基本上可分為來自宇宙的天然物質，以及人類改造自然物質而創造的文化物質，這兩項物質，能夠反映人類群體的生活方式，體現人們的消費觀念。人類為了生存需要與發展需要，除了自然物質外，創造了文化物質。因此，與生活有關的民俗不僅是物質民俗最突出、最重要的組成部分。

2. 行為民俗

行為民俗是指思想和觀念支配而表現出來的外在各種風俗習慣，也可說是以傳統的風俗和習慣形式傳播的民俗事項，又稱為「活動民俗」。基本上，行為民俗屬動態性的民俗事項，是創造物質民俗與意識民俗的活動性民俗。其與其他民俗的區別，物質民俗與意識民俗比較具有成果性而存在著，是屬於靜態的民俗事項。

人的行為不單是身體各種器官的生理活動，而是使用各種生產工具和器械、遵守各種規範，進行各種文化創造的超生理活動。行為民俗主要是依靠民眾群體的行為和活動來表示民俗含義的，具體的表現在行業生產、歲時節日、民間信仰、娛樂遊戲、醫藥養生、交通出行、社會組織、生命禮俗、舞蹈戲劇、肢體手勢等民俗上。

3. 意識民俗

意識民俗又稱為「精神民俗」或「心理民俗」，是意識在民俗中占主導地位的民俗。意識是人類對於客觀物質世界的反映，是感覺、思維等各

種心理過程的總和。意識民俗經常與物質民俗、行為民俗、語言民俗水乳交融，而物質民俗、行為民俗、語言民俗其深層結構都存有意識民俗的因素。

意識民俗可以分為心理民俗、信仰民俗與禁忌民俗等三類。心理民俗表現於民眾群體普遍具有的社會之樸素信念、價值觀念、道德觀念等民俗事項，帶有大眾性、自發性、樸素性、日常經驗性等特點，對其他類型意識民俗的發生、發展與演變帶有支配性作用。信仰民俗是在長期的歷史發展過程中，民眾自動自發產生的一套神靈崇拜觀念、行為習慣和相應的儀式等民俗事項，表現於信仰的對象、媒介與祭祀方式；禁忌民俗是意識民俗裡心理的防範觀念、預防與制裁的手段等。

4.語言民俗

語言民俗又稱「民間口頭文學」或簡稱「口頭民俗[6]」、「口碑民俗」，是民間依靠口頭語言進行傳播和繼承的民俗事項。它是一種特殊的文學，無論在創作、流傳和表現形式上，所反映的內容，都與作家文學不同。語言民俗靠口傳心授，代代相傳而創作與變異，靠集體創作而無固定作者；作家文學靠文字與印刷，受版權保護而較少變異。不過，語言民俗與作家文學存在著相當密切的關係，語言民俗是作家文學的源頭與營養之基，對於作家文學的產生和發展，產生過極為重要的影響，譬如中國古代南北兩大文學作品，北方的《詩經》，其中的「國風」、「小雅」取材自民間歌謠；南方的《楚辭》取材自楚語、楚地、楚物，表現很多楚地方言，大量吸收神話故事。

語言本身不僅是一項民俗事項，而且還記載和傳承其他民俗事項。語言是文化的表徵，一個民族的風俗習慣會於它的語言中有所反映，另一方面，構成民族的特徵也正是語言。所以語言民俗主要包括了⑴敘事民俗，包含了神話、傳說、故事、笑話等。⑵熟語民俗，包含了俗語、諺語、歇

6　「口頭民俗」亦即「王娟」在其《民俗學概論》中的「敘事民俗、俗語民俗、音韻民俗」三小類。

後語、祝詞、繞口令、謎語、稱謂語、流行語，甚至黑話、行話、吉祥話、咒語等。⑶音韻民俗，包含了民間的兒歌、童謠、民歌，史詩、敘事詩、說唱、戲曲、音樂等傳唱的民俗。

　　以上四類民俗事項，其實經常融合在一起，相互連貫、互為表裡。就以我國傳統社會倫理的本質是家庭倫理觀念，其核心為「孝」，不孝即是有違家庭倫理的觀念民俗，父母在世時盡孝，死後慎終追遠是意識民俗；盡孝時所需的食物或金錢等是物質民俗；對祖先慎終追遠的祭祀、生命禮俗相關的儀式是行為民俗；客家諺語常說：「生前一碗豬肉湯，勝過死後拜豬羊」，或說：「為老不尊，教壞子孫」是屬語言民俗。

二、禁忌民俗

　　禁忌民俗或稱為「忌諱民俗」，本屬於意識民俗的一環。禁忌民俗涉及到各項民俗事項中，各種民俗都有其禁忌事項，所以本書稱為「民俗禁忌」。

　　客家大本營分布於閩粵贛交界之區，幅員廣泛，又散佈到周圍各省、方言島、海外地區，各地民俗差異甚大，奇趣亦多。譬如臺灣客家民間傳統不尚吃狗肉，狗肉不上宴席，市面上看不到「香肉店」，就算吃了也不是高雅之事，所以大部分人忌諱吃狗肉，談說吃了狗肉之事。可是廣東梅州市是客家之都，市街上可見香肉店，泛客家界忌諱吃狗肉與否，由各地、個人心理上認定。

　　本書不在探討客家民俗的起源、內涵、功用、特色與價值等，而是在於探討其民俗事項中的禁忌事項。民俗禁忌由來已久，會因民俗的消失、時代的改變，科學的興起，族群的往來，而有所傳布、變異、消失等。譬若農人不吃牛肉，但現在科學發達，工業進步，農業生產已進入機械化，從事農業工作人員已大為減少，耕牛也大量減少，現有飼牛者皆是飼養乳牛或是肉牛，所以忌吃牛肉的人愈來愈少，市面上牛肉麵店或餐館林立，生意興隆。

第二節　禁忌的意義與緣起

一、意義

　　「禁忌」或稱「忌諱」，簡單地說，禁忌就是禁與忌。凡是被人們公認爲禁與忌的事項，即是爲禁忌。《臺灣民間禁忌》一書在〈引言〉中說：「遠古圖騰時的禁忌含意，迥異於農耕社會的禁忌，其間最大不同處，在於農耕社會已將禁忌拉入禮俗之中。亦即是說，圖騰社會禁忌的含意，禁的成分大於忌的成分；到了農耕社會時的禁忌，卻是忌的成分大於禁的成分。更清晰地說，若將遠古的禁忌一拆爲『禁條』與『忌條』兩部分，到了後世，『禁條』與『忌條』分道揚鑣。『禁條』獨立變成法律與規章，『忌條』則潛入我們的生命禮俗與歲時禮俗之中。」這種由合而分，禁與忌互爲消長的現象，至今禁忌已成忌諱。

　　禁忌一詞，在國際學術界通用的術語爲「Taboo」或「Tabu」，華語翻譯成「塔布」或「塔怖」，原是太平洋波里尼西亞湯加島人的土語，含意爲「神聖的」事務、「不潔的」事物不可接觸，否則將要受到懲罰，到了二十世紀初期，才被西方的人類學家大量用來調查世界各地尚存原始部落禁忌時的字眼。所以「原是人類由於懼怕超自然的責罰，來維持對某種行爲的禁止或限制」，也就是指「在一些特定的文化或在生活起居中被禁止的思想、行爲、物品和語言，將他稱爲禁忌行爲、禁忌物或禁忌品、禁忌語、禁忌文字。[7]」

二、緣起與變化

　　「原始人類處於圖騰社會之時，在天地萬物之間，普遍存在一種名叫『瑪那』（mana，或譯作「曼那」）的神秘勢力。禁忌的信仰基礎『瑪那』，「就是一種不可理解的、神秘的超自然力量。[8]」在原始先民看

7　葉濤、吳存浩著《民俗學導論》頁287。
8　萬建中著《禁忌與中國文化》頁20。

來，花開花落、鳥叫蟲鳴、雷吼電閃、風吹雨落、人生人死、日升月落等自然界和人世間的一切變化，都是瑪那的作用。同樣，地震流星、森林大火、山洪爆發、久旱不雨等自然災害，也是瑪那的作怪。瑪那之所以作祟，必定是族人對他有所觸犯，激怒了它，它便降下災難以懲罰族人。瑪那是神秘而不可理解的，越是奇怪的人或物，越是有瑪那潛藏著，在原始人類的恐怖心目中，這些怪誕的人或物，便逐漸被視為不可觸犯的對象，因而產生種種禁忌。

「禁忌的觀念和民俗是伴隨人類一同出現的，可以說有人類就有禁忌。原始人類，生產力及知識水準極端低下，於是產生了自然崇拜。由於對自然物、自然力的崇拜，竟由崇拜產生恐怖，由恐怖則懼怕罹患禍害，為避禍害而趨吉祥，不自覺地恪守一些禁忌。「期望通過這種自我約束的信仰形成，把自然界種種的『異己』力量，改成『順己』、『助己』力量，獲得神靈的恩賜與避免懲罰，從而形成最早的禁忌風俗。[9]」說明了禁忌的緣起。

「禁忌」一詞，至遲在漢代即出現了。《漢書・藝文志・陰陽家》：「遷於禁忌，逆於小數，捨人事而任鬼神。」這恐怕是最早有關「禁忌」的紀錄，且從那時起，禁忌便與宗教、祭祀、鬼神等現象的文字紀錄摻雜並傳了！

禁忌就是禁忌，某事絕對不准做，某物絕對不准觸摸，某語絕對不准說，當時只知有族群，並無個人或你我之分的獨立意識。到了農業社會時期，進入了鬼神崇拜觀念，宗法制度逐漸興起，有了文字，從傳說史進入信史時代，禁忌始終扮演著絕對重大角色。後經制禮作樂，從此禮俗的浸染與道德的滲透，乃將民俗中的禁忌成分改成另一種面貌，因此禁忌戴上禮教的面具，原來的禁忌潛隱鑽入民間廣大的人民心田深處，人民只知絕對遵行禁忌，而不辨遵行禁忌之所以然。

9　萬建中著《中國民間禁忌風俗》頁1。

　　工業革命與科學逐漸昌明發達，東西文化往來漸密，社會結構從農工逐漸轉為工商，那些依附在舊有傳統禮俗下的禁忌突然失去根據地。到了二十世紀初期，五四運動興起，反舊反傳統的浪潮，也衝擊著舊有的民俗禁忌，禁忌的權威性便開始受到懷疑或批判。從權威性被譏為迷信，而譏笑迷信者成為「迷信不信」。

　　科學的昌明應是走向「理性」的時代，很多禁忌已然被打破，甚至消失，應徹底探討禁忌的歷史、傳承、變異，將禁忌的來龍去脈到目前的情形理出一個頭緒來，還禁忌一個歷史產物的公道。至於禁忌未來的走向如何？屬未來的境界，就留待後人去觀察。

第三節　禁忌的種類

　　有關民俗禁忌的種類繁多，各家說法不一，茲就舉諸家分類，及環顧目前臺灣客家狀況，提出本書分類，簡述於下。

一、文獻參考

1. 臺灣民間禁忌：1981年，林明峪著，分為12類。

   (1) 婚嫁篇，含嫁娶的忌月、媒婆、議婚時、定婚時、結婚時、婚後四個月的8項禁忌。

   (2) 房事篇，含臺灣諺語裡的房事記載、我國古來的房事觀念與禁忌、臺灣民間房事禁忌的推測、臺灣民間房事例行禁忌日溯源等4項禁忌。

   (3) 孕婦篇，含古來沖犯的觀念、古來胎教的觀念、古來胎神的觀念、臺灣民間孕婦的4項禁忌。

   (4) 產婦篇，含我國古時的生產觀念與禁忌、臺灣民間產婦的2項禁忌。

   (5) 嬰兒篇，含我國古來嬰兒、臺灣民間嬰兒的2項禁忌。

   (6) 兒童篇，含挨打、吃食、玩弄、動作等方面的4項禁忌。

   (7) 居家篇，含飲食、穿著、住宅、井灶、門檻、庭樹、溲溺、打掃、

器物、贈物、人事、晚間方面的13項禁忌。

⑻ 行業篇，含店鋪、製造、出入、捕魚、養殖業方面的5項禁忌。

⑼ 動物篇，含有關豬、貓、狗、雞、鳥、蛇方面的6項禁忌。

⑽ 節令篇，含元旦、除夕等方面的2項禁忌。

⑾ 喪葬篇，含斷氣前後、守舖時、入殮時、安葬時、守孝期間的5項禁忌。

⑿ 祭祀篇，含祭祀者、供物方面的2項禁忌。

2. 中國禁忌：1996年，陳生編著，分為6類。

⑴ 時間禁忌，含正月初一的惶恐、新年伊始的枷鎖、二月二和三月三、神靈不樂舉煙火、清明戴柳踏青行、五毒肆虐不安寧、曬衣沐浴藏秋桃、唯願七夕能得巧、拜月只是女兒事、不插茱萸非重陽、鄰近新年的操演、鐘聲響起的時候等12項，再補綴一篇「閒捻彩具話歲時」。

⑵ 人生禁忌，含生育禮儀、成年禮儀、戀愛婚姻、疾病喪葬等4項禁忌。

⑶ 飲食起居禁忌，含飲食、服飾、居住、養生等4項禁忌。

⑷ 社會禁忌，含禮尚往來方君子、相交盟誓不相忘、語言禁忌勝鎖鍊、忌指諱睡更忌血、男女大防多規限、白虎出現必有禍等6類。

⑸ 生產禁忌，含農業生產、狩獵生產、林牧生產、漁業生產、商業往來等5項禁忌。

⑹ 動物禁忌，含圖騰須當祖宗敬、動物預兆災禍來、王八好吃不好聽等3項。

3. 禁忌與中國文化：2001年，萬建中著，分為4類。

⑴ 禁忌的對象，含禁忌的人、物、人名、數字等4項。

⑵ 時間禁忌，分為禁忌-保護神聖的時間秩序、非凶即惡的年節、人生角色轉換的避忌、死亡-永恆的禁忌主題等4項。

⑶ 日常生活禁忌，含對服飾、飲食、行旅、交往、行為、言語等6項禁

　　忌。

　⑷ 商業百工禁忌，含農事、深山勞作、鹽業、飼養、漁業、手工業、
　　戲業、經商等8項禁忌。

4. 中國民間禁忌風俗：2005年，萬建中著，分爲4類。

　⑴ 日常生活中的禁忌：含日常行爲、語言、飲食、服飾、民居等5項禁
　　忌。

　⑵ 各行各業的禁忌：含農業、飼養、經商、手工業、戲業、漁業、深
　　山勞作、養蠶等8項禁忌。

　⑶ 人生一世的禁忌：含性別、歲時、婚禮、人名、生育、葬禮等6項禁
　　忌。

　⑷ 萬事萬物的禁忌，含動物、植物、天象、胎孕等四項禁忌。

5. 民間禁忌：2012年，姜義鎭著，分爲15類。

　⑴ 婚嫁禁忌，含擇偶、婚齡、生肖、媒人、婚期、洞房等6項禁忌。

　⑵ 生養禁忌，含懷孕、分娩、嬰兒、幼兒等4項禁忌。

　⑶ 喪葬禁忌，含死亡、壽終、成殮、哀悼、出喪、祭祀等6項禁忌。

　⑷ 節日禁忌，含春節、清明節、端午節、鬼節、中秋節、重陽節、除
　　夕等節日7項禁忌。

　⑸ 文化禁忌，含語言、數字等2項禁忌。

　⑹ 飲食禁忌，含飲食、食物食品、飲食方式等3項禁忌。

　⑺ 宅居禁忌，含居住、室內、院門屋後等3項禁忌。

　⑻ 人體禁忌，含器官、性別、年齡等3項禁忌。

　⑼ 服飾禁忌，含服飾、顏色等2項禁忌。

　⑽ 起名禁忌，含起名、人名等2項禁忌。

　⑾ 行爲禁忌，含行爲、交往、擇友、行旅等4項禁忌。

　⑿ 天文禁忌，含天體、氣象、節氣等3項禁忌。

　⒀ 行業禁忌，含農業、漁業、商業、手工業、戲業等5項禁忌。

　⒁ 動物禁忌，含飼養、家畜家禽、野禽野獸等3項禁忌。

⒂ 植物禁忌。

6. 不知道會被笑的66個禮俗禁忌：2014年，春光編輯室編，分成三個單元。

知道「什麼該做」很重要，卻知道「什麼不能做」更重要。因本書單元下以問題式呈現，共有66個細目，等於66個問題，故不列細目。

⑴ 關於訂婚、結婚、懷孕、新生兒1～24等24項。

⑵ 關於喪禮、慶生、探病、節日25～44等20項。

⑶ 關於生活習慣、民俗禁忌45～66等22項。

二、本書分類

本書參考前項文獻的分類與用詞，因客家分布廣泛，各地習俗差異很大，因此聚焦臺灣客家，有客家獨有的禁忌，亦有客家與其他族群共同的歷史傳承下來的「舊」禁忌，分為8類如下。

1. 日常生活禁忌，含飲食、衣著、住居、行旅、醫藥、養生、雜事、房事等8項禁忌。

2. 語言交談禁忌，含凶疾、破財、死亡、猥藝等4項禁忌語。

3. 生命禮俗禁忌，含懷孕、生育、婚禮、喜慶、喪葬等5項禁忌。

4. 歲時節令禁忌，含新年、節日、除夕等3項禁忌。

5. 人生觀念禁忌，含性別、數字、名字、贈物等4項禁忌

6. 宗教信仰禁忌，含祭祀者、供品等2項禁忌。

7. 行業生產禁忌，含農作生產、瓜果種植、飼養、工業生產、商業往來、戲劇從業等6項禁忌

8. 宇宙生物禁忌，含天象、夜間、動物、植物等4項禁忌。

第四節　禁忌的對象、本質與功能

一、對象

　　禁忌的對象有哪些呢？精神分析學派的創始人西格蒙德・佛洛伊德（德語：Sigmund Freud）在《圖騰與禁忌》一書中指出：「禁忌一方面是崇高的、神聖的，另一方面則是神秘的、危險的、禁止的、不潔的[10]」。如此看來，禁忌的對象是模稜兩可的狀態，混淆了人類的分類體系，也可說禁忌物是人類社會分類系統下的產物，可分為禁忌的人、事、時、地、物等。

1. 禁忌的人

　　禁忌的人，通常處於禁忌狀態，從而規定種種繁瑣的禁忌，不與別人接觸，如有違犯，便會引起可怕的後果。譬如祭祀者，必須齋戒沐浴，禁止房事等，孕婦、月經來潮之婦人，不可進入寺廟，因此禁忌的人可分神聖者與不潔者的禁忌。

　　(1) 神聖者：職位越高，其禁忌就越多，因其言談舉止，一舉一動，都關乎人民生命與福禍。包含國王（領導人）、地方首長、祭司、戰士、寺廟管理人等。

　　(2) 不潔者：自古以來，對女性的月經覺得很恐怖，認為是不潔之物，所以對女性有特別多的禁忌。另外對死亡也非常恐懼，凡遇喪事，必須慎重地處理，對於處理喪事者及戴孝者，都有很多的禁忌。因此，不潔者包括廣泛，舉凡如：月事來潮之女人、產婦、孕婦、寡婦、殺人者、罪犯、戴孝者、接觸死亡之人皆是。

2. 禁忌的事

　　禁忌的事，通常在籌劃之時，即應避免不吉之事發生，使事情順利完成。譬如日常生活的行事、宗廟祭祀行為、工作勞務之時、婚喪喜慶

---

10 引自萬建中著《禁忌與中國文化》頁121。

過程等。

3. 禁忌的時

禁忌的時，通常是在某時不宜進行某些行事。時間禁忌體現了傳統國人對時間的民俗理解和體驗，也是民眾對時間的一種特殊表達方式。時間有其宜與忌、吉與凶、良辰與惡日，所以每一天、每一月、每一季節、每一年，人們從日月的運行、白天與黑夜的輪替、每月的相繼、一年四季的更換、天象的變化等，體會到何時可從事生產、舉行祭祀、婚喪喜慶、節氣應對？從而了解應做應忌之事。如：歲時節日、生命禮俗、甚至房事禁忌等。

4. 禁忌的地

禁忌的地，通常是在某地不宜進行某些行事。有些神聖的地，必須非常慎重的面對，不可冒犯踏入，隨意所為。譬如寺廟前後、墳地不可大小便、房事等，有月事者，俗信以為不潔，進入廟宇，俗信以為不潔，會冒犯神靈而遭致災禍等。軍事用地、彈藥庫旁禁止照相，否則犯了禁忌而遭到處罰。產房與月房一樣也是禁地，肖虎者、戴孝者、新婚者禁止進入，否則會凶沖喜、喜沖喜，易造成難產或沖犯小孩。

5. 禁忌的物

禁忌的物，範圍更廣，一般而言，主要包含五個面向：

(1) 崇拜對象的禁忌，此類對象為聖物，包含十字架、神像、佛骨、聖樹、聖像等，一般人禁止搬動或觸摸。忌以手指指神像，或正面對著神像照相。有些地方的神樹甚至以紅繩圍住，禁止一般人靠近。臺灣客家崇拜土地神（俗稱「伯公」），後面的「伯公樹」常以紅布圍起，禁止跨入觸摸等，皆屬此類禁忌。（圖1）

圖1　桃園市楊梅區永寧里700年樟樹伯公樹，樹幹跟部以紅布圈住，樹之周圍有圍籬，禁止跨入、觸摸。（2020.10.28攝）

(2) 儀式器物的禁忌，諸如法器、祭器、祭品等物必須以極恭敬的態度對待之，忌從僧侶的跪墊、佛堂內的物器上跨過，嚴格禁止褻瀆，如果被褻瀆或觸摸了，相傳靈驗就要被破壞了！

(3) 動物的禁忌，很多動物都具有人類不具有的生理特徵和生存本能，由於其外形、聲音、生活習性帶有極大的神秘性，便與人們所敬畏的鬼神糾纏，從而具備了獲得禁忌的條件，也因此在大自然同一母體中，分裂為全人類的異己力量。例如：蛇、老鼠、狗、烏鴉、貓、豬等，或禁食其肉、或勿聞其聲、或忌見其形、或禁說其名、或禁殺其體、或忌其被咬。臺灣排灣族認為自己的祖先來自百步蛇，所以以百步蛇為圖騰，禁止宰殺百步蛇，皆屬此類禁忌。臺灣客家不在傍晚殺雞，且在宰殺時要鬆綁捆繩，並念咒語，助其早投胎超生，則是體恤雞患有夜盲症，怕傍晚宰殺之後，雞的靈魂不能順利到陰府再投胎轉世。

(4) 植物的禁忌，各族民間都認為植物與動物一樣有靈魂的。先秦時，有一種司木之神，名曰：「句芒」，為古代樹神。許多植物被奉為圖騰崇拜，進入到神樹的層次，例如竹、桃、柏等樹。客家沒有一定的神樹，認為只要樹齡夠久，或曾有顯靈之事發生，極可能被奉為神樹。

(5) 天象的禁忌，即是對日月星辰、雲雨雷電等有關的信仰禁忌。天地有靈，如褻瀆它即會震怒，以致垂禍降災，霜雹旱澇、地震山搖接踵而至。古人祭天、祭日，忌諱天陰，以為不吉。忌諱日月之蝕，以為有災禍即將發生。於天地晦暗，日月薄蝕之時，忌男女交歡，否則必有災殃，若是夫妻，恐生畸胎。至於對於星的禁忌也多，所以古時見到「流星」是非常可怕的。將「彗星」稱為「掃把星」就知道如出現此星，世界可能有災難發生，就更加細心謹慎了，唯恐犯了禁忌。

二、本質

目前，學者對於禁忌的理解，主要的依據是西方二十世紀初的理論。英國的詹姆斯・喬治・弗雷澤（Sir James George Frazer）在著名的《金枝》一書中談到禁忌的原則說：「如果某種行為的後果對他將是不愉快和危險的，他就自然要很小心地不要那樣行動，以免承受這種後果。換言之，他不去做那類根據他對因果關係的錯誤理解而錯誤地相信會帶來災害的事情。簡言之，他使自己服從於禁忌。」

到底禁忌的本質為何？其基本特徵有三個互相關連的關鍵之點[11]：

1. 「禁忌是一種否定性的行為規範」，在常態下，禁忌是一種無外在行為表現的心意民俗形態，是心意上、精神上的東西，這「禁止的」和「抑制的」行為，在外觀型態上是看不見的。

11　見萬建中《中國民間禁忌風俗》頁8～9。

2. 「禁忌是社會心理層面上的民俗信仰」，違禁造成的不幸或恪守禁忌所帶來的平安就是停留在心裡層面，或精神上面。所以禁忌是不講道理的，某種語言、行為或接觸某人、物與人們認為要降臨的惡果之間沒有任何直接關係。

3. 「禁忌的外罰是不可抗拒的」，破壞禁忌的懲罰由精神上或當事人自發的內心力量來執行，否則，禁忌就失去威懾力。禁忌強調的是行為的結果而非動機，它不管人們是不是有意的，也不管違犯禁忌者具有什麼樣的身分，它都會施予懲罰並且是以被動式的方式傳播的。

三、功能

　　禁忌是無理的，卻是有現實意義的，這種現實意義是多方面的。在民俗學中，民俗的禁忌屬於民族心理層面的東西，是一種複雜神秘的文化現象，只有具體事項與具體分析，才可真正把握此一文化的底蘊，從一側面揭示人類文化進展的軌跡，揭示其在民眾生產與生活所起的消極或積極的作用。

　　禁忌的基本敘事模式是「不要做什麼」、「不能這樣做」，否則就要受到懲罰。在很多地方的民間故事裡說明，禁忌就是禁止某種行為，破壞禁忌必須付出代價，善惡、因果、報應與禁忌柔和得渾然一體。所以禁忌就是人類最古老的無形法律，甚至遠比神的觀念和任何宗教信仰的產生還早。因此，禁忌經常被作為倫理教化之用，以增強制止胡作非為的威懾力。

1. 教化功能

　(1) 勸導民眾棄惡揚善，篤守倫理綱常方面發揮特殊作用。

　　為什麼客家人將「白腹秧雞」命名為「補鑊鳥」呢？原來客家有一則「補鑊鳥」的故事說：以前有一婦人，在丈夫外出工作前，吩咐她要善對婆婆，結果其妻違背對丈夫的諾言，不但沒拿肉給婆婆吃，反而把水缸裡的水蛭當做肉給眼盲的婆婆吃。丈夫回來之後得知原委，氣急敗壞之下，要把它的頭剁入水缸中，婦人即變成一隻

白腹秧雞鳥飛走了，直叫「夫惡！」「夫惡！」「夫惡」之聲與客
家話的「補鑊」音相近，所以稱爲「補鑊鳥」。這則故事行爲的禁
忌，即是勸導爲人媳婦應善待婆婆，不善待婆婆會遭到懲罰。

(2) 將缺德行爲視作禁忌，讓超自然力去懲罰違禁者，是民間自我進行
倫理道德教化的獨特話語。

有些禁忌，非法律可管者，或是因民眾對法律不甚清楚。俗諺：
「有錢判生，無錢判死。」正是人民對執法者的不信任，對法律不
相信的寫照。有些人違反禁忌，有些人爲非作歹，本應繩之以法，
人間法律卻無法制裁他，卻讓他逍遙法外，只好將缺德或犯法者的
無道惡行視作禁忌常說：「人收不到，只有天才收得到」，讓超自
然力去懲罰違禁者。客家人對於好人死了，覺得惋惜說：「壽年盡
了！」可是對一個不守禁忌或不法、危害社會的人走了，卻改說：
「天倉滿了！」大概是人死爲大，對道德倫理最好的心理釋放吧！

2. 社會功能

禁忌對於社會的功能，是廣泛的，「禁忌雖有其缺點與迷信色彩，但
無可否認的，它是社會秩序的基石，很多方面都要靠禁忌來維持、調
節、管理的。因爲禁忌是建立在對超自然的靈力信仰基礎上的，以最
嚴厲、最有效的方式，規範著人與自然的相互關係、神聖的時間之秩
序、社會分類體序、支持對於族群的認定。[12]」大概是其對社會功能
最佳的註解。

第五節　禁忌的文化價值與影響

一、文化價值

歷史是一面活的鏡子，而民俗的鏡子卻是以往人們生活的寫照，以民

---

12 萬建中著《中國民間禁忌風俗》頁267。

俗中的禁忌，或許更能窺知人們日常生活、禮俗信仰、思想觀念、族群行爲的核心與變遷的原理。

　　禁忌的文化價值建立在禁忌的現實功能基礎上，凡處於某一禁忌場域中的人，不論他知曉禁忌否？禁忌都對他起作用。故而《禮記》言曰：「入境而問禁，入國而問俗，入門而問諱。」在一個禁忌非常嚴密的地區，倘若外來者因無知而越軌言行，他會受到當地人的斥責，被視爲不受歡迎的人，當地人也會因他的所爲而膽戰心驚，唯恐災禍降臨。猶記當年苗栗竹南慈裕宮建醮五朝吃素期間，有位外地來做生意者，在市場賣起牛肉而被民眾毆打事件。另則是苗栗三義天后宮建醮五朝吃素期間，鄉民要求三義交流道旁之車亭休息站不要賣葷菜食品。起先經營者有異議，後經疏通，休息站也服膺眾議，在建醮期間只供應素食餐品。竹南是閩南人居多的城市，三義則是純客家鄉鎮，可見這項民俗是臺灣共同的禁忌文化價值。

　　維護禁忌也是一項文化行爲，不可踐踏禁忌，若是當地人，即稱爲「文化背叛」，將遭致當地人的詛咒與隔離。若是外地人，無異是一種「文化侵略」，輕者可能不受歡迎，甚至遭到驅逐，重者可能遭致圍剿。當下，「禁忌已成爲一個熟透了的文化符號，除了文化價值以外，另一方面可轉化爲其他的文化形態[13]。」

二、影響

　　神秘的禁忌，就像一把無形的枷鎖，從渾沌爲開的原始社會如影隨形到今日，並漸漸形成世代相傳的禁忌文化，在日常生活中產生一種習慣勢力，從多方面影響到我們的物質和精神生活。直到近一、二世紀，工業革命興起，科學逐漸發達，才逐漸揭開這一神秘面紗，各項禁忌習俗漸被打破，人們行爲逐漸不被禁忌所枷鎖，社會產生了很大的衝擊，文化也產生了巨大的變化。不過，某些流傳下來的禁忌，仍深植人心。

13　萬建中著《中國民間禁忌風俗》頁483。

第二章
日常生活禁忌

　　日常生活是表現在日常行為上，一套口耳相傳、奉行惟謹的生活模式與民俗。在任何時代，人們的思想行為、生活模式都會受到種種不成文的規矩約束。在某種程度上，人們的生活就是對這些規矩的順應。現代人的思想較活躍，視野開闊，行動似乎也較自由，但這不成文規矩的約束，就成為禁忌的部分，時時處處都在規範著人們的日常生活行為，使人們循規蹈矩地生活，包含飲食、穿著、住居、行旅、醫藥、雜事、養生、房事等八大日常生活方面。

第一節　飲食禁忌

　　民以食為天，自古以來，飲食與男女並列為人生的兩大原始最大慾望，兩者缺一不可。飲食文化有豐富的科學內涵，亦是數千年來的文明結晶之一。古時農業社會，端賴五穀為生，五穀占著十足重要的地位，有其神聖性，因此惜穀而敬穀，絕不可賤穀。飲食不單是單純生理需要，也與精神需要連在一起，可關係到人的長相、稟性、吉凶、禍福、生死，甚至關係到周圍環境變化，影響到他人利害，形成禁忌，不可避免的塗上一層迷信色彩。

　　客家傳統飲食的特色：粗、雜、素、野，其實也是漢族大部分飲食文化的特徵。客家傳統十道宴客菜：四點金[1]、三層肉切盤、四炆（筍絲炆爛肉、脆腸炆筍乾、排骨炆菜頭、豬肚炆鹹菜）、四炒（客家小炒、薑

1　四點金為全雞，雞頭向主人，雞頭、雞尾、翅、腳按部位排好，其意涵為表示主人以全雞招待客人，客人為表達感謝對主人的厚意，通常留下雞頭、雞翅、雞腳、尾巴而不吃。

絲炒豬腸、鴨紅炒韭菜、豬肺鳳梨炒木耳），其烹調方法偏重「多湯水而少油炸」，素材「多山珍而少海味」，符合養生的特色，近世受到大眾普遍的歡迎。所謂客家美食味道重「鹹、香、油」，其實「鹹」是一般滷製品多，所以多醃製類、乾類、醬料、湯水食物；「香、油」是在製作點心時，內餡與湯頭的講究。客家米食點心種類繁多（圖2），也非常有名，受到大眾的歡迎。

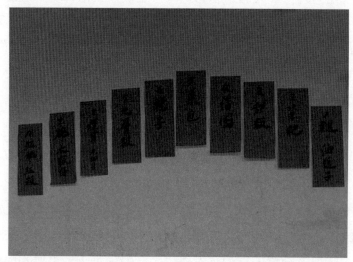

圖2　客家粄十念：一槌（油錐仔）、二粢、三甜粄、四惜圓、五包（菜包）、六粽、七水粄、八摸挲（米篩目）、九層粄、十紅桃。

　　客家人與其他漢族類似，幾乎沒有不吃的食物，而且客家人分布廣泛，也因地而有差異，這裡說的禁忌是指傳統上或大多數的人的禁忌而已。防止因吃喝而產生疾病、禍害、折壽，飲食禁忌主觀上形成對自身的護衛，直接影響到各民族的飲食文化結構，也直接影響到整個族群的民間文化風貌，所以可分為飲食對象的禁忌與飲食方式的禁忌。

一、飲食對象的禁忌

　　飲食對象即是吃什麼？非常重要。客家諺語：「食桃肥，食李瘦，

食楊梅，囥泥竇[2]。」所以吃什麼食物即是對食物的禁忌，忌食的對象和原因多種多樣。西元前六世紀阿拉伯半島出現猶太教，西元七世紀初產生伊斯蘭教，都忌食豬肉。記錄在《古蘭經》與《舊約》中，《古蘭經》：「人們啊！你們應食地面上合義的，清潔的食物。」又說：「惟禁爾等食死物，血、豬血與未經高呼阿拉之名而宰殺之動物。」

　　漢人對飲食較少禁忌，但仍有制約作用。由「然、厭」兩字的造字初文及彭祖百忌：「戌不吃犬，作怪上床」可知，漢族古時吃狗，但狗肉端不上大席面。古時漢族未生育婦女忌食，忌其不潔、避難產。拉祜族、滿族、壯族、畬族以狗為崇拜對象、圖騰，自然禁食狗肉。臺灣客家人大部分不吃狗肉，也不開狗肉店，狗肉上不了桌席。不過梅州客家人卻吃狗肉，「香肉店」昔時充斥街頭，所以飲食的禁忌，也因人、因地、因族群、因時而異。

1. 因動植物屬性而忌吃

　　動植物有自己的屬性，《博物志》引《孔子家語》曰：「食水者乃耐寒而苦浮，食土者無心不息，食木者多而不沾，食石者肥澤而不老，食草者善走而愚，食桑者有緒而欲蛾，食肉者勇而悍，食氣者神明而壽，食穀者智慧而夭，不食者不死而神仙。」故有「吃了熊心豹子膽」之諺。又說：「吃了秤砣，鐵了心」；「吃了火藥，脾氣暴躁」；吃了燈芯，說得輕巧」。由此觀之，可知吃了動植物屬性的食物，就從心性中反映出來而忌吃。

(1) 忌吃辣椒

　　不見得世界所有客家人都忌吃辣椒，但臺灣客家人忌吃辣椒，不是世俗所說怕吃了辣椒而使得心腸毒辣起來，或成為不孝子孫，而純粹是怕辣味，是否吃了辣味，就會不孝？民間不做深入的思量，是因為辣的刺激性是食物中最強烈的，會聯想到辣使人嗆出淚水鼻

2　囥泥竇：藏在泥土中，意旨「死亡」。

涕，如此敢吃辣的人，有什麼事不敢做的？不孝便是人倫中最嚴重的惡跡罷了！

(2) 忌吃老母雞

苗栗客家諺語說：「菜毒番瓜、肉毒雞嫲、魚毒鯉嫲、人毒後來嫲」，把母雞肉看成有「毒」之物，所以忌吃老母雞。又飲食三忌說：「冷茶、薄酒、老雞嫲」，擔心吃了老母雞肉，皮膚變得若似疙瘩的粗糙起來。也有人說是鑑於老母雞替人類繁殖提供肉品食物的「敬老」觀念，「不忍食之」而任其自生自滅，其實是老母雞肉硬韌而不好吃。

2. 因恐懼引發聯想而忌吃。

有些動植物會容易引發人們恐懼的聯想，例如鄂倫春族人婦女忌食熊前半身的肉，恐懼上山會被熊抓住。臺灣達悟族主食飛魚，忌吃掉在地上的飛魚，以免上山有摔死的危險。臺灣布農族小孩忌吃山豬和山羊肉，以免上山會懼怕山豬和傳習山羊的野性，喜攀懸崖峭壁而墜崖喪命的危險。布農族、苗族不許未婚男女吃豬蹄叉，懼怕找不到對象，就是找到了對象亦容易開叉而離婚。都是因怕吃了某些動植物之後，引發恐懼的聯想。

臺灣客家人忌食禽類動物的脾臟，因為臺灣客家話「脾臟」說「ngo do[3]」，與「呆笨」同音，深怕吃了動物脾臟，聯想以後會「ngo ngo do do」（呆呆笨笨）。

3. 對動物的崇拜、喜好而忌吃。

南昌人呼鱉、黿為老爺，因而忌食，相傳是因明太祖與陳友諒對峙時，曾救御舟出險，恐犯老爺之怒。黿有功於唐僧師徒過通天河，又馱回經書，敬之如神，所以忌諱吃這些動物。有些騎馬、以馬馱物，因敬馬如神而忌食馬肉。

3　ngo do：教育部客家語常用詞常用辭典寫為「臥到」，呆笨之意。

農耕民族因牛是主要生產勞作動物，貢獻極大，忌殺牛、忌食牛肉，食者，身心受譴責。臺灣客家人對牛更敬之如神，每逢冬至是牛的生日，還要做湯圓把它混在牛草中讓牛同食，自然忌食牛肉。

4. 針對某些人而忌食。

　　針對某人而忌食，大都針對小孩的。浙江嘉善縣二帶，小孩在周歲內禁吃豆腐，說是會口臭。烏頭禁給小孩吃，否則會烏頭烏腦。

(1) **忌小孩食雞爪**

　　土家族認為小孩吃了雞爪會寫不好字，如雞爪模樣。客家人也認為小孩吃雞爪會抓破書，以致不好好讀書，不准小孩吃雞爪。

(2) **不許小孩吃豬、禽之肝**

　　說是小孩吃了豬、禽之肝會口臭，以致不許小孩吃豬、禽之肝，肝只能給祖父母吃。

(3) **忌吃腸**

　　腸包括禽獸類的大、小腸或生腸[4]，因客家話「腸」諧音「長」，說吃了腸會「長哭」，一哭起來經常哭不停，以致忌吃。

(4) **忌少女食悶蛋**

　　未成熟尚在母雞體裡，未見天日的「悶蛋」，客家話稱為「卵崽仔」。殺禽類時開膛剖肚取出的「悶蛋」，少女不能吃，俗言少女吃了，對未來女性發育有影響等等。

(5) **病人忌吃冷性食物**

　　客家諺語：「上夜食西瓜，下夜反症」。意指病人忌吃西瓜、水梨、冰點等屬於冷性食物，對病情會有不利的影響。開刀、長瘡者忌吃香蕉、花生、南瓜、茄子、鯉魚等，以為這些食物容易使病情加重，不易痊癒。

(6) 補冬或吃中藥時，忌吃空心菜、蘿蔔、竹筍、鹹菜等，俗言這些食

4　生腸：客家話稱禽畜類的輸卵管為「生腸」。

物會解藥性。

5.忌食相沖剋之食物

媒體經常報導餐廳用膳集體中毒事件，雖有因食物不潔因素引起，但是否因食物相沖剋卻較少報導。民間相信某種食物與某種食物同時混吃會相剋而中毒，農民曆封底常有食物相沖相剋及解圖，可供參考。例如：「紅柿＋酒」→死；「雞肉＋李」→下痢；「蟹＋茄」→毒，其解可參考同附於旁的解圖，有頗多的解毒食物是綠豆或綠豆水、蓮藕等。明董鳳狆《活幼精要》雖沒提到前述食物相剋，但曾提「生蔥與蜜共食害人、莧菜、鱉肉共食生毒，螺螄、蟹、鼇，食生瀉痢」等，可見食物相剋之說由來已久，俗信盡量避免進食相沖剋的食物。

6.飲茶禁忌

茶是中國南方、日本、東南亞北部、朝鮮半島南部等濕潤丘陵地區的主要經濟作物，含有豐富的茶多酚、生物鹼、萜類揮發油等豐富的植物化合物，不但泡成茶湯飲用，以為解渴，亦可入藥。千百年來，在各個民族和地區之間發展出了不同的茶文化，比如功夫茶、茶道、下午茶等等。

茶曾是臺灣客家的最主要經濟作物，「膨風茶」（或稱「東方美人茶」）享譽世界，客家是一個好客族群，經常請人到府「奉茶」，若是客人到了而無茶好奉，是一件非常丟臉而不禮貌之事。

⑴ **忌空腹喝茶**

客家俗話說：「莫食空心茶」，因茶含有茶鹼，空腹喝茶會稀釋胃液，降低消化功能易傷胃，還會引起「茶醉」，表現為心慌、頭暈、頭痛、乏力、站立不穩等。

⑵ **忌晚茶**

茶易提神醒腦，晚上睡不著而影響第二天的工作精神。

⑶ **忌喝隔夜茶**

客家俗話說：「隔夜茶，毒過蛇」，可能是因為茶鹼在常溫下放置

過久，尤其是過了一夜之後，容易變質，飲之而傷身，甚至中毒。

(4) **忌喝冷茶**

老人常說三樣東西最傷身：「冷茶、薄酒、老雞嫲」，可見喝冷茶對身體不好。冷茶對身體有滯寒，聚痰的副作用，特別是對於體寒的女性來說，更不宜喝冷茶。「莫喝冷茶」是養身之道，因冷茶不知已放置一段時間，俗信喝了冷茶易傷胃。

(5) **忌一口喝完**

從茶葉的栽培、採茶、制茶，到茶具、砌茶、茶候、品茶都有很多文化內涵的內容，講究飲茶禮儀。常民飲茶雖無此多繁文縟節，但喝茶也講究，即是「與人喝茶，莫一口喝完」，需一口一口慢慢地喝，表示喝茶的禮儀與風度。

7. **喝酒禁忌**

中國酒文化源遠流長，也是非常隆重高雅的食品，祭祀、會盟、祝捷、婚喪、喜慶及歡聚、迎送等場合，均能看到以酒慶賀、助興或祭儀，所以喝酒亦有不少禁忌。喝酒應適度，醫生指出，一個成年男人，一天飲用酒的酒精量不超過25克。相當於啤酒750毫升或葡萄酒250毫升，或38度白酒75克或高度白酒50克，最好少喝點，若要喝，也要健康飲酒。

(1) **忌喝混酒**

所謂混酒，即是同一餐中，喝了好幾類型的酒，從經驗得知，它們的酒體和原料完全不同，兩種以上的酒一起喝，不僅容易醉，還會加大腎臟和肝臟負擔。

(2) **忌吃藥後喝酒**

生病了最好遵從醫囑，暫時戒酒，尤其是一些鎮靜劑和抗生素的藥物，或打了疫苗之後，應特別慎重，千萬別為了貪杯兩口，葬送了健康，甚至生命。

⑶ 忌空腹喝酒

俗云養生三忌：「早色、晚茶、空腹酒」，空腹喝酒，酒精會直接刺激腸胃，久而久之會引起胃炎、胃潰瘍等腸胃疾病。在酒桌上，經常碰到一些人，只喝酒不吃菜，往往都喝不到幾年，人就不行了，即是這種道理。

⑷ 忌用紙杯喝酒

現代的紙杯裡，通常含有螢光劑，遇到高濃度的白酒，會溶解到酒中，不僅影響白酒的口感，還會產生致癌物質。而且紙杯盛酒稍久之後，會柔軟不挺，拿起來也無質感，所以，喝酒儘量用玻璃杯或陶瓷杯。

⑸ 忌清晨飲酒

有很多民族喝酒無所禁忌，隨時可喝，但客家人與其他漢族一般，通常在晨間不喝酒。增廣昔時賢文有言：「莫食卯時酒，昏昏醉到酉。」客家人居山間田野，諺語說：「早起三朝當一工，早起三年當一冬。」經常早起先工作之後再吃早餐，若早起即喝酒，如何工作呢？

⑹ 忌酒後立刻洗澡

喝酒之後，不少人會想立即洗澡，一方面去除自己的一身酒氣，不然家裡人也會很嫌棄，一方面解酒。酒後不論是洗熱水澡還是冷水澡，都是不行的。洗熱水澡的時候，大量的熱氣聚集在體內，沒有辦法及時散發出去，就會導致酒醉的現象加重，另外對血管也有刺激，就會導致人出現暈眩、嘔吐，甚至可能會出現暈厥現象。夏季時不少人酒後會洗冷水澡，讓自己更加清醒，這是錯誤的想法。在洗冷水澡的時候，冷水刺激到血管，會導致血管收縮，輕的就可能患上感冒，嚴重者甚至可能會導致血管破裂。

說了這麼多食物禁忌，究竟要吃什麼呢？除了忌食的食物之外，有謂「一月蔥、二月韭、三月莧、四月蘿、五月瓠、六月瓜、七月

筍、八月芋、九月芥蘭、十月芹、十一蒜、十二白（蘿蔔）」等對應季節出產的「對食好滋味」，「食當季，食在地」，符合節氣生產、耕種、當季的農產品，可能會對身體健康較有助益吧！

二、飲食方式的禁忌

所謂飲食方式，即是如何飲食？怎麼吃？習俗不同，飲食方式亦不同。飲食方式的禁忌反映出一定的民俗信仰。俗以為神鬼能影響到人們獲得食物的多少，獲得豐收或捕獵獲得食物常要先祭祖先或神靈，因此有「吃果子拜樹頭」的思維。

1. 忌於傍晚殺禽

客家人忌在傍晚殺家禽，因禽類如雞的眼睛到傍晚無法識別事物，稱為「雞盲」。為使雞被殺後能看清往陰間路途而不在傍晚殺雞等家禽，並且要解除其綁在身上的繩索並念咒語，助其超生。咒語如「做雞做鴨無了時，生成愛來分人劂[5]，下擺正來投過胎，做有錢人个子兒」等，追根究柢，即是有其好生之德。

2. 忌飯粒掉於地上或碗底留有殘飯

吃飯時忌飯粒掉於地上或碗底留有殘飯，若飯粒掉在飯桌或衣物上，尚可撿起來吃；若飯粒掉在地上，更要立即撿起，當作廚餘餵家禽家畜，若犯忌俗以為恐遭雷擊。看起來恐是迷信，不過也是古人藉迷信恐嚇人需要愛惜食物的手段吧！

3. 因不祥聯想而忌

(1) 忌碗覆

拿碗姿勢，以五指自然端著，忌用手掌托著，更忌諱吃完飯後把碗覆蓋於桌上，覆碗使人聯想到「翻覆」等不吉祥的場面。

5　分人劂：被人殺。

⑵ **忌將空盤疊起**

宴席中菜已吃完，忌將空盤疊起，使人聯想連續發生事情。俗以為喜慶無所謂，如此可喜事接連不斷。但婚宴不宜，因世人以為婚禮中祝福新人白頭偕老，怎可再次結婚呢？喪席尤忌，給人喪事接連不斷的聯想。

4. **忌吃飯時解褲帶**

客家諺語：「食飯解褲帶，少人一身債。」所以忌諱吃飯時解褲帶。到底吃飯時解開褲帶，為何會欠人一屁股債呢？令人百思莫解。道理非常簡單，吃飯吃到褲帶都緊了，表示已經差不多飽了，如果解褲帶再吃，可能會撐得過飽，容易消化不良，造成身體的負荷，長期如此，必傷害了身體，藉此禁忌使飲食有節，以保身體健康吧！

5. **基於禮貌文明而忌**

吃飯時應重視飲食的清潔，遠離疾病，預防意外，態度的莊重與嚴肅性，養成人們的文明習慣，符合精神文明，飯桌禮貌，高雅品格，才有此禁忌。這些禁忌於人無損，卻多關於衛生、謙讓、禮貌，若無此禁忌，易被人以為不文明的匪類或丐幫。

⑴ **忌吃飯時抖腿。**

俗諺說：「男抖窮、女抖賤。」吃飯抖腿給人一種不莊重的感覺。

⑵ **忌嚼飯時說話**

俗話說：「嚼飯不說話，酒醉不騎馬。」吃飯時說話，容易將飯從口中噴出，非常不雅與沒禮貌，而且容易噎到，產生意外，就如同酒醉後騎馬，容易自馬上摔下而遭意外或死亡。

⑶ **忌一手屈橫於桌上，只用一手扒飯。**

幼時家鄉父老皆有此規矩，不准小孩於吃飯時一手屈橫於桌上，斜著身軀只用一手扒飯，讓人覺得很不雅觀之外，會讓人覺得沒家教。

6.拿筷禁忌

先民本用手扒飯，後來使筷以後，亦多有禁忌。除手宜潔淨外，還有以下禁忌，這些禁忌看似迷信，其實與衛生、禮貌、文明脫離不了關係。如果小孩犯了禁忌，多半會被家長責罵，甚至立即以筷子責打，稱爲「食筷頭嫲」。

(1) 忌用筷子敲空碗

用筷子敲空碗，俗以爲窮氣。因爲只有乞丐在行乞時，才會拿著空碗敲擊，而且在飯間敲碗，發出聲音，也是有礙觀瞻、窮極無聊之事。

(2) 忌放筷一長一短

放筷子應平整，不可一長一短，或把筷子放於杯碗兩側，以爲不祥。

(3) 忌筷子掉落

吃飯時應專心吃飯，忌筷子掉落於衣服或地上。吃飯時若掉落地上，俗信以爲不祥。如果小孩吃飯時筷子掉落，馬上會被父母罵說：「發溜爪」或責打。若掉落地上，應趕快拾起並說：「還有人請」。

(4) 忌拿左手

禮記內則云：「子能食食，教以右手。」國人習慣使用右手，若用左手，俗稱「左撇子」，民間以爲反常，父母經常矯正，現在這種想法已經逐漸改變。

(5) 忌拿筷位置過高或過低

拿筷子的位置要適中，忌諱過高或過低。俗以爲手拿筷子的部位可占卜小孩未來婚嫁的遠近。苗栗地區說小孩拿過高，將來婚嫁很遠，可能遠離父母；拿得過低的，婚嫁很近，又怕孩子沒出息地守住家園而沒有發展，所以採取中道最適宜。其實是拿太高或太低，小孩握筷不穩，容易掉落，取中央爲宜，是一種心裡觀念的比喻。

(6) **忌舔筷**[6]

所謂「舔筷」，即是「以舌頭舔筷子，又去夾菜」，甚不衛生。

(7) **忌迷筷**

所謂「迷筷」，即是「夾菜時拿不定主意，手握筷子在餐桌上游移」，令人生厭。

(8) **忌移筷**

所謂「移筷」，即是「剛夾了一道菜放入口中不配飯，中間不停頓，連續又再夾另一道菜」。通常這是去親友作客時的禮貌，現在餐廳宴客多半沒有上飯只上菜，那就另當別論。

(9) **忌黏筷**

所謂「黏筷」，即是「筷子黏著飯屑或是菜屑去夾菜」，不小心又將菜販屑沾放到其他菜餚上，如此看起來令人作噁，非常不衛生。

(10) **忌插筷**

所謂「插筷」，即是「把筷子插在飯菜上」。將筷子插在飯碗或菜上，使人聯想到人剛往生之時的「腳尾飯」相同而不吉祥。

(11) **忌跨筷**

所謂「跨筷」，即是「別人夾菜時，手持筷子橫跨過去夾另一道菜」，如此給人感覺迫不及待的樣子，也是非常沒有禮貌的舉動。

(12) **忌掏筷**

所謂「掏筷」，即是「用筷子在菜中翻攪挑來吃」，給人感覺噁心，舉動不雅，不文明，且非常不衛生，沒禮貌的行為。

(13) **忌剔筷**

所謂「剔筷」，即是「以筷子當作牙籤剔牙」。在家人或眾人面前吃飯，用筷子當作牙籤剔牙，是極不雅觀及沒有禮貌、衛生習慣

6　從(6)～(13)稱為「用筷八忌」，原是河南鄲城禁忌，見萬建中著《禁忌與中國文化》頁332。其實是包括客家等使用筷子的民族共同禁忌，也是使用筷子民族的禮貌、衛生原則！

的，使人覺得非常不文明。

7.宴席服務員禁忌

昔時在家宴客的時代，宴席服務員有很多禁忌，為宴席服務的服務員
必須了解這些禁忌知識，以免尷尬產生誤會。現在宴客幾乎都前往餐
廳用餐，舊時這些禁忌雖已逐漸消失，但有些還是保守地存在，服務
員不得不注意。

⑴ **忌將空盤收走**

宴席尚未結束，若將空盤收走，有提前謝客請走之意。現代餐廳已
無此禁忌，吃完一道菜，必將空盤收走，細小的桌上轉盤才可放置
新上的菜餚。

⑵ **以「托盤」上菜，直橫方向有分**

昔時端「托盤」（圖3）上菜時，宜注意托盤的方向，喜事用直，喪
事、祭祀用橫。現在喜宴，甚至辦喪完畢大都在飯店辦埋，飯店以
推車上菜，這項禁忌已然打破，亦沒人注意了。

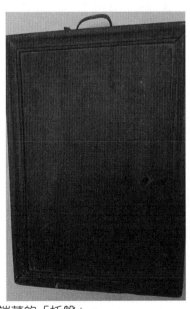

圖3　筆者家中昔時宴客端菜的「托盤」。

⑶ 收碗盤前應問顧客

現代人生活忙碌，食用自助餐者日多，在自助餐店食客尚未離桌，服務員忌在客人面前收碗盤，若要收，也要詢問一聲。

8. 宴客禁忌

⑴ 忌坐「龍口」。

所謂「龍口[7]」，即是上菜的位置或方向，參加宴會，或招待客人，忌讓主客或尊長坐於龍口位置，經常會因上菜而忙碌，或是因服務員不小心被菜汁所淋。

⑵ 盛飯忌將飯碗抹平。

與客人盛飯，應自然盛平，不可用飯匙在碗口將飯抹平，使飯壓黏於碗邊，是非常不禮貌的。如果將飯盛得高出碗口，會使人聯想到「腳尾飯」的盛法而忌諱。

⑶ 忌把茶酒壺口對客人

飲茶酒時，若把茶酒壺口對客人，以為有口舌。《禮記‧少儀》「尊壺者面鼻」。鼻者，柄也。口柄相對，柄之所向主施惠，為尊；口之所向，主受惠，為卑。不以口向人，主敬客之意。

⑷ 交談禁忌

河南人忌問：「你吃不吃醋？」客家人較少使用「吃醋」這詞彙，常用問候語「食飽言？」不管何時都可用。進食間忌問：「你還愛食無？」使人聯想到不吉祥的另一面。吃飯時，言談之間也忌說不祥的話，或提一些傷亡病災禍的凶事。如「食若油糜[8]」之類的詞語，使人以為詛咒對方死亡之語。

　　飲食禁忌多是迷信或趨吉避凶的觀念所致，但有很多是民間飲食生活禮儀，自然發展傳播而成。飲食關係到人自身現實問題，為有利於人體健

7　龍口：龍穴。客家人戲稱「端菜入口」稱為「龍口」，因圓桌較無尊卑之分，容易疏忽。

8　食若油糜：吃你的油稀飯。「油糜」主要是在喪葬法事會間休息時，給法師或參與者的點心。

康，自然的制訂多種禁忌，習慣成為飲食天性，但有些是被壓抑的，陷入了非科學與偽科學的泥淖之中，壓抑美味的追求。

　　禁忌之所以能傳播，主要是主觀方面，就把禁忌跟道德、文化積澱鎔鑄在一起，成為社會的穩定力量。尊重各民族信仰習俗上，改善飲食結構，更趨合理、科學，豐富、多樣化。

第二節　衣著禁忌

　　客家傳統服飾為何？傳統以為是「藍衫」，其實這是籠統的說法，根據《客家服飾文化》[9]的說法，客家在家居、勞動，甚至外出活動時，男人的常服上身以「對襟短衫」為主，稍冷時穿「中長對襟衫」及披上「馬掛」；婦女是「大衿衫」，春秋稍冷時內加「褂裌」的內裝，穿衣的原則是「行不露臀，坐不露股」，講究量身裁衣，短大衿衫以能遮住臀部為宜，中長大衿衫則要遮住大腿上半部。褲子不論男女以穿「大襠褲」為主，男子在天熱時才穿「水褲頭」，即是一種短褲還有穿長袍時，會製作一種叫「褲腿」的來穿著；婦女極少穿裙子，工作時，逐漸穿起類似睡褲的緊身「抽頭褲」。若論顏色，除了深藍色之外，亦有灰、黑色，婦女上衣或有暗紅色。

　　服飾是一民族風俗習慣最直接的面向，民族文化藝術重要的組成部分。不過到了現代，除了少數民族，一般漢族服飾已成了記憶，客家服飾與其他漢族族群無異，已無客家特徵了！現代服飾穿什麼和怎麼穿？包括頭上戴的及衣服上的配飾，不同民族的文化圈還是有不同的禁約規定。一般以某種信仰觀念為根據，有哪些是禁忌呢？客家族群著衣的禁忌，其實與其他族群差異不大，主要表現在服飾的顏色、款式、穿戴、放置等方面，故又稱「穿著禁忌」、「穿戴禁忌」、「服飾禁忌」。

9　《客家服飾文化》，郭丹　張佑周著，福州：福建教育出版社，1997.6二刷，本文參考頁16～38。

一、顏色禁忌

客家人在以前與其他漢族一樣，都忌白、黑色、綠頭巾。

1.忌白色、黑色

漢族對顏色的區分好惡，可說從不著重於審美觀念，而是賦予明確的象徵意義。從穿戴規矩的禮服而言，不同等級有不同的顏色服飾，個人在不同場合，服色亦有分別。古代黃爲貴色，白、黑爲凶色，百姓常著青、綠色，禁紅、紫色，只有在婚年壽節等喜慶時節才尚紅。

2.忌綠頭巾

紫色到唐代仍只用於官印綬帶，不是官員服色，是下吏僕廝服色，直到清代仍爲賤色。男忌繫戴綠巾。 清代以前，只有娼、妓、優、伶等「賤業」才以綠色爲服色。唐人李封爲延陵（江蘇丹陽）令，罪犯裹上青綠頭巾以示處分，江南以戴青綠頭巾爲奇恥大辱，元明時期規定娼家男子戴綠頭巾。《中國娼妓史》說「後（元）代人以龜頭爲綠色，遂目著綠頭巾爲龜頭，樂戶妻女多半爲妓，故又叫開設妓院以妻女賣淫的人爲龜，或叫烏龜。又以官妓皆籍隸教坊，後人又呼妻女賣淫的人爲戴綠頭巾，或叫戴綠帽子。」明郎瑛《七類修稿》「吳人稱妻有淫者爲綠頭巾，今樂人，朝制以碧綠之巾裹頭。」清《清稗類鈔》「嘉慶時，優伶皆用青色倭緞、漳絨等綠衣邊，以爲美飾，通常人則忌穿。」

到現代，綠色服飾只有郵差穿著，一般民眾雖不忌諱，仍忌諱戴綠帽。

二、款式禁忌

昔時穿衣，主要是忌「露」。

西北人穿衣忌短小，「上衣過膝，褲腳達腳面」，可能是風沙大、天氣冷。大部分漢人「男不露臍，女不露皮」爲禁忌原則，可能出於「身體髮膚，受之父母，不敢毀傷」的孝道觀念。古代民間婦女穿衣忌短小，「娘兒們肉，不能露，露一露，十年臭」，以免裸露引發男性「性誘

惑」。裸露根由不僅在於有失禮節或男女私情，而是有深層的信仰根源。

蘭嶼男生傳統可穿著丁字褲，女性則保守不穿。夏日炎炎，海灘女郎著比基尼者處處皆是，但若處於蘭嶼則被禁止，尤其是每年蘭嶼飛魚季，禁止女性穿著比基尼進入海灘，傳統說法是會帶來不祥的預兆。

「露」是漢民族服飾過去的一種「缺憾」，近代西風流行，露肩、露背、露膝、迷女裙，露V事業線，青年男女似乎開始補「露」之憾。客家婦女過去穿衣「行不露臀，坐不露股」的原則，現代客家新女性，頗多一如流行，過去的款式禁忌多已拋之九霄雲外。

三、穿戴禁忌

⑴ 禁衣服反穿

在喪禮中，接外家時要反結桌巾，給死者穿壽衣之前，要給孝男先反穿套衫，之後在穿到亡者身上，因此衣服反穿給人與喪事連結的不祥想像。

⑵ 衣服晾乾後要先折疊好再穿

衣服曬好了，要加以折疊，且由於過去男尊女卑的觀念下，男人衣服要放在女人衣服之上，然後才抖開穿著。為何不可收下後直接穿上了而要折疊呢？因為曬衣服時不管是用竹竿或衣架，是張開兩袖來晾，據說如果收下不折疊直接穿，這樣人會變成「竹篙鬼」，像人被穿在竹竿上或被掛在衣架上，心裡會覺得毛毛的，若經折疊後便可化解心中的疑慮而安心。

⑶ 忌反戴帽

傳統忌諱帽子反戴，以為會遭壞運。不過現代看過很多運動員帽子反戴，甚至輸球時還高喊「逆轉勝」，挪威選手艾登戴著埔鹽順澤宮帽子。2019年9月8日在法國尼斯三鐵錦標賽奪得三鐵冠軍的挪威選手艾登，戴著印有「埔鹽順澤宮」的帽子拍照並上傳社群軟體，意外讓順澤宮爆紅，不少信眾與馬拉松迷紛紛前往順澤宮朝聖，希望也能得到一頂「冠軍帽」，順澤宮共追加訂製1萬頂，似乎與此禁忌相矛盾，可見這項禁忌目前已完

全消失了！

⑷忌穿別人穿過的舊鞋

客家諺語：「愛坐頭張凳，愛食頭項菜。」又說：「拈得頭頂帽，莫拈腳底鞋。」意思是「撿到帽子可以戴，不能撿路上的鞋子來穿。」據老一輩的人說法，其實這句諺語的本意是「別人送給的新帽子可以戴，但不要接受別人所贈的鞋子。」究其為何？一般而言是別人穿過的鞋子，雖然與自己的鞋子尺碼相符，但各人的腳型不同，穿起來還是不合適，不舒服，會影響走路的安全性，造成危險。

⑸忌穿著衣服補衣服或補扣

一般習慣脫下來縫補衣服，一來方便穿針引線，二來若穿在身上就直接縫補，恐有失手針戳之虞，且有傷人於無形之思維，雖似迷信聯想，但是人一向避免違反這項禁忌。

⑹忌穿過未洗就縫補

衣服穿過之後若要縫補，不管穿過多少次或是髒與否？都需洗過再縫補，切忌不洗就縫補。

⑺忌「三破且姆[10]」穿法

所謂「三破且姆」這句客家俗語，是說女子穿衣服不加修飾，像個老太婆，下緣從內到外，顯露三層。但現在頗多女子穿衣內層顯露於外，以為流行，此舊時忌諱，似乎已無人重視，但以穿著服飾的禮貌與整體觀而言，不論男女應以整齊為要，內層衣服不應外露才是。

⑻忌不按季節穿著

穿著要配合季節穿衣服，需要注重穿著以保暖，以免傷害自身。到了春暖花開的暮春季節，仍常春寒料峭，俗言春天後母面，不注意就會「清明、穀雨冷死秋娘嬭」了。客諺又說：「吂食五月粽，襖婆母落甕」，過

---

10 三破且姆：三破，三層。且姆：親家母。指不重穿著、內外衣服層層顯露的老婦人。

了端午，才可正式換穿夏季衣服。若不按季節穿戴若「狗落火囟[11]」（圖4），猶如夏天穿著厚重衣服，亦是一種忌諱，否則引人譏笑。

圖4 古時冬天取暖用的「火囟」

四、放置禁忌

民間不僅在服飾的顏色、款式、穿戴上有禁忌，就連放置也有禁忌。

1.忌夜間將小孩及婦女衣物晾至戶外

夜間將衣物晾至戶外，是恐沖犯到夜遊神煞。其實衣服夜間放置戶外，受一夜的露水與塵染吹襲，對衣物的保存有極大的傷害。

2.忌在竹竿尾曬衣服

竹竿尾不能曬衣服，有若喪事旗旛，讓人望之產生聯想而忌諱。

3.忌男衣服放於女衣之下

過去男尊女卑時代，男衣放於女衣之下，說是會壞了男人福氣，等同結婚之時，若新娘鞋子壓在新郎鞋子上，之後恐有女壓男之慮。現代夫妻之間大多已分廚放置或吊掛衣物，這項禁忌，如同曬衣時，男衣忌曬在女衣之下一樣，已被打破。

---

11 狗落火囟：本意為「狗腳踏入火囟」，意指「腳小而所穿得鞋子太大，大小不相稱」，以喻「以小穿大，搭配不當」。

4.新娘出嫁忌新衣縫口袋

　　昔時以爲嫁出去的女兒如潑出去的水，新娘的新嫁衣不縫口袋，爲的是不把娘家的財氣與福分帶走。另外新娘禮服也忌諱用兩塊布連接，以免離婚。所以，客家諺語：「好子毋使爺田地，好女毋使娘嫁衣。」爲的是人要有志氣，不依靠父母，自己努力奮發向上，自然有成。現代新娘禮服臨時出租，用畢再還禮服店，縫製嫁娘新衣的禁忌已無存。

　　「山精山角落，新衫底下著。[12]」如何穿戴服飾與裝扮，成爲一般人的重視與講究。「人愛衣裳，佛愛金裝」，常說：「三分人才，七分打扮」，「先重衣冠後重人」，衣服穿著整齊是爲了體面的外表。隨著時代改變，人們著重審美要求，排斥原有吉凶禍福觀念，封建階級思維，住居環境的改變，不管是從顏色、款式、甚至是穿戴、放置，都異於往昔，舊時的禁忌都被時髦沖刷的一乾二淨，蕩然無存。但若這些禁忌是有關禮貌的、風雅的，應加以保存，例如參與宴會，應穿著整齊，忌諱短衣短褲、奇裝異服等入場，參與喪禮，忌穿紅色或花色衣服，都是尊重主人的禮節。女性平時穿著盡量適當，薄裸太多，容易招致男性性幻想與衝動，引禍上身，不得不注意。

第三節　住居禁忌

　　臺灣客家民宅傳統建築式樣，稱爲「伙房屋」，有三合院及俗稱「雙堂屋」的四合院、極少有如屏東佳冬鄉蕭家老屋的多院落大伙房屋，大都同族而居。正面爲正身，左右爲護龍，即所謂的廂房，稱爲「橫屋」，家族龐大者，則有多棟橫屋，左右對稱。若是一般百姓、窮苦人家，都以砌土爲牆，上覆薄瓦或茅草，稱爲「泥磚屋」，閩南語稱爲「土埆厝」。昔時俗稱「青堂瓦舍」的大戶人家，才有磚造房屋。泥磚屋到了經濟稍好之

---

12 山精山角落，新衫底下著：客家諺語，譏笑村野之人，不愛裝飾，可能也是節省，有新衣服怕髒捨不得穿，把他穿在裡面，外面則以舊衣服遮住。也影射人不懂事故，不合時宜之意。

後，牆壁內外再貼上一層磚片，外觀成為磚造房屋，即俗稱之「金包銀」
（圖5），尤以北部為最多。

圖5 金包銀（拍攝地點：桃園機捷環北站附近民居，拍攝時間：2011.01.10）

　　住居不僅注重房屋的居住功用，而且將其與家的興衰命運緊密相連。
每一家族、家庭，都希望自家能夠發展壯大，光宗耀祖，要達此一目的，
人們便在住宅的建造上大做文章，設法選擇有風水龍脈、神靈保佑的區域
建房，一些建房的地點、方位、房屋陳設，若不符合風水、相宅觀念，即
被列為禁忌。

　　要把住房建構為一個與其他空間（如：娛樂空間、生產空間等）不一
樣的吉祥、神聖之所，首先要讓居住者在精神上感到所居之宅是安全的，
排除了邪魔鬼魅侵入之可能，要做到這些，在建宅過程中，就必須恪守種
種禁忌。

一、擇址禁忌

　　建宅之前要選擇宅址，稱為「相地」，可謂建築的前提，主要是對客
觀事物環境的取捨。人民對農耕生產的氣候條件和自然環境有著強烈的依
賴，逐漸地便賦予自然高度的精神象徵意義，認為自然環境的優劣會直接
導致人命運吉凶禍福。因此，在建築上選擇住宅座落的空間就顯得十分重

要。

1.避免沖箭

「沖箭」即「路沖與水箭」，路沖又稱「路箭」。明王君榮作《陽宅十書》：「南來大路直沖門，速避直行過路人，急取大石宜改鎮，免叫後人哭聲頻。」「東西有道直沖懷，定主風病疾傷災，從來多用醫不可，兒孫難免哭聲來。」「宅前有水後有丘，十人遇此九人憂，家財初有終耗盡，牛羊倒死禍無休？」避免大路直沖房子之地。河道直沖房子之地亦然，箭能殺人，選此地蓋房，容易遭致意外之禍，是不吉利的，宜避開。現代人選購「預售屋」或「現成屋」，亦宜避沖箭之屋。若真有遇到此種房屋，化解之法為在門口高掛「八卦鏡」，或在門邊設立「石敢當」等避邪鎮煞法物。

2.其他不宜處

《楊州采風錄》引明朝《營造門》說：「凡宅宜后宮觀仙居側近處，主益壽延齡，人安物阜。不宜居當沖口處。不宜居塔冢、寺廟、祠址、爐冶及故軍營戰地。不宜居大城門口、獄門百川口去處。」這是明代人建房宅選地基要領，是以求神佑、避鬼祟、躲災亂、圖清靜、多生殖、恐爭訟等等為準則的，這些都符合民間普遍的空間心理。就以現代而言，塔冢、祠址等地方都屬陰氣較為濃厚之處，仍是符合現代人心理需求，像避免居於爐冶、彈藥庫旁、加油站旁、死巷等，此皆預防危險等。

二、朝向禁忌

1.朝向要順勢，忌逆勢

選定住宅地基後，由風水地理師以其對外在環境、天時的觀察、詮釋，來決定整棟屋宇的朝向。若屋主未請地理師，則由大木師傅定向，風水中稱這種決定住屋朝向的方法稱為「定向」。定方位要順勢，忌逆勢。根據自然形勢、地貌、水流方向、氣候特徵等決定「大向」，及大致朝向。

　　一般規則是「坐北朝南」的「負陰抱陽」格局。有些村落，則因禁忌、避煞、自然條件限制、或是禮制上的對方位的要求而朝東或西，方位上的禁忌不是很嚴，最忌的是地勢上南高北低，看上去極不順眼，俗說：「前（南）高後（北）低，主寡婦孤兒，門戶必敗；後（北）高前（南）低，主多牛馬。」這實際是順呼自然，人們總把宅院建在山南水北的陽處，而不會建在山北水南的背陰地裡，開門見山，出門就爬坡是很不方便的。

2. 門外環境的禁忌

　　門向禁忌涉及更多的是門外的環境，隨著住宅朝向的確定，門窗的方位也被確定。門室內外空間分隔的標誌，是邁入室內的第一關口，國人素來重視各種門的處理，風水更是對其投以深切的關注。《相宅經纂》卷一「宅之吉凶全在大門……宅之受氣於門，猶人之受氣於口也，故大門名曰氣口，而便門則名穿宮。」大門兩邊之牆壁務需大小相同，若左大則換妻，若右大則屋主孤寡。大門應低於牆，若高於牆則家中常哭鬧，門前不能有水坑，否則家破人亡。

　　然觀客家地區宅院，不但講求座向，復講虛實，不論廣東圍龍屋或客家伙房屋，兩側護龍數目經常對稱，家長居正廳，兩側為晚輩所居，興建次序長幼依次為左護龍、右護龍。

3. 忌坐南朝北

　　就地理環境來說，在北半球，大致冬季冷風自北向南吹，夏季涼風從南往北吹，為了防止冬季冷風吹襲和迎接夏季涼風，房子背後自然朝北，大門朝南較宜，民間一般大門也以東、東南、南方為佳，稱「三吉方」，基於氣候，房屋建造自然以「坐北朝南」為佳。道士術家的解釋，認為北屬壬癸水，南屬丙丁火，可以坐水向火，卻不能坐火向水。閩南話有句俗諺說：「坐南朝北，枵到硞攬仆」（撲倒），客家人大都居住在丘陵地帶，也以「坐北朝南」為佳，現代街屋、樓房則無此禁忌矣。

4. 門下不能有水流出

門下有水流出，被認為財物滲出而不聚。還有糞坑不能對門，否則子孫有所忤逆。

5. 門前禁種大樹

門口不能正對大樹，否則家中必遭大瘟。風水家認為：「中門有槐，富貴三世，宅後有榆，百鬼不近。」俗言：「前不栽桑，後不種柳。」「前不種柳，後不種榕」，這些看似無稽，其實是有考察這些植物生長的特性，除「桑」音同「喪」忌諱外，榕樹樹根深長恐傷及屋基。

6. 大門不能對電桿

出門有所擋，破壞風水與觀瞻，若眼中之釘，有壓迫感，心中不舒服，忌諱有凶事、家運不佳，化解為在柱上釘塊「對我生財」的小木牌，以此轉凶為吉。

7. 忌大門前之屋簷滴水

大門前屋簷滴水似掉淚。俗謂「房簷滴水滴門幫，一年之內死一雙；房簷滴水滴門口，不傷大口傷小口。」所以注重風水的傳統建築，經常製作擋水簷，讓水從旁流下（圖6）。

圖6　楊梅泉水窩人家大門前的擋水簷，讓水從兩旁鰲魚口流下，亦象徵「獨占鰲頭」。（2016.10.18攝）

8.大門忌對簷尾

簷尾簷角尖銳，翹向天空，俗稱為「煞」，令人有壓迫感，好似別人家的屋簷角尖銳刺進自家大門口一般，應盡量避之。

9.忌諱「四門透底」

如把門樓建在中軸線上，如此從前廳、中堂到正廳四個大門連成一直線，客家人稱為「四門到底」，形同門戶洞開，外人一目了然，成為大忌，所以設置門樓，必定不在中軸線上。

三、建屋禁忌

1.忌遭「魘勝」

自古以來，民間經常傳述木匠「魘勝」的普遍現象，勿得罪師傅。工匠「魘勝」又稱「魘鎮」、「厭勝」，是古代巫蠱迷信與工匠生產相聯繫而產生的迷信做法。新建房屋被放置「祟物」，是屋主最大的禁忌。如果師傅、工匠對雇主不滿，又無處發洩，受巫蠱迷信的心理驅使，於是就做了一番手腳，埋下所謂的「祟物」及違禁物，作為報復。福建南靖「東歪西斜樓」，俗稱「東倒西歪樓」，至今已六百多年。（圖7）建得東倒西歪，聽說就是工匠不滿雇主沒有定時供應餐點，故意建得不正，雖沒聽說被放置「祟物」，也是「魘勝」的另一說法。

「魘勝」禁忌心理，至今猶存。筆者有位朋友翻舊屋改建新屋，與工匠發生爭吵，得罪工匠，等屋建成驗收前，向官府舉報違建，而被拆除違建部分，歷經兩次，一屋蓋了數年才得以完成，堪稱為現代「魘勝」。

2.忌先築圍牆

《臺北文物》第八卷三期〈俗信雜物〉提到「凡起造住宅，宜內以及外，不可由外以及內。宅宜單，不宜雙，宅宜前低後高，不宜前高後低。」不過，現代應該極少人先建圍牆再起建房子的吧！

圖7　福建南靖縣田螺坑東歪西斜樓（2010.07.31攝）

3.忌五虛、要五實

　　《臺北文物》八卷三期〈俗信雜物〉接著提到「宅有五虛，令人貧耗；有五實，令人富貴。五虛：宅大人少一虛，宅門大而內小二虛，牆院不完三虛，井灶不處四虛，宅地多屋少庭院廣五虛。五實：宅小人多一實，宅大門小二實，牆院完全三實，宅小六畜多四實，宅水溝東南流五實。」可供一般人建屋參考。

四、居住禁忌

　　房屋一旦建成，就確定那是神聖地方。相對世俗禁忌的要求，是建造的居住空間應是安全的，神聖的地方也就是禁忌的空間，人們通過種種的禁忌來達到和維護這居住空間的神聖，從而使心裡得到滿足，祈願心態得以安慰與宣洩。

1.床忌在橫樑下

　　床在橫樑下，睡下即看到，心裡上以為有壓，會使心神不寧。若眞有此現象，而又逼需用作房間擺床的，傳統攘除禁忌的方法為利用裝潢

避之。

2. 不可在屋簷下小便，包括抱著小孩撒尿。

3. 忌對灶神褻瀆

忌在灶邊粗言粗語、啼哭、小便，嚴禁各種對灶神的褻瀆，爲對灶神的禁忌。

4. 孕婦、產婦、帶孝者忌在場看建灶、安灶，包括現代安置廚具。

5. 忌將字紙送入灶口

五穀與字紙同等重要，在灶上燒字紙，也是禁忌，否則斷了功名利祿。客家人若要燃燒字紙，必須在長流水溪邊或挑到字紙亭（聖蹟亭）燒化，以「過化存神」。

6. 大門、房門皆不許半開半閉。

7. 忌諱仰臥於門前臺階。

8. 房門窗戶不得比門大，所謂「眼不能比嘴大」，忌諱窗戶一人一小，所謂「大眼瞪小眼」，屋後不開窗，所謂「不能長後眼（肛門）」，先人建屋，後不開窗，避免風寒。現代建築爲採光好，窗寬於門，甚有落地窗，前後開窗，空氣對流，以增進健康。

9. 忌在庭院栽種屬陰的植物

木瓜、葡萄、芒果、香蕉、竹子等樹種植物，傳統認爲屬陰，應於菜園或果園種植，在庭院中種植，會使女性產生不祥預兆，或同音聯想。庭院宜前種蘭花，後種桂花，謂之「攔住貴人，富貴藏家」。

第四節　行旅禁忌

　　家宅是人們經常活動的場所，也是人們生活在外的歸宿，在家中自然會有一種安全感，所以很看重家宅。有朝一日暫時離開家宅，在外行旅，意即離開自己的安全歸宿地方，會有一種安全失落感。出門遠行，是人們日常生活常遇到的，古時交通不便，出外困難諸多，最怕遇上不測的災

禍。因此，民間素來有謹慎出行的習慣，所以，在行旅方面會有一些禁忌習俗，也在所難免，同時也可理解。

　　昔時以為，人們在旅行途中的安全，是由神掌握的。古時有路神，亦有道神、行神的信仰，路神是誰？至今已無法考據，但卻不妨礙人們對路神的敬祀。民間不敢怠慢祭祀路神，這種祀行的習尚，其目的不外乎取悅於路神，使之不為邪祟，冀望旅途平安，化險為夷，因而無論陸路、水路，甚至現在的航路，都有這樣的祈禱祭祀。

　　國人向來有慎行的習慣風俗，孔子曾說：「父母在，不遠遊，遊必有方。」是從孝道出發對子輩的規勸，意思是不要因為「出遠門」而耽誤伺奉父母，深怕有心而未能克盡孝道。同時有包含出遠門會有一種危險性，如真要出遠門，也要告知去處，可讓家人安心，或者便於尋找。

一、日期禁忌

1.出行之忌月

　　俗諺：「六臘出門，神仙也遭難。」大概是說大熱大寒，氣候惡劣，出門容易遭受寒熱侵襲而遭致生病。另外有人以七月為鬼月，深怕受鬼魅侵擾，忌諱出門，有其道理。農曆七月，屬三伏天之末伏，處於「秋老虎」的炙熱期間，出遊時應多注意。

2.出行之忌日

　　昔時外出旅行，首重選擇吉日。俗謂：「七不出門，八不歸家」，或說：「七不往，八不歸」，亦即「逢七不啟程」，寧可延期；「逢八不到家」，寧願在旅途中逗留一兩天。據說在北方「初七」令人想到「七出休妻」，「八歸」令人想到「王八」，因而避之忌諱。十三忌出遠門，因為「十三」與「失散」同音。有些地方，如山東忌雙日出門，說「要待走，三六九」。

　　客家話「十三」與「失散」不同音，因此不忌諱。不過正月十三與以後每月遞前二日（二月十一、三月初九、⋯⋯）為「楊公忌」，相隔約

二十八天，百事禁忌，迷信之人不出門。另以前人有忌「黑道日」出門，又每月初五、十五、二十五都不能出遠門。另外，「彭祖百忌」亦云：「巳不遠行，財物弗藏」，逢巳日不宜遠行。

　　假如選好吉日出門，遇到不吉兆頭，如小孩跌跤、失手打破茶杯、牲畜突然暴斃、家人突然生病，最好延期一日另挑日期，不然會以為很不吉利。

二、方向禁忌

1. 年齡與方向之忌

　　古代民間俗諺有云：「老不上北，少不下南。」「老不入川，少不遊廣。」「老勿走新疆，少勿走蘇杭。」以年齡視要去的地方，老年及不宜去遠地，年輕不宜去奢華之地，不過現在這項禁忌早已被打破，只存在俗諺中。

2. 以占卜出門吉凶方式

　　古人用占卜方式，以為出門方向的吉凶兆示，現代人已經極少相信及使用。

3. 新年出門，吉時吉方，現代人幾乎已經不信，只有少數傳統長者仍會遵行。

三、旅途中禁忌

1. 禁先喝湯

　　臺灣中南部習俗，有飯前喝湯的習慣，所謂「飯前一碗湯，可以暖胃腸」。不過很多地方說「出門在外吃飯，禁先喝湯」，且要用匙喝湯，不要端碗喝湯。

2. 不要掉了筷子，不要潑了湯，不要破了碗。

3. 不吃枸杞

　　有言：「出門千里，不吃枸杞。」大概是枸杞能強壯補腎，這句諺語

含蓄地告誡男子出門在外，要注意控制自己，忌拈花惹草，尋花問
柳，以避免事端，傷害身體。

4. 不站或坐在人家門檻上

門檻是一家分內外的神聖之處，不論何時，不可站或坐在人家門檻
上，以為侵門踏戶，主人會很不高興。

5. 忌對搭飛機者說「祝你一路順風」

與人出門、餞行，應說些吉利祝詞，古人出門大都搭船騎馬，常說
「祝您一路順風」，是非常恰當的，順風則較快點到達目的地。若是
遇到逆風則非常凶險，除了緩到以外，也亦遭致危險。但現在搭船遠
遊者已少，大都搭飛機，因為飛機不需用風了，有人忌諱聽到「祝你
一路順風」。

五、與女人相關禁忌

行旅中不與女人為伍，是過去普遍遵守的禁忌。女人是世界的一半，
沒有女人就沒有人類，可是古代由於男尊女卑的影響，婦人往往被視為不
潔之物，看成災禍的象徵，「女人是禍水」，避女人成為避邪的一項重要
原則。俗謂：「軍中不可有女，不可與女人同車船」，所以俗語說：「婦
女乘船船要翻，婦女下海海要荒」，另忌諱「七男一女共乘出海」，類似
八仙過海，會惱怒海龍王而招致翻船。

古代行旅禁忌女人心理現象發生的原因可能有：1.中國古代女子地位
低下的反映，男子覺得不屑與女子為伍；2.對女性經血的恐懼，以為「不
潔」、「晦氣」；3.性誘惑禁忌，與女子同行，容易引發性衝動而招致災
禍。所以昔時為求行旅安全、吉順，就必須避女人，今男女平權，已完全
破除此一禁忌。

六、旅館住房禁忌

旅遊或出差，外住於旅館，舒適、乾淨、通風、清朗即好，但坊間經

常流傳許多有關旅館、飯店的禁忌，甚至流傳著一些靈異事件，許多人還是認為寧可信其有，尤其是若在一進入房間就看到某種景象，建議最好立即換房；進門要敲門，告知有人進來入了；進入房門，若聞到有異味，一定要立即請旅館服務人員查清楚異味來源，不然建議換房；避住離電梯或安全梯較遠的房間；若遇雨天，入寢前要把撐開的雨傘收起等等都是民間認為旅遊在外要注意的地方。另外也可參考《香港01》整理出入住旅館的14大禁忌，作為參考。

七、行前警句

1. 做好行前準備

「在家不敬月，出門招風雪」，做好出行前準備工作，過去禮敬路、日、月、天神，求得神靈保佑。現代則買旅遊險、意外險以保障自己。

2. 不走夜路

「喜走夜路，總要撞鬼。」出門盡量在白天趕路，這樣才安全，若總是在夜間上路，總有一天要走上邪路，不是被鬼侵擾，就是被強人所奪。

3. 結伴而行

「一人不進廟，二人不看井，三人不抱樹，獨坐莫憑欄」，古人經驗昭告我們出外旅行容易招致的險惡。出門辦事、旅行「一人不上路」，應結伴同行，才可相互照應。如果孤身一人出遠門，遇上困難常無法擺脫。尤其是登山健行，更應結伴。

4. 錢不露白

「出門不露白，露白會失財」，錢財不露白，告誡人出門在外，不要過份輕信別人，露出自己的錢財，「財不露白，貨不離身」，若是遇上壞人，容易招到謀財害命的危險。

5. 需吃飽穿暖

「窮家富路」是說出門在外，吃穿要飽暖，必要時得捨得花錢。因為在外不比家裡，「在家千日好，出門一時難」，有時環境不適，又加勞累

奔波，相當辛苦，容易患上疾病，只有吃飽穿暖，才能抵禦疾病。

6.老人應有照應者

　　客家俗語說：「七十毋留宿，八十毋留餐」，即是這個道理。雖然常說：「人生七十才開始」，九十歲尚能健步如飛者，亦大有人在。其實這有一半是安慰人的話，有謂：「七十過後日日老，八十過後時時老」，因為人生到了七十歲之後，已是實質的老人，各種器官衰退得很快，以前的人超過七十歲，盡量都不在外過夜，以免遭到身體的意外。如果老人要外出遠遊，最好有照應者隨行，現代旅行業，超過八十歲出國旅遊大都要求家屬有人陪同。

　　行旅警句，是禁忌文化的重要部分，直接來源於行旅的實踐，長期以來人們行旅安全的經驗總結，對旅行安全有較大的實用價值。

　　走於路上，遇上殯葬者，俗以為不吉利，或將衣帽脫下，拍打數下，以為破解，稱為「散晦氣」，但若是藝人或跑江湖的，遇此卻以為好事，因為見著棺材為遇財（材），若抬著死人更好，為之「財（材）不空」。出門在外待人應格外有禮，忌諱說話粗聲大氣，指手畫腳。

　　過去對於路神的祭祀幾已消失，現在於出發前，已經逐漸改由祭拜土地公、祖先，或是地方信仰中心的神祇，期望旅途中庇佑平安。且交通工具發達，民間原有禁忌大都拋之外太空，如外出前求神庇佑平安，七月鬼月不出遠門等，改為出門買旅遊平安險、意外險等以作為保障。不過仍有少數人對某些行旅禁忌，仍深信不已，

第五節　醫藥禁忌

　　人生在世，生老病死走一遭，病了看病服藥難免。生病服藥本是不得已之事，病人將康復寄託在服藥（古代指中藥）上，為使服藥產生良好效果，希望藥到病除，忌怕客諺所說的「食藥頭，反藥尾[13]」，那就糟糕

13　食藥頭，反藥尾：初用藥有效，到後來又無效了。亦指人之病情時好時壞。

了！在服藥時就從語言、行爲上予與禁忌，產生避諱。

一、放置禁忌

1.忌在廚房煎藥

傳聞藥王與灶王有仇，不能在廚房煎藥，在灶房煎藥，藥氣散入廚房，不利病人，宜在病人房間或空房煎藥。藥煎好了亦不可放灶上，恐觸犯灶神，藥力失效。以今觀之，在廚房煎藥，有可能會使油醬之類污染藥物，古人或許愼其事而託之迷信。

2.藥渣立即倒掉

除非要「翻渣」，否則煎完藥後，藥渣應立即倒掉。藥渣倒得快，病也好得快。

3.藥渣不可倒在水溝、垃圾堆、廁所內，要倒在馬路上

藥渣自然不宜倒在水溝、垃圾堆、廁所內，要倒在馬路上，主要是讓千人踏、萬人踩，這是驅病出門，託人消災，好得快的企望心裡。現代人已很少煎藥，看中醫大都服用科學中藥，即使煎了藥，藥渣大都到入垃圾袋由垃圾車載走，不可隨意灑在馬路上。

4.端藥不過門檻，怕觸怒門神

二、服藥禁忌

1. 很多地方喝藥不可說「食藥仔」，改成「食茶」、「食好茶」。
2. 飯前或飯後服用，應遵照醫師指示。
3. 服藥禁吃空心菜、酸菜、竹筍、柑橘，俗言「會解藥性」。
4. 西藥亦有禁忌，某些藥服後，禁食葡萄柚類水果。
5. 忌諱初一、十五吃藥

初一、十五爲朔望之期，傳統爲需敬拜神明之日，服藥之人，身體不本健康，吃了藥拜神，一來對神明不敬，二來虛不受補，氣虛福薄，再求神助，有點自不量力。傳統年初一更不能服藥，否則一年到頭生病服藥。

三、求醫禁忌

1. 「彭祖百日忌」日：「庚不經絡」，所以遇「庚日」不看病。
2. 有血光之日，不宜開刀。
3. 開刀時辰宜在早上，忌傍晚或晚上。

四、藥罐禁忌

一般東西借人，有借有還，再借不難，唯藥罐可借不還。

五、探病禁忌

1. 探病凶日

古人傳言六十天內有壬寅、壬午、庚午、甲寅、乙卯、丙卯等六天爲探病凶日，並留下以下口訣：「壬寅壬午連庚午，甲寅乙卯丙卯防，仙人留下此六日，看人疾病代人亡。」除了至親之外，這六天農民曆上也會注明「探病凶日」，勸人盡量別探病。

2. 忌送菊花或百合

探病送花雖良善，但最好不送菊花或百合，使人聯想到喪禮場面。

3. 忌送鳳梨、香蕉、西瓜

探病帶水果雖好，看人疾病，應先知病情，該帶什麼，量身定做，某些疾病不宜吃的水果不要帶。例如：骨科、咳嗽，不宜吃香蕉，俗說吃了會生痰和傷骨。胃腸、癌症則不適合送水梨，水梨性冷，不宜這些病症。一般疾病，最好不要送鳳梨、香蕉、西瓜，客家俗諺：「上夜食西瓜，下夜反症」，故不可帶西瓜看病。

4. 病人進食、午休、晚上，不宜探病

古人認爲下午陰氣重，不宜看病，探病宜在早上，忌諱晚間、進餐、午休時。但現在人生活忙碌，下午3～5點，太陽未下山之前，似乎也適宜。

5. 探訪病人不宜穿太暴露，噴灑味道太濃的香水，避免在病人面前與他

人交頭接耳，讓病患以爲隱瞞自己病情，更不能提到有關死、沒、完了、糟糕、沒救了等字眼或嘆氣，以防刺激病人情緒。

　　今人使用傳統煎煮中藥的越來越少，多用科學中藥，煎藥禁忌已漸爲人所不知，服藥禁忌仍爲世人所重視。常言道：「藥能醫假病，眞病無藥醫」，所以客家諺語說：「身體係毋好，門前金仔挖毋著」，身體健康最重要，若生了病，就要趕快看醫吃藥，否則「小病毋治，大病無藥醫」。對於疾病，預防勝於治療，藥補不如食補，正常作息，多運動，少煩惱，增進身體免疫力較爲重要。古時禁忌，或許迷信所致，有病即要求醫，不合時宜之禁忌去無存菁，今宜更科學解釋。

第六節　養生禁忌

　　養生者，修身養性，以求適身頤性，長壽健康之謂也。養生益壽，古人早已了解得極爲透徹。孔子提倡中庸之道，教人不偏不倚，不癡不狂，無求無欲，怨而不怒，哀而不傷，適可而止，就隱喻了深刻的養生之道。正如董仲舒《春秋繁露》所說的「能以中和養生者，其命極壽。」所以如何養生？亦即有所禁忌了！

一、養生五忌

　　晉代養生家嵇康將影響健康的因素歸之五項，有此五大忌，不管如何滋補，如何鍛鍊，終究難以免除煩惱纏身，自減壽數之命。

1. 名利不去，爲一難。勿斤斤於此，刻意追求，甚殫精竭慮，苦心經營，大忌。

2. 喜怒不除，爲二難。煩惱籌悶人易老，心寬出少年，過於激烈情緒損健康。

3. 聲色不去，爲三難。適度有利，鬆弛神經，過度有害，玩物喪志。

4. 滋味不絕，爲四難。飽食安眠爲樂喜，多食則氣滯，多睡則神昏，養身大忌。《博物志》「所食愈少，心愈開，年愈益；所食愈多，心愈

塞，年愈損。」孫思邈云：「口中言少，心中事少，腹裡欲少，自然睡腹無屎。」

5. 神慮精散。爲五難。精神負擔過重或腦力過度，精神萎靡，招致疾病而傷身。

二、千金十二忌

藥王孫思邈所著《千金方》，取其「人命至重，有貴千金」，於其中提出應注重「十二少」，避忌「十二多」。

1. 少思，多思則神殆，精神疲憊而無勁。
2. 少念，多念則心猿意馬，精神分散。
3. 少欲，多欲則志昏，利令智昏，嗜欲過多，蝕人心志。
4. 少事，事多則疲於奔命，勞心傷神，拖垮身體。
5. 少語，噪人之語多，語多則損中氣，進而傷脾傷肺。
6. 少笑，常微笑有益心，多笑大笑則傷內臟，應多節制。
7. 少愁，多愁筋脈枯竭，頭面焦枯，多愁善感使人意志消沈，精神恍惚。
8. 少樂，多樂則心神邪傷，大損精氣。
9. 少喜，多喜則易飄飄於勝利感中發生差錯昏亂之事。
10. 少怒，多怒則氣血、百脈不定，甚或上衝於頂昏厥，中口則血，內傷肝痛肋。
11. 少好，愛好太多則博而不精，心神不定，精力有限，勞身傷體。
12. 少惡，多惡則會精神奔騰，憔悴無欲，自恃甚高，看人不慣，自然鬱鬱寡歡。

三、二勿十六莫

藥王孫思邈的養生之法，除了注重「十二少」，避忌「十二多」之外，又提出「二勿十六莫」。

1. 二勿：勿汲汲於所欲，勿悄悄懷分恨。
2. 十六莫：莫久行、久立、久坐、久臥、久視、久聽、強食、強酒、強舉重、憂思、大怒、悲愁、大懼、跳踉、多言、大笑。

四、日常作息之忌

　　嵇康之養生五忌、孫思邈之十二少避十二多與二勿十六莫，實不易做到，卻昭示我們養生需於平時生活當中，處處為之。平時的養生方法有哪些呢？尚有哪些忌諱呢？

1. 四時之忌

　　俗言：「春不露臍，夏不睡石，秋不睡板，冬不蒙頭」，意義非常明顯，四時保健，養生之法。春天乍暖還寒時節，肚臍受寒最易著涼，穿衣保暖最重要。夏日炎炎正可眠，石板最涼爽，一不小心貪睡即著涼。秋高氣爽，風和日麗，但到秋深露重，夜間木板易轉清冷，睡於木板，好夢方甜不知覺中夜晚降溫身受涼。到了冬天寒氣逼人，夜晚睡覺不宜蒙頭大睡，空氣濃濁易缺氧，此為四時養生應注意之忌諱。

2. 洗澡忌無節

　　洗澡次數以身體潔淨、不傷筋損氣為原則，溫度適宜，冬浴也不宜水溫太高，所謂「冬浴不必汗出脈沐。」直隸有句諺語：「飽不剃頭，餓不洗澡」，空腹不洗澡，出熱汗不宜洗冷澡，澡中、澡後不宜吹置冷風，容易引起頭脹痛，關節酸痛等。疲憊之軀再吹冷風，自是大忌。

3. 頭髮未乾不宜睡覺

　　頭髮未乾即上床睡覺，濕氣容易進入體內，引致腹瀉、骨節酸痛等疾病。

4. 春初忌頓去厚衣，秋臨忌穿太多

　　有句俗語：「若要兒女安，常帶三分肌和寒」，體悟「春捂秋凍體常安」的道理，季節變換要逐漸適應。孫思邈所著《千金方》亦提及「春天不可薄衣，令人傷寒霍亂，令不消，頭痛。」元代丘處機《攝生消息

論》亦云：「春日和融，…，天氣寒暄不一，不可頓去棉衣。老人氣弱，骨疏體怯，風冷易傷腠理。時備夾衣，過暖易之，一重漸減一重，不可暴去。」客家諺語說：「清明、穀雨，冷死秋娘嬤」，春末乍暖還寒，最難著衣，易使人遭受風寒。未過夏至，仍有冷流，所以說：「莫食五月粽，襖婆毋落甕。」又說：「莫過五月節，毋好收冬衣。」不無道理。秋季初臨，雖涼卻不甚寒，不妨穿薄些，以免一開始穿太多，以致後來無以為繼。故而「冬不欲極溫，夏不欲窮涼，暑月不可全薄，寒時不可極厚。」以增強人體的防禦寒、熱的能力。

5. 忌貪睡、睡前飽食

清朝人李漁說：「養生之訣，當以睡覺居先。」為何？睡能還精、養氣、健脾益胃、堅骨強筋。所以古語云：「服藥百裹，不如一臥。」「服藥千朝，不如一夜獨宿。」常言也道：「吃飽不如穿暖，穿暖不如睡飽。」一夜好睡勝仙丹。不是睡得越多越好，清人梁章認為：「多睡則神昏，乃養生之大忌。」尤其上了年紀之人，忌夜夜貪睡，否則身體臃腫，兩目昏沈，應少睡精睡，及睡得少、睡得好。要睡得好要三少：口中言少、心中事少、腹中事少。言多傷氣傷神，事多不能安睡，所以睡眠應「先睡心，後睡眠。」要睡得好，還需忌睡前飽食，飽食傷胃，胃不舒則寢不安。睡覺不宜「尸臥」、「俯臥」，枕不宜太高，應常變換側臥部位。

6. 男女性愛忌放縱

「男女性事極其自然，如兩者不合，若春無秋，若夏無冬」。但男女房事也要適度，「欲不可絕，欲不可早，欲不可縱，欲不可強，這是古代男女性愛方面的四大禁忌。[14]」性是不可遏制的，但又切忌放縱，「欲多則損精也」，所以男女媾和應有節度，其節度與養生有莫大關係，俗言：「貪房貪睡，添病減歲」，不得不慎。本章下節房事禁忌，再加以說明。

---

14 陳生編著《中國禁忌》頁151。

7. 大便小解忌強忍、強努

「管天管地，管不了拉屎放屁。」所以，大便小解，不能強忍。孫思邈《千金方》提示說：「忍尿不便，成五淋（血淋、石淋、氣淋、膏淋、勞淋），膝冷成痺；忍大便不出，成五痔。」所不可忍便，亦不可強行大小便，《千金方》說：「小便勿努，令兩足及膝冷；大便不用呼氣強努，令人腰疼目眩。」大小二事，應聽其自然，該解則解，勿強關抑忍。

8. 運動莫過量

人要活就要動，生命在於運動。客家諺語說：「朝晨頭多定動，暗晡頭少發夢。」意思是「早上多運動，晚上少做夢」。《呂氏春秋》說：「流水不腐，戶樞不蠹，動也，形氣亦然。」人欲勞於形，百病不能成，但卻不能過度，所以中醫教人維護健康應遵行三個「莫強」：莫強舉重、莫強食、莫強酒。所以運動雖好不宜過量，久行傷筋勞於肝，久立傷骨損於腎，久坐傷肉損於脾，俗語說：「裁縫拿根針，累得血噴心」，即是久坐的關係。還有久視傷血，久臥傷氣，久聽傷腎，只有多笑有益身心，且宜常微笑而不宜常大笑。所以運動，應以略感疲勞但不致疲憊為度，而求得健身之效。

9. 健康三忌：早色、晚茶、空腹酒

「早色」即清晨男女交媾做愛，養生家以為清晨交媾一次當百次，應盡量避免。「晚茶」即晚間喝茶，因茶有茶鹼，可刺激神經，使人興奮而致失眠，且茶利尿，尤其老人易起床便尿，影響睡眠。「空腹酒」即是尚未進食空腹喝酒，容易傷胃、醉酒，對身體傷害極大。以上三忌，養生家忌諱不為。

有謂：「五臟六腑」在古書中為「五藏」。「藏」的意思就是人體的精華，精華就是身體儲存的營養素。這精華如果我們持續使用，總有一天會到乾枯的時候，屆時身體就垮了。所以年輕的時候什麼感覺都沒有，一旦到中年過後四、五十歲了，免疫系統開始逐漸地下降，病就悄悄地上身，所以養生就是養命。

養生不能讓人馬上年輕，而是若干年後，周圍的人都老了若干歲，自己還是像今天的樣子。養生不能讓人的病馬上痊癒，而是若干年後，身邊的人或許都已離去，而自己還是像今天的樣子。養生不能讓人馬上發財致富，而是若干年後，身邊的人都為治病破產的時候，自己的衣食還能無憂地逍遙自在。這是現實中的現實，不是危言聳聽，健康是一生中最大的財富，家財萬貫不如一個健康的身體！

養生之道，受人重視，但實施起來，卻又不易做到，如何求得健康，平時該有的禁忌，適宜遵行，不是全都是迷信與無稽。或許可參考古老的「五老長壽法」：「心寬不憂愁、山妻容貌醜、話少常閉口、食量節所受、夜臥不覆首。」也可唱起健康長壽歌：「睡得好、起得早、七分飽、常跑跑、多笑笑、莫煩惱、天天忙、永不老。」常保青春，健康快樂！

第七節　雜事禁忌

雜事禁忌，亦稱「行為禁忌」。在泛靈論概念下，民間以為時時有禁忌，事事有禁忌，稍有不慎，便會給自己或家族帶來災難。為人處事、生活雜事，都屬日常行為部分，古時媽媽們常目不識丁，但有其一套生活準則，所以又稱「媽媽經」。此一禁忌準則，主要目的是希望能循規蹈矩的生活，遠離災厄，達到平安的目的。

一、大小便禁忌

1.勿於神廟、教堂前大小便

屎尿本身，由於臭味與臊氣難聞，自古即被視為穢褻之物。古時廁所不若現代衛生觀念發達，隨地大小便隨處可見，萬萬不可以此穢褻之物，觸犯到神靈神煞，否則構成大不敬之罪，恐導致災厄。

2.勿於火堆前小便

火是神聖的，俗信以為有火神神靈隱藏期間，小便忌向火中、木柴、或燒過的灰燼，更不能在灶前小便。因火中有火種，觸犯火神，犯忌者會

犯「火燒脬」，意思是會使「生殖器發炎腫疼」，其實這是以前禁止小男孩，甚至男人隨意小便禁規。

3.小便忌向水圳、溪邊

圳溪邊有水神，小便向著水圳、溪邊，會觸犯水神或河神。家鄉耆老說：「犯忌者若是未婚，以後結婚時會下大雨；若是成人已婚者，以後行事之時常會逢雨。」這可能是前人藉此傳達環保意念的觀念吧！

4.忌便後不洗手

洗手主要是洗掉不慎沾於手上的穢物。既然糞尿為不潔之物，便後不洗手，在觀念上沖犯的後果，出在那雙髒手上。女性便尿，常用衛生紙擦拭，手亦未碰觸及生殖器，為何也要洗手？若便不沾手，即可不洗手嗎？可能是自古以來即認為生殖器為「性不潔」之物，所以手雖未沾尿液，但想像中卻已接觸不潔的生殖器，這也就是腳沾到尿液，卻似乎較無關緊要的事。筆者家鄉，以為若無水可洗，可摘身旁植物嫩葉搓揉，以去掉不潔。自2020年新冠肺炎於世界流行肆虐以來，常洗手觀念已深植人心。

5.忌在墳地大小便

古時墳地多為亂葬崗，是鬼魂棲息之地，犯忌者亦沖犯鬼魂，會被鬼魂捉弄成病或致死。現代公墓附近亦無廁所，所以掃墓之前，宜先上過廁所。

6.忌便時以有字之紙擦屁股

紙得來不易，自古以來，尤其是有字之紙。客家人認為字是非常神聖的，紙張得來不易，要敬惜字紙。常警告世人，如坐於有字之紙上，屁股易長瘡，俗稱「發棉花」。如拿來擦屁股，可能招致失明，更忌之。處理方式是用過之字紙，必須焚燒，使其「過化存神」，將紙之灰燼拿到「長流水」邊，讓水流飄走。

以上數點，看似迷信，其實是以此來恫嚇人們不要隨地大小便，其實是傳達愛物惜物，注重公共衛生的習慣。

二、掃地禁忌

1.忌將兩支掃把疊放

若兩支掃把疊放，俗信以為恐敗家。

2.忌椅子對疊

打掃時將兩張椅子對疊，因喪俗常將椅腳翻上，使人產生聯想。

3.忌用竹掃把掃客廳

喪家停柩在堂，在出殯移柩之後，即用竹掃把在客廳從內往外「除穢」。用竹掃把掃客廳，忌諱之後有死喪。

三、睡眠禁忌

1.室內忌烘著火大睡

俗說：「房裡無人莫烘火，烘火猶恐埋頭睡」，恐怕睡著時發生火災而逃生不及。現代防火常識，亦強調睡前要拔除無必要之插頭，以防失火。

2.忌頭朝窗戶

睡時頭朝窗戶，易遭受風寒而不自知，或說易招外邪入侵。

3.忌睡時頭朝向大門

據說這種睡覺方式與停屍待葬的死者一致，一旦如此，必會晦氣纏身，諸事不順。

四、打噴嚏禁忌

打噴嚏為人們傷風感冒時，因鼻塞使氣息在鼻孔出入不順暢而引發的症狀之一。古時被人們說成詛咒或鬼魂附身的徵兆，預示著不詳的事情，打噴嚏者會將不祥傳遞給自家，因此有人諱於打噴嚏，因此又忌別人對自己打噴嚏。

有時也被人認為有人或鬼魂思念的預兆，若是有人想念則是吉祥之兆，若是鬼魂則是非常害怕，鬼想到誰，誰可能就會患病臥床，急思避之。聽到有人打噴嚏，鄂溫克族說：「願想你的人活一百歲，願想你的鬼

掉進火裡燒死。」俄羅斯人則說：「祝妳身體健康。」臺灣原住民欲打噴嚏，則停止工作就地休息，或回家休閒到次日。

說打噴嚏是別人在思念自己，實則以為安慰。所以打噴嚏時，一定要用手或手帕搗住嘴巴，一方面是衛生習慣，別把唾液唾向他人。

五、拔毛禁忌

1.忌拔白毛

毛髮長白毛，俗信以為老的象徵，忌拔白毛亦即忌諱老，以為越拔越多；其實年紀愈來愈大，不拔白髮，亦會愈生愈多，此為自然現象。

2.忌拔腳毛

俗謂：「一隻腳毛，管三個鬼。」腿上無毛，則管不住鬼而特別怕鬼，所以不要拔去腿上的毛。

六、交注禁忌

客家人與很多族群一樣，以好客聞名，常言：「來奉茶！」若是客人來了，沒有烹茶招待，感覺非常過意不去。作客也注重「等路」等伴手禮，應帶些什麼？不可帶些什麼？客人走了，又要送些什麼？不可送什麼？才不會失禮。在與人交往、待人接物方面，也有不少的禁忌與考慮。

1.與鄰來往忌經常串門子

鄰居之間經常見面，很多人可能會經常串門子，要如何才會和諧，有一點黏又不會太黏，是一門生活學問。客家諺語說：「三年來一擺，就像新官到；一日來三擺，就像狗上灶。」又說：「三年來一到，茶煙酒肉並螃蟹；一日來三到，無茶無水懶拐拐。」所以，鄰居來往，如何好到「感情深厚，形同一體」那樣你濃我濃，也要像天氣，熱天吃冰，冷天喝酒，吃冰、喝酒都不能每天吃喝，往來要適切，才不致產生齟齬。

2.年紀大忌留宿

年紀大了，行動愈來愈不便。俗說：「七十毋留宿，八十毋留餐」，

即謂年紀已大，狀況漸多，留宿在外，萬一發生身體突發狀況，令人很難處理。現代旅行業者有個行規，即是超過某個歲數的年老者出國旅行，必須有家屬陪同，否則無法參加。

3.忌與官、販牛者常來往

平民百姓，日出而作，日落而息，一年只求作物豐收，三餐溫飽，平時少與官府來往。客家諺語說：「交官窮，交鬼死，交著牛販仔食了米！」即說明了與官員打交道，時常要進貢交際，花費龐大。跟鬼交往，自然是死路一條。又為何不與「販牛者」來往呢？因為牛販是生意人，專賺買賣差額，與之交往，若無牛隻買賣，也就毫無益處，肯定給他白吃了！且浪費時間。

4.忌以刀剪贈人

刀剪為利器，以刀剪贈人，意含有若「一刀兩斷」、「一減兩斷」，受贈兩者之間，不但不懷好意且有威脅之意，若非故意，應該不會有人餽贈刀剪吧！不過若是贈送一把寶刀或寶劍呢？到底這類寶字號之物少之又少，只好另當別論了。

5.忌以年糕贈人

昔時過年時，家家戶戶蒸年糕，只有喪家守孝，當年不能蒸年糕，由親友贈送年糕。故俗以為贈年糕給人，不就詛咒受贈者嗎？所以忌送年糕，甚至端午節送粽子都以為忌諱。

6.忌扇子贈人

扇子用於夏季搧涼，一到深秋就「秋扇見捐」，是為太絕情。且意謂用完之後，也無利用價值，即狠心拋棄，有「良弓藏，走狗烹」的意味。臺灣閩南俗諺有謂：「送扇，無相見」，客家「扇、散」亦諧音，亦不喜將扇以禮物送人。

7.忌以傘送人

閩南語「傘、散」諧音，所以忌諱以傘送人，客家「傘」說「遮仔」，不與「散」相關，所以較無忌諱，不過也很少會以雨傘當禮物送

人。另北方人「鐘、終」同音，忌諱在賀喜之時送時鐘給人，但閩南語與客家話無「送終」這一名詞，經常可見賀人喬遷，新居落成，親友所贈之新時鐘高掛牆頭咧！

8. 忌作客宴席時間太長

作客宴席時間不宜太長，客家諺語：「人客毋放筷，主人會撐壞。」主人不好意思請客人離席，客人應看實際狀況，達到賓主盡歡即可，不應帶給主人太多負擔，才是應有的宴席禮儀。

七、其他禁忌

1. 燈下不談鬼，燈下不談賊

以前北京人談鬼要放《皇曆時憲書》，談鬼要將茶杯倒扣桌上。若在晚上談鬼談賊，都使人易生害怕，形同晚上看完鬼電視影片，有人易做惡夢是同樣道理。

2. 忌諱小孩夜哭

小孩夜哭使人覺得不祥，若小孩經常夜哭，常聽到需用不具名寫張條子寫於大馬路邊牆上：「天皇皇，地皇皇，我家有個夜哭郎，行路君子唸三遍，一覺睡到天大光。」現在醫學發達，此俗已經消失矣！

3. 女人忌諱隨意發笑

微笑使人覺得親切可愛，平易近人。客家諺語說：「人驚笑，字驚吊。」人一笑，好壞美醜老態都顯現出來了，就像字一樣，一掛起來就知道好看不好看了。又說：「人嬲[15]笑，貓嬲叫，雞嘛嬲咯咯叫，豬嘛嬲眼鬥鬥」意思是說：「女人發情會發笑，母貓發情會叫，母雞發情會咯咯叫，母豬發情眼睛會瞪著人。」把女人不正常的發笑與其他雌性動物發情相比，有違性平，雖不很恰當，但女人不可隨意對人發笑，卻是天經地義之事，否則「回眸一笑百媚生」，以免使異性會

15　嬲：通常指女人舉止輕佻放蕩。音hieuˇ/hiau。

　　錯意，產生邪念了！

4. 忌日落後吹口哨、笛子、探病人。

5. 忌夜間洗頭髮、剪指甲、採花。不過現在有了吹風機，夜間忌洗髮已
　　無禁忌了！

　　便後洗手的忌諱，不在於有形的手髒，而是在於心頭上無形的不潔。
所以排泄物的禁忌，目的主要在於教育人講究衛生，不要污染環境。睡眠
禁忌雖有神鬼之語，但這是生活經驗，也是預防傷風感冒的預防。打噴嚏
禁忌同樣附之以鬼神，實則傷風感冒之狀，宜以手搗口鼻，更忌向人質打
噴嚏，爲一種不禮貌行爲，亦容易將並傳染給他人。

　　談鬼談賊，怕鬼怕賊，都是心理作用，小孩夜哭，雖然過去民俗有所
謂「百日關」，但小孩夜哭，必然有其原因，必須看醫診治，才是正途。
由於有吹風機，夜間洗髮只要吹乾，就不需要白天或午後洗髮了。

　　以母語同音協韻年來順口或忌諱的原理，若語音改變就有可能改變禁
忌內容。隨著現代科學思想深入人心，科學儀器的發明，一些迷信鬼神的
觀念逐漸消淡，傳統禁忌就逐漸爲人所淡忘，已經逐漸「破忌」。

第八節　房事禁忌

　　告子曰：「食、色，性也！」性欲與食欲是人們最基本的兩大欲望，
性生活與三餐飲食同樣是人類生活中最重要的一面。以前一般人的觀念，
以爲男女交合必須在房內，所以將男女的性交行爲雅稱爲「房事」。房事
在人倫的觀念與重要上，要傳宗接代，必須透過婚嫁、房事、生兒育女等
三個階段，婚嫁禮俗是房事的前奏，房事是生男育女的源頭，具有承先啓
後的意味，因此在分外重視子嗣的農耕社會，對房事的進行，自有其謹愼
與講究的一面，禁忌便自然而然孕育而生。

　　一般人忌諱談論房事，因爲談的本身，已被列爲禁忌。夫婦之間，舉
凡經濟問題、農作問題、應酬問題、未來計畫等等，無論什麼事情都可以

談，唯獨不能談房事。「上床夫婦，下床君子」，不但不能公開地談，即使關了房門上了床，也極少互相談論房事，遑論直接大方請教長輩，或許只在同儕間戲謔取笑之間獲得一些知識罷了！

　　古代農耕社會，農人日與大自然為伍，從大自然中體會大自然，認為人類生活也要配合大自然運行，而以應天順時為最高原則。男為陽，女為陰，在不知不覺中以為男女交合亦為陰陽交融現象，所謂「孤陰不生，獨陽不長」，就有了醫書中的素女經、玉房秘訣、天地陰陽交歡大樂賦、…等「房中術」。一講究陰陽，配合陰陽，遵照陰陽，房事即有了宜忌，何時宜？何時忌？即為注重之要項。所以，過去在民間，男女婚後性生活，有許多禁忌。性欲有宜有忌，陰陽合則宜，陰陽不諧則忌，若不知宜忌，盡情縱欲，以致未老先衰，戕身夭壽。若非婚配的男女交合，統稱「野合」，是不正常的性欲行為，為社會所不許，雖有苟合，亦在禁忌之內。

一、時日禁忌

　　《禮記・月令》：「是月也（三月），日月分，雷乃發聲。…，有不戒其容止者，生子不備，必有凶災。」意指三月打雷時要禁止性交，這大概是最早有關性欲禁忌的記載。中醫認為房勞會傷腎而引起夭折短壽是非常科學的，古代帝王，雖有山珍海味，各種神仙補藥，御醫隨伺在側，然多數損壽短命，可能就是他們後宮佳麗三千，荒淫無度，貪色過度所致。

　　有關房事禁忌的記載，孫思邈《千金方》對性禁忌有詳細的闡述：「男女交媾之際，更有避諱，切需慎之，若是犯之，天地奪其壽，神鬼殃其身，又恐生子不肖不壽之類，謹守戒條，可以長生。所忌之要，備數於後。天地震動、卒風暴雨、雷電交作、晦朔弦望、月煞日破、大寒大暑、日月薄蝕、神佛生辰、庚申甲子、本命之日、三元八節、五月五日、名山大川、神祠灶廟、僧宇道觀、聖賢像前、井灶前後、火光鬧烘，以上時地禁忌需慎之，不可交合。犯之者大則壽夭，小則生病，或若生男，令其醜貌怪相，形體不全，災疾夭壽。諸所禁忌敷奏於前，復有五月十八日是天

地牝處之日，陰陽交合，世人需避，慎不可行房，犯之重則奪命，輕則減壽，若於此時受胎孕，子母難保。」總括而言，房事時日禁忌類別約分四項：

1.自然變象之忌

此忌亦稱「天忌」，大自然發生異常現象不可行房。如暴風驟雨、電閃雷名、昏天暗地、日月之蝕、地震海嘯之後，在這令人恐懼的自然環境中行房，心理上確會緊張不安，無情趣可言，自然有礙後代之優生。

2.個人變象之忌

此忌亦稱「人忌」，個人性情之變化，如：大醉大飽、觸忤惱怒、詈罵搏擊之時，性情不定，意志不能控制之時，要禁止做愛，否則易生意外。

3.神聖場合之忌

此忌亦稱「地忌」，如：廟宇道觀、聖賢像前、名山大川、井灶之旁、火光前後等神聖之地進行房事，會冒犯神靈，褻瀆聖賢，遭神靈懲罰。另於光天化日、人多雜亂之處做愛，做見不得人的羞事，會妨害風化，遭眾人譴責，被罵「有如豬狗」。以現代醫學觀點，這「戶外活動」易受「風寒」，或遭受昆蟲等叮咬，不可不慎。

4.重要時日之忌

此忌亦稱「日忌」，如：神佛生辰、庚申甲子、本命之日、三元八節、五毒日、九毒日等重要日子，或是祈願還福、打醮禁屠齋戒之日，禁行房事。例如「五毒日」指五月五日端午節（或說五月初一至初五等五天），黃石在《端午禮俗史》中指出「五月五日」是一年中惡月之惡日，不可不戒慎。「九毒日」為「九月九日」重陽節（或指九月初一至初九等九天），這天「重九」，陽日之極致，其後轉陰，屬邪毒並作、應避災厄之日。恐懼之餘，深怕遭到無妄之災，故連房事一併禁避。又如每月初一、十五，屬於民間祭拜土地公、地基主、做牙或犒軍[16]的日子，也是民

---

16 犒軍：昔時客家人每逢初一、十五在家門口祭拜義民爺，稱為「犒軍」。

眾到廟裡敬拜神明的日子，為了表示對神的虔敬，應避房事，如此且具有節制房事之意。

另外，俗信以為「四立四至、四絕四離」之日忌房事。四立為立春、立夏、立秋、立冬等四日，其前一日「絕日」，一年有「四絕日」。四至則包含春分、秋分等二分及夏至、冬至等二至，其前一日稱為「離日」，一年之中有「四離日」。四立四至、四絕四離等日都是季節轉換與開始，古人怕窮盡，總結認之不吉。也是季節交換，節令轉移，陰陽錯亂之際，可能會有諸多不利，所以忌諱做些重要大事，房事涉及傳宗接代，惜精畜血的養生觀，自然更為慎重。

以上四項禁忌，應用到民間，同樣承受「陰陽」與避免「不潔」的觀念。

二、次數禁忌

恩愛夫妻房事多？交合頻率多少才正常，似乎沒有一定標準依據，可能依個人年齡、體力、或雙方需求調整。不過根據美國「紅皮書」婦女月刊對十萬個婦女性生活調查結果，發現行房次數對性生活滿意度的關係竟是「越多越快活」。

古來認為「一點精水，萬點血水」，男人精液非常寶貴。閩南語說：「驚死暝暝一，毋驚死暝暝七」，意思是「男人宜養精蓄銳，不能縱欲，怕死的每夜交合一次即可，不怕死的話每夜交合七次。」民間流行以下的諺語或順口溜，似乎形成一個趣味話題或共識，或有勸阻、告誡的意味，屬於禁忌中禁的部分，多少符合生理年齡養生之道。

1. 二更更，三暝暝，四算錢，五燒香，六拜年。

這是流行於閩南語的順口溜，意思是二十歲時可以一夜五次郎；三十歲時可以每晚做愛一次；到了四十歲，就要像數錢一樣，一五一十的算法，五天一次；五十歲過了就要像初一、十五到廟裡燒香一樣，半個月一次；一甲子年紀了，就要清心寡欲，如過年一樣一年一次，蜻蜓點水就好

了。至於到了七十歲過後，即應解甲歸田「睏歸暝」，從此斷絕男女之欲。

　　若如上所述，有人以為太嚴苛了，做了些微調整，說：「二十連連，三十天天，四十上教堂，五十燒香、六十繳會錢，七十過年。」意思是「八十歲以後絕對要斷絕性慾，屬行養生」了！老年亦要有性生活，現代有人說，性生活可延後十年、二十年，所以又說：「二更更，三暝暝，四牛墟[17]，五算錢、六燒香、七四季、八拜年。」

2.《素女經》的提示

　　《素女經》一書主張男子少射精，但並不主張每次性交都不射精，「久而不泄，致癰疽。」究竟多長時間可射精一次，該書〈施瀉第十九〉（玉房秘訣）指出：「年十五～二十，可1日一泄以上，年三十者1～2日一泄，年四十者3～4日一泄，年五十者5～10日一泄，年六十者11～20日一泄，年七十者30日一泄，身虛者，閉精勿泄。[18]」性交次數要依身體強弱而定，僅供參考！

3.九九乘法的試算法

　　確實，不管男女，客諺說：「五十過年年差，六十過月月差，七十過日日差，八十過時時差」，男人應該認識自己的體力，要量力而行。有人

17　牛墟：一種定期舉行的露天牛隻買賣市集，臺灣在日治時期曾一度有八十餘處牛墟。由於時代的變遷，目前較具規模者僅剩北港、善化、鹽水3處，且早已不是純粹的牛市集，像極了農村市集。各地牛墟交易不定，通常需隔天，目前北港逢3、6、9日，善化則每月達國曆2、5、8、12、15、18、22、25、28等九日為時半天的早上市集。

18　原文為：素女曰：「人有強弱，年有老壯，各隨其氣力，不欲強快，強快即有損。故男年十五，盛者可一日再施，瘦者可一日一施；年廿，盛者日再施，羸者可一日一施；年卅，盛者可一日一施，劣者二日一施；年四十，盛者三日一施，虛者四日一施；五十，盛者可五日一施，虛者可十日一施；六十，盛者十一日一施，虛者二十日一施；七十，盛者可卅日一施，虛者不瀉。」素女法：人年廿者，四日一泄，年卅者，八日一泄，年卌〔四豎一橫，同前段〕者，十六日一泄，年五十者，廿一日一泄，年六十者，即畢閉精，勿復更泄也，若體力猶壯者，一月一泄。素女又曰：「人年廿者，四日一泄，年卅者，八日一泄，年卌〔四豎一橫，同前段〕者，十六日一泄，年五十者，廿一日一泄，年六十者，即畢閉精，勿復更泄也，若體力猶壯者，一月一泄。」

又覺得上述閩南俗諺等過於死板，提出九九乘法的試算法，如下表說明，
供讀者參考。

　　2×9＝18　　　　　二十的年齡，每週可8次
　　3×9＝27　　　　　三十的年齡，每兩週可7次
　　4×9＝36　　　　　四十的年齡，每三週可6次
　　………

　　依此類推，五十歲的年齡，每四週可5次，若到九十歲還有性能力，
9 x 9＝81，也只能八週一次了！至於眞正次數多寡，仍是以個人體力、健
康狀況與男女雙方的配合吧！

三、性慾控制原則

　　從養生的觀點，如何控制性慾，劉范聖靈所著《養生之道》提示「房
事應注意要點[19]」，性慾有以下禁避。

1. 欲不可早。書云：「男破陽太早，則傷其精炁，女破陰太早，則傷其
   血脈。」子曰：「少年血氣未定，戒之在色。」

2. 欲不可縱。黃庭經曰：「長生至愼房中急。」彭祖曰：「美色妖豔，
   嬌妾盈房，以致虛損之禍，知此可以長生。」莊子曰：「嗜欲深者，
   其天機淺。」

3. 欲不可強。固守精室勿妄洩，閉而寶之可長活。書云：「陰痿不能快
   欲，強服丹石以助陽，必至腎水枯竭，心火如焚，五臟乾爆，百病叢
   生。」

4. 欲有所忌。書云：「遠行疲乏入房，爲五勞虛損。」故又云：「行房
   百里者病，百里行房者死。」又云：「入房後汗出中風爲勞風。」

5. 欲有所避。孫眞人曰：「大寒與大熱，且莫貪色欲。」書云：「大風
   大雨，雷電交加，墳旁墓邊，廟內神前，及諸神聖誕之日，二分二
   至等日，忌行房事。犯者損耗百倍，生子多瘋癲難養，或致難產流

---

19 鄭康宏主編，劉范聖靈著《養生之道》頁67～68〈性欲與養生〉，臺北：揚善雜誌社，1973.6再
　版。

產。」

四、其他禁忌

客家諺語說：「上眠床兩公婆，下眠床做人客」。閩南諺語也說：「君子廳，小人房」。夫婦之間，需謀長久之歡，勿逞一時之樂，交媾之忌，尚有下列應注意之事。

1. 入房之初，不宜旋即交鋒：需先愛撫繾綣，待至女方乳堅鼻汗，始可合之。

2. 行房剛畢，勿看小字之書：犯之損目力，將來可能招致眼疾。

3. 行房未久，勿飲食冷飲，或洗冰冷之水：免生傷寒重病。

4. 小孩有病，盡量避忌房事：《紅樓夢》二十一回：「鳳姐聽了忙將起來，一面打掃房屋，供奉痘疹娘娘，一面傳與家人忌煎炒等物，一面命平兒打點鋪蓋衣服與賈璉隔房。」曹雪芹在無意間留下了當時的「做愛禁忌」，若小孩生病期間同房共寢交合，痘疹難癒。

5. 忌野合：俗信野合會污穢天地，天地震怒，會以五雷擊死，無非是在嚇阻男女之間非法或不正當的性行為。現代情侶頗多「車震」，以車避天地，不違法，但仍是屬偷偷摸摸的行為。

6. 勿信服壯陽補腎之藥：性無能之人，不可輕信專服壯陽補腎之藥，此類藥物功效越顯著，精力透支越大，因此類藥如飲鴆止渴，留下無窮禍根，藥停更為無能，宜根本治療，請教醫師，悉心調養，等體力恢復，或心裡病因消除，性能力自然轉若為強。養生家說：「服丹石以快欲，腎水枯竭，心火如焚，五臟乾裂，大禍立至。」服壯陽藥以滿足色欲，其實是自焚其身。俗以為漢成帝寵信趙飛燕姊妹後，晝夜縱情聲色，陽事大衰，服用丹藥，終至入房妄作而死。

7. 勿醉入房：《皇帝內經》：「以妄為常，醉以入房，以欲以竭其精」是造成早老早亡的重要原因。

五、現代房事禁忌

房事禁忌自古以來，有些是基於對大自然之恐懼，身體器官知識不了解，科學不發達，甚至流於迷信而影響人們觀念的。現代社會科學進步，西風東漸，很多迷信自然打破，性知識之書籍隨處可得，有關性生活話題，也不再避諱不談，兩性的觀念開放，已被接受。不過就以現代醫學與保健而言，有些情況之下，仍宜忌房事。

1. 疲勞：體力疲勞，感應力遲鈍，縮收亦失靈，若再行房勞動，必至更加勞累，對身體更加傷害，在疲憊之下所排出之精卵，能結合成強壯的孕種嗎？

2. 病後：患病初癒，肉體精神均處於疲勞虛弱狀態，或有病菌未除，若又行房，易將病菌傳給對方，亦易耗精過度，身體抵抗力將更弱，病菌更易侵襲，致釀再病。

3. 酒後：酒有興奮作用，亦有麻痺作用，少量飲酒雖有助性趣，但短暫興奮過後，卻換得長期體力疲勞，若習而久之，刺激恐會無動於衷。酒可循環全身，滲透精卵，孕種便會受其影響，大醉之後，更不宜房事。

4. 吸菸：菸草中的尼古丁，對精卵都具有殺傷力。

5. 潮露：經來之時，子宮沒有表皮，處於與受傷相同的狀態，加上器官充血，若於此時行房，細菌易將侵入，引起發炎，擴大傳染炎症。所謂「騎馬拜堂，家敗人亡」，古人都要避忌新婚遇經血來潮。

6. 天災：在地震、海嘯、暴風、雷電、巨大震盪、急劇恐嚇之時行房，陰道易痙攣，陰經易閉難脫，造成嚴重危險，精卵易受劇烈震盪的音波或光波破壞損害，容易造成畸形孕種。

7. 妊娠：妊娠後半期，尤其接近分娩期，應絕對禁止。此時陰道容易出血，細菌若送入，分娩易引起產褥熱的危險。

8. 新娩：婦女在懷胎十月與產後吃力體虛，應休養一段時期，若不戒

慎，恐引起產褥熱以外，甚或引起血崩，至於應禁多久，是個人健康、體能、產後恢復狀況、性機能而定，通常約需兩個月。

時至現代，雖然不用「避色如避亂，禁色如禁虎」了，但社會豐衣足食之後，傳播媒體發達，人欲四溢，A片氾濫，婚前守貞觀念逐漸淡薄，同居成為正常，未婚懷孕認為「會生」，一夜情不覺可恥，同婚主義浮上檯面，已立法通過，性生活禁忌早被拋之九霄雲外，甚至譏笑其為無稽之談，管他「寅時卯時」，想愛即愛，只要我喜歡，有什麼不可以，造成性氾濫。

在特定的時日或白晝禁止性行為，雖沒有根據，但基於對天地神佛的尊敬，或信仰習俗的規範，有些人仍觀念深入，盡量避免之。但在天災劇烈變化之時，避免房事，有其醫學、科學觀點，不得不慎。

性生活與繁衍後代聯繫在一起，過去父母為子女完婚，最大心願即是生兒育女，傳宗接代。夫婦房事一直是人類認為神秘之事，舊時也無此方面的書籍予與教化，夫妻生活，常在暗中摸索而得，閨房之樂，做愛藝術，也就隱而不宣。為防止性生活不慎而給夫妻及後代帶來損害，民間便流行種種性生活的禁忌，節制房事，也是養生觀念。因此，其中有些是這方面的經驗總結，不應一概否定其禁忌功能。

第三章
語言交談禁忌

語言本是一種社會交際工具，人們利用它交流思想、傳遞訊息、互通情感，達到彼此之間的瞭解。可是人們在運用言語表達自己的思想情感時，往往會碰到一些語言障礙，其中之一便是一些言語在某種場合不能隨意使用。人們害怕這些言語會帶來災禍、疾病、死亡、猥褻等給人帶來不祥的預兆，或是給人感覺粗野的不潔言語，同樣的文字也不可寫出，顯示說話者或寫作者品格的低俗粗陋，文學作品甚至被列為禁書。

尤其在語言交談時，有些不能對某人說的話或不能聽到的言語，譬如咒罵語、說別人是非、悄悄話等，常常在某種情境下，說鬼鬼到；說曹操，曹操就到，大家就會立即禁聲，否則麻煩就大了。

第一節 語言禁忌、避諱與委婉表現

一、語言禁忌

從心裡導源於原始初民對於超自然力的恐怖語境為信念，以為某種災害的發生，是由於人類無法把握的力量所影響。初民百姓崇信言語中有魔力，對語言與事物不能明確分開，以為語言即是它所表達的人與物本身。民間對語言的魔力深信不疑，求神拜佛、信主懺悔的禱告，施法巫術時的咒詞與祝詞，以及日常生活中的大量詈詞、咒誓等等，都是人人認為說了即會變成事實，說了某人不吉利的話，某人即會招殃。於是產生語言的恐怖症，唯恐不吉利的話、詞語降臨到自己頭上，為了避免亂說話，杜絕無謂的傷害，在言談之間，形成了語言禁忌。

1.產生的原因

　　吾人常因受辱、氣憤、怨恨、妒忌、不平等心理因素下，思借語言的魔力，或純獲得語言的自慰，心裡的舒爽，便以不吉語、粗俗語、性器官、性交的褻瀆語詛咒、詈罵，發洩在對方身上，使某人發生災禍、生病、破財、死亡、無後等結果，或產生猥褻行為，在社會語中傳布。

2.原則、特色

　　禁忌的原則，大體不外乎禮教、吉凶、存亡、功利、榮辱或保密的諸種考慮因素，因此，性器官長在人們身上，也是傳宗接代的器官，由它們所造的日常生活用語也非常豐富。這些禁忌語平時在家中或學校教育中是被禁止、不准說的。可是在平常語言交際中經常用而不覺、司空見慣，有時不覺以為它是禁忌語了！日常生活中想避開的污穢猥褻與不祥的禁忌語彙，是很富有方言特色的語言風俗現象，它和俗諺語一樣，是智慧的民間語言。與意義深長的「練話」一樣。它是比古典還要活的東西，是很有特色的語言風俗，這正是民間最富有藝術和充滿智慧的語言。

3.本質、重要

　　按作家文學的標準，此種語言絕不能納入文學的範疇，因它既非抒情也非敘事，僅僅是民間某種信仰心態的的話語呈現。不過，作家文學的作品經常吸取民間養分，文學作品中的小說或電影中的間接語言，視需要也會出現禁忌語。若作品中出現太多的禁忌語，或許會被列為禁書。從民間的角度來看，它卻是道地的民間語言藝術與民眾的一些生存觀念密切相關。如此正說明，雖都是文學，民間與作家的立場有些本質上的差異。

　　從民間的角度看，它卻是道地的民間語言藝術，與民眾的一些基本生存觀念密切相關。如此看來，這說明，儘管都屬「文學」，民間與作家的立場有一些本質的差異，是文學很重要的一項元素，在語言交談也是非常重要的一環。

4.分類

　　有關禁忌語的分類，學者之間大致差異不大。萬建中在其所著《民間

文學引論》有關「民間禁忌語」裡分爲「凶禍禁忌語、破財禁忌語、猥褻禁忌語」三類。萬建中另在其所著《中國民間禁忌風俗》的「語言禁忌」列於「日常生活禁忌」的一節，分別爲「對不吉利詞語的禁忌」、「對破財詞語的禁忌」、「對猥褻詞語的禁忌」三類。黃瑞蓮在其碩士論文《台灣海陸客話禁忌語的研究》中分爲與「性事」相關的禁忌語、與「排泄」相關的禁忌語、與「生命禮俗」相關的禁忌語等三類，但在另一章又把禁忌語的內容分成與「女性」、「數字」、「行業」、「動物」、「稱謂」、「姓氏」等六類有關的禁忌語。

　　本書以爲禁忌的原則，既不外乎禮教、吉凶、存亡、功利、榮辱或保密的種種因素，在討吉利的大原則下趨吉避凶，避免不吉、凶禍、破財、死亡、恐懼、受辱、辱人等言語使用，綜觀各家分類，御繁於簡，分爲凶疾、破財、死亡、猥褻的等四類禁忌語。

二、避諱與委婉表現

　　禁忌語又稱避諱語，即不能說的言語，應予避諱不說。日常生活中如何避開那些污穢和可能導致不祥的詞語？如古代對於君主或尊長之名，避免直接說出或書寫，而改以較爲委屈婉轉或文雅的詞語替代說出或寫出，即是委婉表現，委婉也是修辭學上的辭格之一[1]。

　　日常生活說話時，遇有犯忌觸諱的事物，便不直說該事物，卻用旁的話來裝飾美化。亦即日常生活中避開那些污穢和可能導致不祥的思維、行爲、物品、語言。例如性交、性器官等不雅粗俗的詞語，改以「做愛」、「下身」等委婉或文雅詞語替代。

　　避諱的方式以改變行爲、替代物品、或用委婉語或文字替代，本章從以下分凶疾、死亡、破財、猥褻等四節禁忌語說明。

1　有關避諱、委婉表現參閱沈錫倫著《語言文字的避諱、禁忌與委婉表現》、「韓國」金炫兒著《交際稱謂語和委婉語》二書。

第二節　凶疾禁忌語

　　所謂「凶疾」，即是「凶禍」與「疾病」。有關會遭到受傷或疾病的詞彙或言語，通常被禁止。這些凶禍、疾病的詞彙或言語之所以會被禁止，可能是因爲俗信語言的具有魔力。人們往往以爲說出某個不吉、不祥的字眼，災禍、疾病可能就會降臨。於是碰到不吉利的詞，就害怕把不吉利也沾上了，甚至帶來凶禍、疾病，便要避諱，用另外一個詞語來替代。

　　有哪些「凶疾」的詞語呢？譬如：有關傷人的動物、受傷、火、血、生病、破病等詞語，人們忌諱說出，必須採取避諱的方式。避諱的方法有數種方式。如古漢語用「比喻」，形容古代戰士受傷，不稱「受傷」，北方說「掛彩」，南方則說「帶花」，此皆扎繃帶的比喻。其次爲「用典故」，將病重將死稱爲「彌留」，是引用《尙書・顧命》：「既彌留，恐不獲誓言嗣，茲予審訓命汝」周成王之典。他如：南朝齊・王儉〈褚淵碑文〉：「景命不承，大漸彌留。」「易簀」則是引用《禮記・檀弓》曾子臨死換蓆典故。客家無古之典籍，大致以下列方式代替說出。

一、用相類似物類或意象名稱

　　長沙人忌說「虎」，「府正街」改成「貓正街」，「腐乳」改成「貓乳」。客家人忌見流血，有些時不能說「血」，所以把「血」以「旺」或「紅」想同意象來替代。「雞血」說成「雞旺」或「雞紅」，「豬血」說成「豬旺」或「豬紅」，「鴨血」說成「豬鴨旺」或「鴨紅」。「五更腸旺」雖不是客家名菜，但從菜名中有個「旺」字，讓人很容易理解該菜必定有「雞（或鴨、豬）血。」

　　不過奇特的是臺灣苗栗的四縣客家人把「鼻血」說成「鼻旺」，說海陸、饒平、大埔、詔安等腔人則不忌諱，仍稱「鼻血」。

　　對「茄子」這一植物，可做爲菜餚，四縣客家人以爲「茄」與「瘸」同音而忌諱不說，改以「吊菜仔」稱之。海陸、饒平、大埔、詔安等腔客家人仍說「茄」而不以爲禁忌。

另外，客家人把「傘」說爲「遮」，與廣東人相同，亦即以傘可遮雨而改說。

二、用委婉語

生病是非常痛苦之事，無人能代替病者之苦，內心之煎熬。所以「生病」了而不說，改說「毋自然」、「毋鬆爽」、「懶懶」，意謂不舒服。若是小孩生病或不舒服，經常會哭、吵鬧、不吃等行爲，改以委婉說「毋乖」。

三、用反義詞

用反義詞主要是「討口彩」，這類方式極爲普遍。戲院或是大樓的「太平門」，原意是萬一發生失火事故時，好讓觀眾或住戶逃走，說太平是失火的反義。乘船的人忌諱說「住」、「翻」，稱「箸」爲「筷」，「帆布」爲「抹布」。

對於忌諱說「箸」而說「筷」，臺灣客家人呈現不同的禁忌說法。四縣人不說「箸」而說「筷子」外，其他海陸、饒平、大埔、詔安等腔不忌諱，仍說「箸」。

對於「韭菜」的說法，臺灣客家人也呈現不同的禁忌說法，呈現客家內部對禁忌語某些差異。四縣客家人覺得「韭」與「久」同音不吉，改說「快菜」。其他海陸、饒平、大埔、詔安等腔仍不忌諱，仍說「韭菜」。

小孩很可愛，不能當面說「得人惜」哦！必須用反義詞說「得人惱」哦！因爲不這麼說，俗以爲會呈現「生毛面[2]」的反效果。

凶禍禁忌語的忌諱與人類思想意識有關，但隨時代的改變而有所改變。長沙、溫州舊時稱老虎爲大貓，今日老虎鉗、老虎灶已在使用，不再忌用，且老虎、大貓並用，上海「傘」原稱「豎笠」，現說「豎笠」已沒

2　生毛面：因禽獸頭上都有長毛，本意爲用「生毛面」來「罵人是禽獸，沒有人性」。在此「形容被說者會得到反效果」，所以要用反義語說。

人認識而不知何物。臺灣現代客家年輕夫妻抱著小孩,大家覺得好可愛,若您跟他逗趣說「好得人惱」,該年輕人可能怒目相視了!

第三節 死亡禁忌語

一般而言,人們的恐懼,莫過於死亡,故凡有以致產生有關死亡的詞語。客家話如「死」、「死佬」、「高毛」、「絕代」(圖8)、「夭壽」、「短命」這類禁忌語或咒罵語,都忌諱使用。尤其絕對禁止小孩說這些詈罵語。為避死亡禁忌語,常以下列方式避諱。

圖8 福建省永定某家圍牆前的咒罵語「高毛絕代」(2010.08.01攝),筆者於2016.09再度前往時已經抹去。

一、假托之詞

古代帝王死亡稱「宴駕」，意義為「車駕晚出」；諸侯死稱「捐館舍」（後稱捐館），意義為「拋棄自己的館舍」；士大夫死稱「棄堂帳」，表示「棄己業到他處謀生」；佛教僧尼死亡稱「圓寂」，意即「沈浸於念經之中」；死亡又稱「西歸、上西天」，《說文》「西，鳥在巢上，象形，日在西方而鳥栖（棲），故因以為東西之西。」西方為日落之地，自然也是黑暗之地，進而成為陰間所在。《詩·檜風·匪風》「誰將西歸？懷之好音。」孟郊《感懷詩》之五「去去荒澤遠，未有西歸日。」故今死亡也稱「上西天、命歸西天、西歸」等。

臺灣不論閩客族群，同樣也有將「死」稱「去西天」、「歸西」的說法。

二、不說、省略

國共內戰，國民政府失敗撤退臺灣，思及當年國共抗日時，共軍被編入「八路」軍，因此在臺灣忌諱說「八路」，以致臺灣各城市沒有「八路」公車。

四與死音近，常在口語中忌說、忌用四，旅館電梯沒有四樓，參樓之後直接跳到伍樓。若四人則說參＋壹人。

三、委婉

臺灣閩南人稱「死」有一種說法為「去蘇州賣鴨卵了」。究其原因相傳為清朝時，臺灣南部有個人，年輕時窮困到大陸謀生未回，後來經過數十年後，同鄉有人到蘇州旅遊時，無意中認出該年輕人已變老，在蘇州一座橋邊賣鴨蛋，到死終未回臺灣，所以後來變成人們對死亡的委婉語。臺灣客家人也從閩南語借詞使用，一樣也把死亡說成「到蘇州賣鴨蛋了」！

客家人對於「死」的說法，忌諱說「消忒」，尤其是對自己尊親更忌諱說，委婉改為「過身」、「上神桌」、「變仙」、「轉長山」、「轉

老屋」。「上神桌」是說客家人對祖宗的信仰，把祖先當成「神」一般看待，父母喪滿三年「合火」（或稱「合爐」）與祖先共同祭祀，祭祀時需祭以三牲禮儀。「變仙」是說父母去世「羽化登仙」，成為仙人了！「轉長山」是因在臺灣不論閩客族群，都把來臺原鄉都稱為「長山[3]」，祖先來自長山，子孫世代定居臺灣，活著的時候沒有回到原鄉，只有死後靈魂「葉落歸根」於長山，所以委婉稱為「轉長山」，或稱「轉老屋」。

　　客家意識裡見棺材沒有「升官發財」的思維，所以禁忌說「棺材」，平時不說「棺材」，而以「壽板」、「大樹」、「老樹」稱之。有些地方把「買棺木」稱「買福壽」，六一大壽「買壽衣」稱「添福壽」。

　　「夭折」是一句罵人的話，對於「小孩夭折」稱「無渡」、「爽忒」，不能直說「死掉」。好人去世覺得惋惜，委婉地說「壽年到了」、「食祿滿了！」；對於壞人死了，死者為大，還是委婉地說：「天倉滿了！」實是對死亡最深沈的避諱。

四、言語更換

　　客家人對喪事極為看重，「出殯」說「出山」、「還山」。因為忌諱人死「出殯」說「出山」，所以平時客家人「從山上出來」不可以說「出山」，一定要說「下山」。「出山」、「還山」是兩個完全反義之詞，為何同時作「出殯」？值得去研究。

第四節　破財禁忌語

　　人生最為恐懼的除死亡、疾病的字眼外，就是忌諱破財的詞語，因財運的好壞，直接關係到人類的命運、生活的貧富，所以人們非常重視此事，時時處處惦記著發財，也時時處處警防著破財。

3　長山：大陸原鄉，音cong˘ san□/chong san□，俗誤寫為「唐山」，意謂「長長的山巒」「唐」音tong˘/tong不合客家話語音。

一、虛應

過年期間，大家都要祭財神，接財神，賣財神圖像童子來到門口：「送財神爺來了！」必定要趕快跑到門口說：「好！好！我們家請一張財神。」就是不想買也不能說「不要」或攆送財神，要說：「已經有了！」北方甚至有人來賣「柴」，最忌說「不要」，同樣也要說「已經有了」。

有些地方，尤其是城市的街道，過年期間，經常有舞獅者前來家門前賀年，祝福招財進寶、生意興隆，說些吉利的祝賀語，有些人會加以拒絕，直覺認爲是斂財，其實大多數人仍是隨意給個紅包，忌諱說「不要」或攆走！

二、同音字

客家話「舌」與「蝕」同音，做什麼都不能蝕本，必須有利益，所以把「豬舌」稱爲「豬利」。「空屋出租」說：「吉屋出租」，北方人「碗打破了」說：「歲歲平安」。客家人則說：「舊的去了！新的才會來！」

三、同義語

生意人最怕生意不順、關門、倒閉、虧本等等，所以遇到這類詞語時，都要避諱，以求順利。譬如生意人每天「打烊」時，不能說「關門」，需改換方式以同義語說「歇睏」、「收攤」，不然聽起來與倒閉同義，形成忌諱。遇到虧本時，不能說「了忒」，而改說「無賺到」。

這類禁忌語的避諱語，有一個共同點：即是不僅停留在避開不吉利的詞語不說，而是要改凶爲吉，力求語言上的變通，用吉祥的詞語，調整日常生活得到最吉祥的的效果。

第五節　猥褻禁忌語

猥褻禁忌語在社會語中比比皆是，充斥於民間社會語言中，人們通常以爲涉及到性器官、性行爲、排泄物的語詞，認爲是褻瀆語，常常給人

粗俗、不雅的惡感，想避之而唯恐不及。禁忌語中最忌諱的就是說出「性交」有關的詞語，因為人們通常總認為「性行為」是神秘的、骯髒的、污穢的、不潔的、只可偷偷做而不可說。如客家話的「屌」、北京話的「肏」、閩南話的「幹」、江西話語「戳」等等。

　　涉及到性行為或性器官的詞語都是褻瀆語、猥褻語、粗俗話，說出來有傷大雅，似乎反映一個人修養、品格與語言習慣，主要是民間的一種榮辱觀，一般有教養或正經的人都羞於啓齒。民間的榮辱觀也促使一些帶有褻瀆意味的詞語成為禁忌，所以都忌諱不直說，而用一些較文雅委婉的詞語替代。

一、蛋

　　蛋，是漢語官話區常見於詈罵語的字眼，如混蛋、渾蛋、搗蛋、壞蛋、王八蛋等等。李家瑞《北平風俗類徵》談到：「北平罵人之辭，輒有蛋字，曰混蛋、搗蛋…，故于肴饌之蛋字，輒避之。雞蛋曰雞子兒，皮蛋曰鬆花，炒蛋曰攤黃菜，溜蛋曰溜黃菜，蛋花湯曰木樨（即桂花）湯，煮整蛋使熟為沃果兒。」

　　客家話不說「蛋」而說「卵」，不過很多客家地區，不說「卵」而說「春」，如廣東五華、臺灣也習慣則把「雞卵」稱為「雞春」，「鴨卵」說成「鴨春」。從客家民謠〈病子歌〉「二月」有句唱詞：男唱「阿哥問娘食麼个？」女答「愛食果子煎鴨春」即可明證。為何在此忌諱稱「卵」為「春」，筆者推測，大概源於客家人稱「睪丸」為「核卵」，「雞卵」、「鴨卵」形似「睪丸」而避說的關係吧！

二、性器官

　　說到性器官時，通常都很難啓齒，尤其以女性性器官為最，便以「下部」或「陰部」來代稱。自古以來，女性性器官被認為不潔與男尊女卑的觀念，使得在男女性器官的避諱話語中，時常帶有尊卑褒貶不同的意味。

陸容《菽園雜記》「諱狼藉，故稱榔頭爲興哥。」「榔頭」是古人稱男性生殖器的一種說法，這裡稱「興哥」，明顯有親暱的情感，也體現男尊思想及認爲生殖器沒有不潔的看法。

長期以來，男性稱生殖器在北方原稱爲「屌」或「雞巴」，世俗以爲是粗俗語，所以委婉稱爲「老二」、「弟弟」，是一種親暱的情感。可是社會上若不在男女詈罵對話中，通常不會罵男性生殖器爲「臭雞巴」，卻常聽到說女性生殖器爲「臭屄」，可說形成一種對應，或許是女性更羞於啓齒，更有榮辱感。

客家話稱男性性器官「陰莖」爲「朘」或「屪[4]」，若指性器官，通常無所謂忌諱，其義來自《說文》「朘，赤子陰也」。《老子》第五十五章「未知牝牡之合而朘作，精之至也。」「赤子」意指小孩，小孩「不知性事」，將之延伸，「朘朘」所以「純眞」以致於「呆笨」。「屪」則不同，屬方言之語，《字彙》「屪，良腎切，音吝，閩人謂陰也。」《正字通》「方俗語有音無字，陰不必別名稱」，所以客家話的「屪」與閩語同一來源。使用這詞時，常與「朘」不同，如「屪棍」不說「朘棍」，「野屪屎」不說「野朘屎」；顯得比「朘」粗俗，常用於詈罵較多。如「牙渣朘筋」是指「非常差勁的人或上不上檯面的人」，「野屪屎」罵人「雜種」之意。

客家話稱女性性器官「陰戶」爲「膣」或「屄」，極爲禁忌而不說，通常以委婉語「下部」或「陰部」稱之，運用「膣」或「屄」所造之詞亦都具有貶義，如「皺膣郎當」由「女人陰部表皮皺摺多」，引申爲「衣物上的皺褶很多，不平整」；「頂膣頂碓」說「人腦筋不靈光；糊塗」；「膣親屄親」本「泛指父系、母系的的親戚」，引伸爲「極度親切的意思」等，說話間都具有貶義的意涵。

---

4 屪：陰莖，客家話lin□，教育部推薦用字作「膦」，閩南話音lān。

三、性行為

古人形容男女性關係交歡的詞語有許多，如「房事」、「交媾」、「敦倫」、「苟合」、「入巷」、「雲雨」等等。其中，「雲雨」一詞用得最多，古典文學常以「雲雨」指稱男女交合，譬如：「共赴巫山雲雨」、「不免雲雨一番」、「識雲雨，知房事」等等。

「雲雨」一詞語出宋玉《文選·高唐賦》「楚懷王曾遊高唐，夢中與巫山神女相會，神女臨去說自己「旦為朝雲，暮為行雨，朝朝暮暮，陽臺之下。」寫的是傳說中有個神女，她能行雲布雨，她要是走入誰的夢境，誰夢見她，就能得到美女，與之交歡。楚懷王遊雲夢臺館時，玩累了小睡。夢見一女子，美麗動人，說自己是巫山之女，願獻自己的枕頭席子給楚王享用。楚王寵幸了巫山美女。臨別，巫山之女告訴楚懷王說，如再想臣妾的話，就來巫山找我，早晨是「朝雲」，晚上是「行雨」。也就是說「雲雨」原指古代神話傳說巫山神女興雲播雨之事。《紅樓夢》第六回有寫賈寶玉與丫環襲人行房事，便說：「賈寶玉初試雲雨情」，「說到雲雨私情，羞得襲人掩面伏身而笑」等語。

現代男女性行為通常用「辦事」、「房事」、「同床」等素雅的詞語，或說「發生關係」，最時髦普遍的為「做愛」。客家話常說：「相背」、「共下睡」、「撤」、「搣」而忌諱說「屌」、「相屌」，不過「撤」、「搣」兩詞是以男性為主的觀念來說的，且比較粗俗，平時也忌諱說。

男女性行為有合法與不合法的，合法的是指男女經過婚配，正式登記為婚姻配偶關係的性行為，稱「正常的性關係」；不合法的即指配偶以外或尚未婚配的情侶皆屬之，稱為「不正常的性關係」，對於性行為的稱謂有所不同。

「合法的性行為」，夫妻關係則稱「夫妻生活」，客家人稱「做產櫃」。「不合法的性行為」，稱為「外遇」，或直稱「野合」，說其為

「風流罪」、「風流債」、「有外心」、「有外遇」、「懷春」、「輸身」、「走野路」、「採花」等，現在則說：「找小三」、「打野炮」、「約炮」、「車震」等。客家話對於不正常的男女性關係則有「同契哥」、「同學老嫲」、「走私」、「偷嚐」等等。

以前被認為不正常的同性性關係為「斷袖之癖」、「走後宮」等，現在已經修法通過同婚，同性關係的禁忌語可能逐漸消失。

四、排泄

對於排泄物相關的禁忌語有「屎」（大便）、「尿」（小便）等，尤其在吃飯、公眾場合時，不管是客家、閩南、都忌諱說去「拉屎」、「拉尿」、「大便」、「小便」這些身體排泄物。古文有「出恭」、「淨手」、「解手」等，現代客家人也跟各族群一樣，「廁所」稱「衛生間」、「洗手間」，去「上廁所」稱去「一號」、「便所」、「大號」、「大解」、「小號」、「小解」等等。

月經也是女性每月定期的排泄物，世人以為不潔，所以對於女性的月經也多禁忌而不說，現代華語俗稱「大姨媽」、「例假」，客家人則以「月事」、「那來了」稱之。

五、其他

人們忌諱別人以「鼠、牛、猴、狗、豬」等動物、畜生相提並論，或加以詈罵，都是極為忌諱的，尤其面對有生理缺陷的人是一項禁忌，最忌諱被人以這些帶有羞辱性的詞語當面嘲笑。譬如「當猴」、「猴頭老鼠耳」、「猴子猴孫」、「圳溝牛」、「啞狗」、「豬接杓」等類詞語，所以一些以動物為罵語、戲謔語、詛咒語，尚須特別注意而不能亂說。

長期以來，有性器官的名詞常轉成另一種詞彙意義，不這說詞語似乎很難以另一詞彙來取代，若用另一詞彙來取代，感覺又沒那麼深刻深入。如「好屌」（此「好」字一定要發音ho，不可發成hau），跟現代華語的

「好屌」意義不同。客家話的「好屌」意義是「有膽的話」、「有種的話」，若用「好膽」、「有種」詞語取代，似乎就似乎無法表達說話者的氣魄了。

　　另外有一些性器官也運用於一般詞彙之中而習以為常，而且數量頗多，但由此義轉換成另一詞義時，經常帶有貶義，「朘」變成「呆笨」之意。如男性器官的「陰莖」為「朘」或「屌」，說「朘朘」、「朘子」、「朘頭」、「朘面」或「朘頭朘面」是形容「呆笨」的意思，「朘頭屌棍面」為罵人「又呆又笨」的樣子、也指人「做呆事，呆頭呆腦」的樣子；「屌火著」意指「生氣」等等。有關女性性器官的「膣」或「屄」的詞彙，「油膣嫚帶」是指「滿身油垢、很髒」的意思；「爛膣爛撧」是形容「衣服破爛不堪，衣衫襤褸」的意思；「微膣嗇利」形容「利潤非常少，表示斤斤計較，錙銖必較的意思」等；「膣親勝過屌親」是說「裙帶關係勝過宗親關係」等等，

　　總之，雖然語言交談禁忌之網逐漸殘破，這些利用性器官所組成的詞語，恐隨著客家的消失而消失，越來越少的人會說了！但凡對人不尊重，不禮貌、辱罵的褻瀆話，仍為人們心理固守的忌諱，有些不能說的秘密，也要禁忌著不能隨意說出，以免惹禍上身。

第四章
生命禮俗禁忌

　　生命禮俗即是生命禮儀的民俗文化，包含了從懷孕、生產、養育、成長、結婚、壽慶到生命終了的殯葬等人生一輩子的禮俗文化，進一步地說，即是人生一輩子的生命教育文化，亦是尊重生命的表現。長久以來，吾人常對民俗「知其然而不知其所以然」，以致民俗文化的生命禮儀蘊藏著生命教育，常被大家忽略了其中的意義。若再談論其禁忌，則常被貼上迷信的的色彩與落伍的標籤，但事實上，生命禮俗的禁忌，卻有關人一生的生命中的吉凶禍福信念，恐怕觸犯人生命成長中的障礙，所以在人們心中牢而不可破，寧可信其有而避免觸犯禁忌，祈在人生旅途上平安順遂，福泰康寧。

第一節　懷孕禁忌

　　從受孕的那一刻起，生命即誕生了。人的一生開始，生命相關的禮俗即開始了。從此，孕婦稱「有喜」了！身體開始發生顯著的變化，不時頭暈、欲吐、懶散、疲倦、思嘗鹹酸甜食物，這種現象，稱為「害喜」，客家話稱為「發子」，或是「病子」，閩南話則稱為「病囝」。就在這「正月裡來新年時，娘今病子無人知[1]」的起始，十月懷胎其間的艱辛，不只孕婦本人，就是丈夫、公婆、娘家的心情，隨之而起。其心情總是擔憂多於欣喜，因為害怕懷孕是否平安？未來生產是否順利？前人沒有今日醫學的進步，知識的普及，只能以神秘的想像眼光來看待懷孕，所以必須處處小心謹慎，隨時抱著虔敬護生的態度，給孕婦最好的環境。

1　客家民謠小調〈病子歌〉的首二句。

　　古時民間婦女在懷孕期間，因爲虔敬、謹愼，不免帶有一些焦慮，一來無遺傳生殖觀念，二來缺乏護理照顧知識，以爲懷孕現象是自然現象，可以經驗但無法理解，況且未出生之前，生男生女若蒙鼓裡，必須謹細愼微，以防流產、難產、生出畸形兒或死胎，在漫長的十月懷胎期間，如何趨吉避凶、轉凶爲吉，都需依賴老經驗的一套傳統措施加以化解。

　　趨吉方式通常指的是膜拜送子觀音、註生娘娘、石母、石爺，用信仰來強化或鎮定人們的擔憂。避凶的方式包含「禁忌」與「厭勝」，「禁忌指的是對未來在懷孕過程中會阻礙順產，造成生產厄運事項的預先消極迴避。厭勝原意爲以詛咒或祈禱達到制勝所厭惡的對象，後來被民間信仰轉化爲對禁忌的克制[2]」，也就是萬一觸犯慣例或禁忌時積極禳祓的補救措施。這一套不厭其煩的趨吉避凶觀念及措施，構成民間各種懷孕習俗的規範，無非都是孕婦保健，祈求孕婦胎兒平安。

　　「從禁忌的內容中，經常有三個不同的觀念，左右著禁忌。一是恐懼沖犯，二是恪遵胎教，三是敬畏胎神。[3]」關於「沖犯」、「胎教」、「胎神」這三種傳統觀念，若尋出其來源，必能更深入了解昔時民間孕婦禁忌之種種原因。

　　古來沖犯觀念可分爲「對沖」與「觸犯」。對沖的濫觴大約起於秦漢五行陰陽之說，講究物物相生相剋，逐漸形成牢不可破的觀念。這對沖又可分爲「正沖」與「反沖」，不管是正沖或反沖，表現於人事上，都是不吉利的。正沖有「喜沖喜」，兩者處於相同的對峙狀態，例如嫁娶行列對沖嫁娶行列，孕婦對沖孕婦，產婦對沖產婦，月內婦對沖月內婦，喪家對喪家。反沖有「凶沖喜」，兩者處於相反的對峙狀態，例如喪葬行列對沖嫁娶行列，寡婦對沖孕婦，肖虎者對沖新娘，肖虎者對沖孕婦，帶孝者對沖產婦等。

2　林書竹著〈宗教藝術・民俗文化〉，交通大學，2017.11.28。
3　林明峪著《臺灣民間禁忌》頁88。

　　觸犯方面，早在殷商以前，吾人早已相信人死後靈魂的存在，而衍生鬼魂觀念，於不知不覺中對鬼神產生敬畏心理。人們對鬼神的態度，起先疑之，繼而畏之，終而敬之。然神鬼偉大的靈力，大都來自人們的畏懼之心，以為人事災難厄運的發生，是出於對鬼神的不信、不敬、不週、不潔等，在行動上或言語上冒犯、觸怒了鬼神，鬼神便降下禍害懲罰人們。所以，觸犯發生在人界（下界）服從於神冥界（上界），而對沖發生於人與人之間，人們沒有留意到冒瀆神明、祖靈、鬼魂、物魅時，稱為「觸犯」；人與人之間的喜沖喜或是凶沖喜，則歸為「對沖」。古人講八字沖犯、生肖沖犯、星煞沖犯、風水沖犯，都僅限於巫覡術士之流，唯有「女人沖犯」才真正被民間普遍大量應用。

　　自古有男精女血之說，女人從初經開始，經過出嫁、懷孕、分娩、閉經這一段人生過程，從下體排出來的血污，在重男輕女及見到污血怵目驚心的觀念下，往往被人們視為「不潔」，客家話稱為「無淨」。因為不潔，又面臨懷孕生產時生命安危的重要關頭，在單純的想像中，便以為有無沖犯。若一切順利，便無沖犯。反之，便以為在某時某地對某有所沖犯，所以事先擬制了一套嚴密的禁忌事項，讓當事人以防不測。例如在重大的祭祀場合，「不潔」的女人是不准參加的；在喜事遇喜事或是喜事遇凶事的當兒，必須由「厭勝」的儀式來化解，理由都是唯恐有所沖犯。由於孕婦屬於不潔之列，在長達十個月的懷孕期間，禁止參加婚喪喜慶，又禁止吃喜喪食物，又忌看建廟、上樑、安灶、鑿井，禁止踏入新娘房、月內房、與孕婦同坐同睡等等，這些琳瑯滿目的禁忌事項，無非都是源於古來沖犯觀念。

　　關於「胎教」觀念，源自《易經‧咸卦象辭》：「咸，感也，柔上（兌）而剛下（艮），二氣（陰陽）感應以相與」的感應之說，這種「天人感應」之說，成為「胎教」的原始背景。「胎教」一詞，最早出現《大戴禮記‧保傳》：「古者胎教，王后腹之七月，而就宴室。」漢朝賈誼《新書‧雜事》：「周妃后妊成王於身，立而不跛，坐而不蹉，笑而不

誼，獨處不倨，雖怒不罵，胎教之爲也。」所以劉向《列女傳》有言：
「古者婦女妊子，寢不側，坐不邊，立不蹕，不食邪味，割不正不食，席
不正不坐，目不視邪色，耳不聽淫聲，夜則令瞽誦詩書、道正事，如此則
生子形容端正，才德過人矣。故妊子之時，必愼所感，感於善則善，感於
惡則惡，人生而肖父母者，皆母感於物，故形音肖之，文王母可謂知肖化
矣。」皆是古人胎教的體現。人們常有「胎在腹中，隨母聽聞」的觀念，
以爲孕婦的一舉一動，無不影響胎兒，所以期望孕婦好好地「教胎」。之
後，進一步規定「養胎」，北齊徐之才的「逐月養胎方」大致醫學上的診
脈原理，暗中推算胎兒每月的變化，詳細規定孕婦禁食腥、辛、乾、燥、
寒類的食物，把賈誼、劉向等人的胎教範圍加以具體化，也由於徐氏「外
感而內向」的闡揚，下開唐代孫思邈《千金方》所引伸的「孕婦飲食禁
忌」，即是「養胎論」，很多是加諸於孕婦外象內感的類似聯想。例如：
食山羊肉令子多病，基於山羊體大骨瘦的聯想；食兔肉令子脣闕，基於兔
嘴中闕的聯想；食雀肉並酒令子心淫情亂，基於酒醉的聯想；食鱉令短
項，基於形狀的聯想。其實這些聯想，早在東漢王充《論衡》已有「食
兔，子生缺脣」的記載，孫思邈則更具體發揮。到了宋朝，陳自明《婦人
良方·食忌論》的「胎忌」，將懷孕期端正孕婦舉止，演變爲實際生活的
食忌，逐步被民間樂於接受的方式[4]。

　　由胎教的演變情形，胎神的觀念逐漸從民間出現。當人們對一件安危
莫測的事情無法被人力克服時，被自然醞釀出一個超人力的神，以爲藉力
與呵護，做爲吾人心理上的支柱。就此觀點來臆測，認爲在懷孕的十個月
內，必有一位掌管胎兒的神，稱爲「胎神」。古籍最早紀錄胎神的記載，
見宋朝陳自明的「胎殺避忌產前將護法」，這裡所謂的「胎殺」指的是
「胎煞」，亦即早期胎神或反面的稱呼，後來逐漸演變成今日曆書上所見
的「胎神逐月逐日遊占表」。人們對它抱著敬畏的態度，除「敬胎神」、

4　林明峪著《臺灣民間禁忌》頁91～95。

還要「畏胎煞」，其實這兩者是一體兩面的，含意相同。通常可以看到民間若有婦女懷孕，急忙著「安胎神」，希望胎神能「作福」而別「作煞」。在民間思維上，胎神和門神、灶神、床神是一樣的，可不必與胎教扯上關係。只是胎兒在以前的時代裡，屬於眼睛看不到的「抽象」性質，不像門、灶、床那向具體可見，孕婦若沖犯到鬼魂邪煞，成爲「胎煞」，「胎煞」逐漸擬人化之後，逐漸改稱爲「胎神」，這過程民間流傳已久，文獻無法可徵。那胎神在何處？俗傳能與胎兒的魂魄交通，他「固定」出現於孕婦房裡外四周「固定」的地方，有關胎神逐年、逐日所占遊方可查閱每年出版的農民曆，人們若不小心傷害到它，等於傷害到胎兒。

　　婦女懷孕後，俗稱「有身」、「摜大肚」，從此肚子逐漸隆起。胎兒是新生命的開始，昔時與「胎神」的觀念存在息息相關。由於胎神觀念的存在，孕婦孕育胎兒，不僅孕婦本身的行動要慎之又慎，就是連週邊環境有什麼動作，也會給孕婦或嬰兒帶來不利的影響，造成不好的後果。《婦人良方・胎煞避忌胎前將護法》「刀犯者形必傷，泥犯者竅必塞，打擊者色青黯，繫縛者筋拘攣。甚至母損，禍如反掌。」民間信仰事物之間是相互感應的，因而形成許多禁忌，不僅是孕婦本身，身邊別的人不慎，也會給孕婦帶與胎兒來產生影響。

　　日常生活和飲食中還有很多習俗要避諱，而這些習俗隨時間、地域的因素而有變化，不同時間和地域的人們，到底要遵守哪些禁忌，如何避忌，情況並不一致。現代孕婦應注重打扮及化妝，這有助生下美麗健康而又優質的嬰兒。

一、有關舉止限制

　　古時民間對孕婦難產、流產、怪胎或生殘缺兒難以做出科學的解釋，於是穿鑿附會或捏造各種迷信的說法，作爲對婦女在懷孕舉止方面的舉止限制。

1. 忌在孕婦房間釘物

任何人都不可在孕婦房間，例如牆、門板、床板、器具等處釘物，甚至不能隨便移動孕婦房間器物，以免沖犯胎神，造成流產或胎位不正。

2. 忌拿鐵鎚釘物、動用剪刀、拿針線縫補衣服

孕婦不可拿鐵鎚，在家裡釘物，以免沖犯胎神。如果犯之，將來出生的孩子可能會四肢不全。另外也不可動用剪刀、拿針線縫補衣服，說剪刀會剪斷東西，針線會扎穿衣服，皆會觸動胎神，生下諸如缺耳、缺脣。或者孕婦也不可綁東西，或纏繞物品，以免造成「繞臍生」，使嬰兒出生時臍帶纏繞脖子，或認為會使嬰兒手腳彎曲不能伸直，或生下殘疾孩子。其實是孕婦較容易因使用剪刀或針時，割傷而感染引發破傷風，也預防婦女不要用力太猛，動了胎氣，而造成對胎兒不良的影響。

3. 忌入廟堂

孕婦在有些地方稱為「雙身子」，俗信以為雙身女子不潔，因其受胎是「褻瀆的結晶」。而神靈是至高無上的，潔白無私，福佑庇蔭人民，理應虔誠尊敬，孕婦入寺廟為大不敬，以免沖犯、褻瀆神明。

4. 忌入喜房

婦女有孕，稱「有喜」，有喜婦女，不許看新娘，不能進入他人婚禮喜房，因為她是「雙身人」、「四眼相」，民間以為看了新房會沖犯新娘，新娘以後可能剋夫守寡，或是喪子絕後。也不得在婚禮中擔任迎娶、送親、攙轎、牽新娘、做裝、做新被褥等工作，以免沖犯煞星，招致不吉。其實是希望孕婦能靜心養胎，不要操勞煩動，不要受外界心情而影響胎兒發展。不過這點在有些地方，奇怪的是譬如在湖北西北，卻流行「四眼人」動動眼睛，動動手還能治癒一些小症候，不管靈不靈，街坊鄰居一定要登門相請。特別是與孕婦年齡相仿的男子漢或小伙子，眼睛裡掉進了點灰塵，要請四眼人用嘴吹吹，胳膊扭傷了，要請四眼人搖搖，頭痛感冒了要請四眼人摸摸，諸如此類，風俗較為奇特，但跟前述四眼人會沖剋人的不吉，大異其趣，各地習俗觀念不同。

5.忌看建灶、鑿井、上樑、開張

建灶、鑿井、上樑、開張，為一家或一鄉村的大行事，有許多儀式，除干支需要講究之外，動土動工之際也要焚香禱告天地，「擲筊」請神允許之後才可行，而這些都是祈望堅固、永久，必須慎重，孕婦如遇有動土、建灶、鑿井、上樑、商店開張等，亦需躲避，以免沖犯神靈。

6.忌參加葬禮

傳統以為舉辦喪禮之處為陰氣所在，鬼神混雜，孕婦不宜參加喪禮，哭喪弔唁，以免「凶衝喜」，吸引魔鬼，禍及自身及胎兒。有人說，孕婦要是沖了喪禮或棺木，可能會有血光之災。廣東梅縣客家人婦女懷孕時，忌見死屍，若見死屍，胎兒出生後皮膚會色澤較暗[5]。就是自家若適值辦理公婆喪事，孕婦需另覓臨時住所，到離本宅稍遠地方待產，等喪事辦完出殯之後才回家。其實葬禮是傷感的儀式，參與者難免哀喪過度，可能影響孕婦及胎兒的情緒。更因為鬼神感應深植人心，加之所謂「轉世」、「投胎」等觀念意識的影響，以為是大忌諱。

7.忌夜間外出

夜間外出，容易招致危險，包含沖犯神靈鬼煞，客家話稱為「撞著神頭」等。遭鬼神纏身，或受鬼神責罰，可能受無妄之災。同時夜間陽氣下降，陰氣上升，容易招致風邪外寒，孕婦容易生病，影響飲食，身體健康。夜間外出，由於孕婦大腹便便，若是跌倒，更容易受傷、驚嚇，恐傷及胎兒，導致流產。

8.忌看戲

向來民間對婦女懷孕之後，忌去看戲，或是電影。因戲劇演出都會臉部化妝，看戲忌看到花臉，擔心將來出生的孩兒會長「面花」。尤其是傀儡戲、布袋戲，說是會生無骨孩兒。浙江、湖北一帶至今還有這習俗。更有甚者，忌看戲是因害怕出生胎兒和戲臺上化了妝的優人（戲子）相像。

5　萬建中《禁忌與中國文化》頁129。

《清稗類鈔》〈鄂婦妊忌〉：「有一婦偶觀優，及生子，頭上有肉隆起，如戴高冠，兩耳旁各有肉一片下垂，如以巾幂之者然。因憶觀優時，有優之冠如是，爲其換胎矣。[6]」其實以今觀之，演戲時必定是該地方之熱鬧盛事，人潮洶湧，車如流水馬如龍。孕婦宜靜而養胎，避免去與擁擠的眾人相擠而受驚嚇或跌倒，有損胎兒或身體。現代臺灣的歲時節慶演戲，已經極少觀眾，但孕婦仍不宜前去，也不應去電影院或或演藝廳看表演。

9.忌室內掛物件

有些地區俗信，孕婦床頭或牆上掛有物件，將來生下孩子必定與之有關。如四川人認爲臥房放掛刀劍，則所生孩子多缺脣。如室內掛人物圖像，會使腹中胎兒與畫像人物長得一樣，民間稱爲「換胎」。《清稗類鈔》〈鄂婦妊忌〉另一項：「湖北婦人妊子避忌最甚。有所謂換胎者，言所見之物入其腹中，換去其本來之胎也。故婦人妊子，故房中所有人物畫像，藏之棄之，或以針刺其目，云其目破不爲換矣。有一婦臥室懸一美女，及生子厥狀肖焉。美女屈右臂伸三指作指物狀，此子亦屈右臂伸三指，終身如此。」民間以爲孕婦房內布置宜簡單柔和即可，不需過分特殊裝飾。

10.忌看月蝕、月暈

月蝕、月暈等自然現象，孕婦見了卻大不吉，必得設法禳解。民間俗信認爲月亮與女人同屬陰，並且是女性的顯性象徵，除平時不能指月亮外，月亮發生異常怪象如被孕婦見著，自然由於感應作用會使孕婦及其腹中的胎兒受到傷害，月亮殘缺不全，會使孕婦生下殘缺不全的嬰兒，這應用在感應思維的人來看，是非常自然的。

11.忌串門子

婦女懷孕後，成爲雙身，俗稱「帶球跑」，行爲更要檢點，不能隨便亂串門子，應在家好好修養。鄰居村坊如有哪家生孩子，孕婦切忌不能

---

6 萬建中《中國民間禁忌風俗》頁243。

去，若誤闖惹禍，如這人家孩子有任何疾病，可要被怪罪，惹人說閒話。孕婦還應避免與人爭吵、跑跳、不到響聲驚心的地方去。總之，婦女懷有身孕，除了找僻靜地點散散步以外，不宜到處走動，串門子，以免跌倒傷了身體和胎氣，也是為了胎教。

12.忌重踩地物

　　孕婦體重增加，身軀逐漸肥胖，走路必須預防跌倒，尤其不可重踩地板或踩踏移動之物，動了胎氣。筆者有一朋友之妻，懷胎六月，有日上班時，同事突呼喊「有老鼠」，大家害怕老鼠鑽到自己桌底，通通立即站起，甚至有人見之即重踩老鼠，但老鼠竄之速度極快，不易踩著，在大家惶恐之際，該老鼠突然鑽到朋友妻之桌下，朋友之妻順即抬起腳跟踩下，未踩著而老鼠溜之大吉，本以為無事，誰料回家即肚子痛，不兩日流產矣。如此現象，民間以為動了胎氣，甚至觸犯了胎神。

13.忌把孕婦澡盆放置室外

　　過去民間還沒有現代浴室設備之時，洗澡大都用澡盆洗浴，孕婦澡盆禁止放置室外，即使是暫時也不容許，因為民間俗信以為孕婦不潔，其所使用的澡盆也屬不潔之物，這對外遊蕩的各種神靈而言，尤其是夜間出沒的鬼魂更是一種冒犯。因此若觸犯過路的神靈鬼煞可能會降下責罰，會給孕婦或胎兒帶來災禍。這些雖是民間迷信鬼神所引申出來的避忌，但其實是保護孕婦目的而神秘化的一種衛生措施。

14.勿使孕婦的腹部被任何外來的力量壓到或撞到

　　孕婦的腹部是最重要部分，尤其是大腹便便之時，絕對不宜被外力撞及或撞及外物，主要是護胎，保護胎兒。

15.忌懷孕未滿三月不對外公布

　　婦女懷孕後，忌即欣喜向外宣布，最少需等三個月才可向外公佈，一方面是因古人對孕事知識不理解，未滿三月，胎兒未定型，不知是否確切已懷孕；另方面也是羞澀、害怕能否懷孕成功，而不敢對外公布，另有一說則是說日後的小孩會變得小器及脾氣變壞，其實很多民族也習慣懷孕情

況穩定後才把消息傳出。

16.忌肖虎者進入孕婦房內

因老虎本身即是猛獸，動輒吃人，傳統民俗對肖虎者始終戒慎於心，基於此點，認為肖虎者較具虎性，一看到「虎」這字，即對其多加限制，唯恐胎兒受損遭殃的心理之下，自然較忌諱肖虎者闖入，以免胎兒遭其傷害。

17.忌行房事

婦女懷孕後，應戒交合，這在古文獻多有記載。《胎產護生篇》〈產前十忌〉云：「第一最忌共夫寢。」張曜孫云：「懷孕之後，首忌交合，…動則漏下，半產、難產、生子多疾而夭，…。」民間認為孕後行房事，會使先天胎毒加重。所以，懷孕之後，夫婦最好分房居住，否則應戒性行為。

上海郊區，在婦女懷孕後，其娘家有「送分床鋪」的習俗。婦女婚後第一次懷孕，娘家聞訊後，大約在懷孕三個月後，送一張單人床到女婿家，稱為「送分床鋪」，顯然，送鋪暗指夫婦從此應該分房而睡，以利孕婦健康和胎兒發育。當然，此舉也可謂一舉兩得，也為將來誕生的嬰兒準備了床位，可謂美事一椿。不過這「送分床鋪」的習俗，也只限於第一胎懷孕，以後就不必再送了[7]。

現代醫學也認為，懷孕期間進行性行為，容易導致流產，或大量出血，不可隨意為之。

二、飲食禁忌

女子結婚後，做父母或做公婆的最關心的是女兒或媳婦何時「有喜」？一旦得知懷了孕，自然喜上眉梢，心頭快樂無比，從此不愁無後了，但跟著憂慮又來了。為了安全，理想的生出一個健康正常又優秀的孩

7　萬建中著《中國民間禁忌風俗》頁249。

子，是每個作爲長輩的期望，母親或婆婆總是千叮萬囑女兒或媳婦，哪些能吃哪些不能吃？妊娠期的忌嘴禁食有些是人們長期生活經驗累積的總結，有些是根據醫學而來，像孕婦吃了某些食品不易消化或患了病，就列爲禁忌。有不少出於附會，純屬無稽之談，不過從中卻也反應人們的一種優生意願，或是飲食習慣。例如客家人長期住在丘陵或較山地區，以爲孕婦不宜吃有腥味的食品，但住於海邊的閩南人而言，蚵仔摻蛋煮酒卻是孕婦的補品。

　　近代醫學研究，孕婦飲食營養會影響到胎兒，所以孕婦吃的方面需要小心。一般而言，孕婦飲食的禁忌，主要可歸納爲前四大類禁忌食品及有關的飲料、水果、腥羶之類的食物，分述於下。現代孕婦的飲食禁忌也可上網看看婦產科醫師的看法。

1.避免食油膩與刺激性的食物

　　太油膩的食物不容易消化，且容易加劇懷孕初期的腸胃不適、害喜等症狀。

2.避免生食及過度加工的食物

　　孕婦要儘量避免生食和食用加工食品往往添加大量的鹽和糖，醫師表示。攝取過多的鹽份、對有妊娠毒血症的孕媽媽會使高血壓及水腫症狀加劇。假使食用過多的碳酸飲料、糖果、巧克力等，具有超高熱量卻營養素零分的食物，反而會造成體重增加太快、超重的問題。

3.避免喝酒及含酒精類食品

　　酒精會通過胎盤進入胎兒血流造成流產及「胎兒酒精症候群」，包含低的出生體重且日後生長遲滯、智力不足、也可能會有心臟、腦部等的畸形，爲了下一代健康著想、孕婦最好不要喝酒。

4.避免茶、咖啡、可樂等含咖啡因的飲料。

　　由於茶葉中的單寧酸會降低人體對鐵質的正常吸收率，易造成缺鐵性貧血，孕婦平時若有喝茶、咖啡、可樂等習慣者，應該盡量減少，改以紅豆湯、綠豆湯、百和湯等代替。

5.忌吃木瓜、蘆薈、薏仁、山楂

孕婦吃了這些食物，容易造成流產，木瓜含有女性荷爾蒙，容易干擾孕婦體內的荷爾蒙變化，尤其是青木瓜，孕婦更應完全戒除，因爲它不但對胎兒的穩定度有害，還有可能導致流產。在東南亞國家，當地居民還會用吃青木瓜來避孕，可見木瓜對於生產是不利的。至於蘆薈，目前有對動物進行過實驗，研究發現蘆薈對於動物，會造成流產的結果。薏仁是人們熟悉又常食用的食品和中藥，其味甘淡，性微寒，有健脾胃、利水滲濕、清熱排膿之功。然而薏仁之根，古書上曾拿來做爲墮胎之用。山楂酸性甜合口，大多孕婦喜歡吃。但是，醫學證明山楂對子宮有一定的收縮作用，可促使子宮收短。所以懷孕禁忌中的一條就是別吃木瓜、蘆薈、薏仁、山楂這些食物。

6.忌吃鯉魚

《千金方》〈養胎論〉：「妊娠食乾鯉魚，令子多瘡。」於今河南仍有些地區禁止孕婦吃魚肉的習俗，臺灣原住民孕婦也不吃魚。其實鯉魚在客家習俗裡認爲不宜吃的魚類。苗栗客家俗諺：「菜毒番瓜，魚毒鯉嫲，肉毒老雞嫲，人毒後來嫲。[8]」可見鯉魚在當地客家人心中的思維，是多麼的忌怕的，一般人視之如弊履，孕婦自然不宜吃。

7.忌吃蝦、蟹、海帶

螃蟹其性偏寒涼，有活血祛瘀之功，尤其是蟹爪，據聞有明顯的墮胎作用；蝦、蟹的荷爾蒙十分旺盛，對於懷孕而處於荷爾蒙分泌不協調狀態的孕婦來說，最好不要吃，因爲可能加劇荷爾蒙失調的情形。海帶有軟堅散結的功效；甲魚具有較強的通血絡、散瘀塊的作用，因而有墮胎之弊。

8.忌吃熱性食物

懷孕禁忌應避免進食熱性食物，因熱性食物能使人體內熱加重，有礙機體聚血養胎，這類食物，動物類有羊肉、狗肉、鹿肉、公雞肉、麻雀、

8　番瓜：南瓜。鯉嫲：鯉魚。後來嫲：後母。

海馬，植物類有香菜、荔枝、桂圓、杏子、杏仁等。

9. 忌吃未熟食物

　　生魚片客家話稱為「魚生」，或以日語稱「沙西米」，屬於未熟的食物，很多人喜歡吃。未熟的食物，不但食用生魚片要謹慎，螺肉、生菜等未經加熱處理的食物，更應小心。生的魚、肉、蔬菜等食物中，往往含有寄生蟲，處理不當，食用這些食品可以使人感染疾病，避免吃下不新鮮或已遭細菌污染的食物，以免危害母體及胎兒健康。昔時客家人多長「蛔蟲」、「肝吸蟲」，即是以淡水魚如草魚做生魚片的關係，直至近二十年來醫藥發達，才漸漸銷聲匿跡。

　　生雞蛋的蛋白質不易被蛋白水解，不易被腸道吸收，而且生雞蛋常常被細菌污染，直接食用很容易得腸胃炎。經煙燻、醃製、燒烤的食物也應儘量不要吃，孕婦更應忌嘴。

10. 忌吃兔肉、辛辣、腥臭等食物

　　世俗以為吃兔肉，胎兒容易長兔唇，辛辣、腥臭容易刺激腸胃，造成腸胃不適，影響食慾，以致胎兒營養不足。宜吃含豐富葉酸的食物，葉酸含量較多的食物有鮭魚、菠菜、雞肉、牡蠣、蘆筍、豬肉、牛肉、香菇、豆類、花椰菜、蛋、胡蘿蔔等。

　　張華《博物志》載：「婦人妊娠，不欲令見醜惡物，異類鳥獸，食當避其異常味。…正席而坐，割不正不食，所謂詩書諷詠之聲，不聽淫聲，不視邪色，以此產子，子賢明端正壽考，所謂胎教之法。」總之，這些看是迷信的禁忌，就是期望孕婦在懷孕過程中平平安安，產期順產。

　　以前若有婦女懷孕，通常一般人家都會「安胎神」，若是不注意「犯著」或「動著」胎神，情況輕微的，只要用掃把在動著的地方筆畫三次，口誦：「請胎神退避，庇佑母子平安」；若是情況較為嚴重的，可能要請紅頭道士（客話稱為「覡公仔」）來作法安胎，並家貼安胎符、鎮煞，以祈求孕婦母子平安無事。對婦女懷孕後的諸多避諱和禁忌，不能一律視之為無稽之談，有些都是出於保健的需要。

　　現代人注重胎教，聽音樂、閱讀胎教書籍、欣賞優良藝術作品，無非都是給胎兒先期教育，給孕婦一個清靜優良的環境。且注重孕期健康檢查，隨時注意胎兒生長狀況與母體健康，注意安全而有營養的飲食觀念，必能生下一個健健康康、正正常常的嬰兒，完成傳宗接代的使命。

第二節　生育禁忌

　　本節所說的「生育」是指「孕婦生產」與「養育幼嬰」兩階段而言，幼嬰指周歲以內的嬰兒育養。婦女從受孕的那一刻起，從充滿著喜悅的心情準備來迎接新生命、或是嬌羞的心態來面對周遭世人開始，孕肚逐漸隆起，禁忌也就愈來愈加濃厚，深怕一有閃失，會傷自身及肚中胎兒，甚或會影響未來生產的順利與否？所以孕婦的隱憂逐漸擴大成為產婦的焦慮。

　　昔時醫藥與科技不發達的時代，產婦的焦慮與痛苦，夾雜著生命的危機，但又避免不了，只好聽天由命和求神保佑了。客家話說：「生贏雞酒香，生輸四垤枋」，懷胎十月，面對這來勢洶洶的「產厄」，如何趨吉避凶，轉凶為吉？去除日夜牽掛的憂慮，迴避婦女一生中最危險的時刻，其中最普遍的方式就是遵循禁忌。

　　人們直覺的以為認真地信賴，只要不觸犯到禁忌，分娩的難關大概就可以安然度過，成為安定人心的途徑。宋朝醫家陳自明在其《婦人良方‧產難子死腹中》提到：「產難子死腹中，多因驚動太早，或觸犯禁忌。」因此產婦的禁忌，唯恐不多不周到，無形中禁忌的項目累積就愈來愈多。因此，產婦恐懼產厄的心理是共通的。

　　古人遇到難產，在當時只好利用催生術、催生符，若仍然未能奏效，產婆還有時用手伸進產道將嬰兒拖出的不得已之法，最後若無辦法產出，束手無策，只得辦理後事了。

　　自古以來，人死成鬼的觀念盛行，因產厄而死的婦女，便被認為是「產鬼討交替」，跟在水中的淹死鬼交替情形一樣的，屬橫死的一種，據

說死後會墜入「污血池」地獄，豈不叫待產之婦害怕恐懼？又由於古來認為生產帶來之血和月經一樣，爲污穢不潔之物，故凡產縟、胎盤、臍帶等都必須謹愼收拾妥當，以免因血污而沖犯天地神明。所以客家人在婦女去世後，做法事期間，家屬會要求道士施作「打血盆」儀式，以去除婦女每月及生產的血污，祈免亡後墜入「血盆」地獄。

　　透過產婦禁忌的整理，讓今之人們了解從前產婦顫抖焦慮的癥結所在，便不難知道「人」是從哪裡掙扎出來的。

一、產前禁忌

　　「產前」即是「臨月」，所謂「臨月」，又稱「入月」，即指孕婦懷胎的第十個月，也就是分娩前該月。在前一節末，從現代孕婦新忌，曾提及婦產科醫師提醒將要分娩的孕婦，在分娩前有十種禁忌，在此，我們來看看古人生育禁忌的演變過程。

1.產圖的禁忌

　　古時爲了提防橫產、倒產、偏產、礙產等難產的發生，唐宋以前民間生產依照慣例，必須張貼「安產圖」，及注意安產圖裡所列禁忌事項。溯自《隋書・經籍志》卷三子部數類，已著錄有產圖二卷。唐孫思邈《千金寶要》卷六，亦有「不依產圖，令子母多妨」的記載，可見起源甚早。迨至宋陳自明《婦人良方・逐月安產藏衣忌向方位》有「凡妊婦初入月，即寫產圖」之語。到南宋朱端章《衛生家寶・產育備要》有實錄的「入月安產圖」，從一年的正月到十二月都有，每月應用一圖。當孕婦到入月之時，就得依照產圖中的方位安置產床，等候分娩。產圖上列八卦、方位、干支、十三神煞，民間深信，若不依照產圖行事，恐將沖犯神煞，發生產厄之事，因而誰都不敢稍有違逆犯忌[9]。

9　參閱郭立誠著《中國生育禮俗考》頁86～87，林明峪著《臺灣民間禁忌》頁118～122。

2.產婦行年法的禁忌

古時產婦不宜在自身臥床臨產，必須設置產床。產婦行年法即是依產婦歲月行年的不同，在產床上座位的方向及產帳所對的方向，必須注意有無沖犯到太歲所在，不可面對太歲，恐觸犯招禍。

3.忌在自家生產

前有提及，婦女的經血通常被視為不潔，產婦臨產之血污，更為不潔。東漢王充《論衡‧四諱篇》就提到說：「諱婦人乳子（生子），以為不吉，將舉吉事，入山林，遠行渡穿澤者，皆不與之交通。乳子之家忌惡之，丘墓廬道畔，踰月乃入，惡之甚也。」這可做為產婦不潔及不可在家生產的佐證，也可見在東漢以前，並不視產婦生育為喜事，而視為污穢之事，人人忌諱撞見，大家唯恐走避不及，影響所及，帶來不讓產婦在家生產的習俗。

4.忌在他家生產

隋唐以後，民間習慣做了180度的轉變，不再忌諱在自家生產，因而產生了產圖、產婦行年法、禁草法、禁水法等方術的普及流行。但一禁忌消失，另一禁忌又代之而起，即不許在別人家生產，尤其是產婦的娘家。據說借給產婦生產的人家，福份會被嬰兒從屋裡帶走，且借人生產的家裡若有婦女，亦恐怕家中的「好兒」會被借產的產婦生走。娘家何以更忌諱呢？可能以為女兒已經是賠錢貨，又已嫁給別人生出的孩子是別姓的，讓他再回家生產，不是又將家裡的福份或好運再一次掏走？可見禁忌的事項或心裡，也常隨時代的不同，觀念也隨之不同。

萬一產婦在外陣痛欲產，來不及回家怎辦？只得借他家生產以應急，但誰都不願意借人生產。不得以的情況下，若借他家生產，產後臺灣閩南人得向借家掛「紅彩」與燒「糕仔金」，即備辦糕餅、香燭、鞭炮、金紙等物向借家神龕禮拜，以期避免帶走借家的福份。若是產婦回娘家分娩，照例都要像借家同樣的禮數，這種事娘家為他家的應變措施，正是臺灣俗諺：「肯借人死，不肯借生」的道理，客家亦同。

二、產中禁忌

1.忌產房內有閒雜人等逗留

　　產房內除產婆助產及一、二位助手外，其餘閒雜人等禁止入內，連丈夫、公婆也只能守在門口，無法進入，以便保持清靜，好讓產婦放心待產，以免遭遇難產，那闖入者也會沖犯了血污晦氣。唐孫思邈《千金方‧產難論》裡也提到這項禁忌：「產婦雖是穢惡，然將痛之時，及未產、已產，並不得令死喪、污穢家人來。視之則生難，若已產則傷兒也。凡欲產時，特忌多人瞻視，惟得二、三人在房待產訖，乃可告欲語諸人也。若人眾視之，無不難產。」孫氏提到禁死喪、污穢家人等閒雜份子進入，無非在於唯恐沖犯產婦及嬰兒。

2.忌肖虎者進入產房

　　忌諱肖虎者窺視，恐有唬胎、吞胎的不幸事故發生，主要是強調產婦在臨產的當兒正處於一種禁忌當中。

3.忌人問產嬰是男是女

　　孫思邈在產難論裡又提到：「兒出訖，一切人及母，皆忌問是男是女，勿令母看視穢污。」其意可能是嬰兒自產門剛出，夭折與否尚未知數，若是男，大家一宣嚷出來，恐對嬰兒不利。若是女嬰，在古代重男輕女的觀念下，產婦一聽，可能心往下沈，對產婦產後恢復可能有所妨礙。

4.忌產婦匆忙與憂悒

　　孫思邈又提到：「凡孕婦，第一不得匆忙懼怕，旁人極須穩審，皆不得預緩預急及憂悒，憂悒則難產。」此禁忌即是在呼籲產婦方輕鬆和保持樂觀，時刻一到，嬰兒自然哇哇落地。

三、產後禁忌

1.忌隨意潑棄產用污水

　　過去人們對血污的看法，不但是血污水，就連擦拭血污的過的水、紙、布，也要一併謹慎處理，不可隨意潑棄，客家人多半會把這些血污水

倒入「長流水」讓其隨水流沖走，紙布妥善掩埋，唯恐一不小心污及神靈鬼煞。

2.忌亂棄胎衣

「胎衣」即是「胎盤」，客家人稱爲「胞衣」，是不需要的廢物。但「產後胞衣不能亂丟，不能遇火氣，否則孩子將來會遇火災。不可被動物吃掉，否則孩子會生病[10]。」血污沖犯天地鬼神，恐招來不幸。重要的是古來中醫或談陰陽採補的江湖術士，相信胞衣爲珍貴的藥材，稱爲「紫河車」，有益氣養血、補腎益精之效。還可用來煉製丹藥，足以延年益壽，所以產家恐怕胞衣被人偷去配藥吃掉，對嬰兒將會大爲不利，所以胞衣一定要妥善埋藏，埋藏時也要講究地點方法，絕不可沖犯神煞。各地方埋藏胞衣的地方不一樣，有些埋藏在床下，有些將男嬰的埋在門檻外，代表將來出外賺錢，將女嬰的埋藏在門檻內，長大後要在內管理家務。埋藏的時間，不可驚動任何人，客家人對此特爲愼重，埋藏胞衣要埋深，以免被動物掘出，埋藏的地方大都選在住家附近的適當地點，把埋藏胞衣的地方稱爲「胞衣跡」，意義即爲「出生地」。

人們之所以注重胞衣的處理，不外乎認爲胞衣與嬰兒的命運有關連，對嬰兒胞衣仔細處理即是保護嬰兒。因此不但避免胞衣被動物掘食，也忌諱埋藏在靠近神聖之地，亦不可埋藏在不潔污地，更不能丟入水裡、山林樹梢，又得注意時辰。王充將胞衣視同果實之蒂，鳥卵之殼，當然要愼重處理，一愼重處理，埋藏地點自然要講究避忌了！

3.忌將肚臍蒂亂丟

「肚臍蒂」俗稱「肚臍疕」，客家話稱爲「肚臍絆」，或稱「肚臍頭」。閩南有句諺語：「肚臍深深好貯（de）金，肚臍吐吐愛查某。」「臍」與「財」同音，大家見之無不喜愛，加上傳說靠肚臍蒂可以贏錢，更爲嗜賭者覬覦。又據說若將此「肚臍蒂」妥善留下，將來參加考試，與

---

10 曾景來著《台灣宗教と迷信陋習》頁149，中文本《台灣的迷信與陋習》頁139。

准考證放置在文昌帝君前許願，臨考時將不畏懼，可放心應試而容易金榜題名。又有見官不懼，可壯膽的妙用，如此喧騰風傳的結果，誰敢大意忽略，唯恐落人手裡，必然藏之密處，因這是胎兒「本命元神」，跟胎盤一樣重要，現代人雖在醫院或婦產科診所生產，但要求將「肚臍蒂」帶回家珍藏的習俗依舊存在。

4. 忌月內婦入廟宇

　　廟宇為清靜神聖之地，因月內婦血污仍在，恐會沖犯或污穢神明，神明若是責怪下來，產婦及嬰兒恐會遭殃。

5. 忌月內婦手觸嬰兒眼睛

　　俗信身體使用過勁時，手指頭較具毒性，亦即通常手指頭也沾染很多細菌，客家話稱為「手紅」。若身有瘡疤，一般人也不許用手去抓摸瘡疤，容易發炎，稱為「發紅」。月內婦在生產時已全身使勁過，當嬰兒出生時，即不可以手出摸其眼睛，以免嬰兒眼睛發炎變紅，如果不知避忌或愛子心切，恐會殃及嬰兒。

6. 忌月內婦以手打小孩

　　同理，一般人認為月內婦手氣較毒或不潔，因此俗信，月內婦若打了小孩，小孩將來會變得臉皮較厚不怕打，客家話稱為「蠻皮」。

7. 忌月內婦祭祖

　　既然月內婦血污仍在的不潔之人，自然與一切祭祀或拜拜有關的活動，迴避為妙，因恐怕沖犯，將導致不吉或遭殃。

8. 忌得「月內風」

　　月內婦最忌諱得「月內風」之症，由於產婦在生產時流出太多血污，使力過勁，使得元氣大傷，必須在月內這段時間充分調養，才能恢復元氣。如在這段期間內稍有疏忽，就可能罹患風寒，即俗稱的「月內風」。此症比一般的感冒厲害百倍，不是腰酸背疼，就是手腳麻痺，有時還會腹痛如絞，呻吟不已，令人不堪忍受，為古來最忌諱的婦人病，傳言月子沒做好，得此風寒，到老年時還會復發，不得不慎。

9. 忌月內婦吃鹽

　　由於俗信「鹽會生風」，對於月內婦人的吃喝，忌諱放鹽。客家人給月內婦的平常食物，就是「雞酒」，或許有時會煎蛋，買豬腰、豬肝、豬心等補品，都僅加麻油、生薑、米酒一併炒熱，不許加鹽。加生薑意思不外乎「薑會去風」，以現代知識而言，生薑可加速去污，對懼怕感染月內風的產婦而言，為必加之物。

10. 忌月內婦以未沸之水洗澡

　　禁止月內婦洗澡，與不能吃鹽一樣，無非是怕得到月內風，竟然禁止月內婦不能洗浴，無非也是相同。如要洗澡，要用煮沸過後的熱水放溫後來洗，凡是一切「冷」性的東西，最好不要讓月內婦碰觸，以免感染風寒。臺灣客家鄉下，月內婦洗澡用水，可先把一種名叫「大風草[11]」的採來曬乾收藏好，用時加在水中一起燒沸過，稱為「大風草水」，放溫後讓月內婦洗浴，據說可去風寒。

11. 忌月內婦吃鴨、白菜、蘿蔔等冷性食物

　　鴨子因長期生活在水邊，吃的都是水中魚蝦等冷性東西，因此屬寒性動物，不宜作為月內婦的食物，所以也不宜送鴨給月內婦。產婦吃白菜、蘿蔔等生冷性食物，哺餵母乳，民間經驗嬰兒會因而「下青便」或是「瀉肚子」，對母體亦容易得月內風。一般人會送雞給產婦吃補，因雞生陸地，性質屬熱，故能摻薑母，習俗上有些地方「生男送母雞，生女送公雞」的慣例，無人送鴨。臺灣閩南、客家人以為「鴨」與「壓、押」同音避諱，又鴨子叫聲嘎嘎，與啞啞同音，令人有不祥之感。又鴨屬「扁嘴」禽類，客家話「嘴扁扁」即形容小孩欲哭而未哭的樣子，客家俗言：「死

---

11 大風草：屬菊科，別名甚多，學名「艾納香」，是產婦常見的藥材，見《臺灣客家民族植物應用篇》頁94，邱紹傑、彭宏源著，行政院農業委員會林務局出版，2010.4初版二刷。生長於臺灣低海拔山區，多年生木質草本植物，葉互生，具有芳香味，高約1～3m，全株可用，具有祛風消腫、活血散瘀的功用。是客家人產婦坐月子的天然聖品，用於產後沐浴，具有消毒驅風、驅邪的功用，亦可預防產後感冒與月內風。

鴨仔硬嘴箠[12]」，所以，鴨子除了不宜送月內婦之外，亦不宜用來拜祖先。

12.忌人在月內房附近劈柴、清除鍋底黑煙

月內房最好保持清靜，一方面讓產婦靜養，一方面讓嬰兒避免驚嚇，基於此兩方面考慮，民間不許他人在月內房附近劈柴或剷鍋煙。因劈柴如巨然轟響，剷除鍋底黑煙也會發出尖銳刺耳之聲，令人感官不舒服，恐對月內婦及嬰兒不利。

13.禁月內婦房事

產婦因生產時體力虛耗，陰道擴張，流血過多，容易受傷，且產褥污穢，月內應嚴禁房事。到底夫妻何時可以恢復正常性生活，自然產與剖腹產也有所不同，端視產婦恢復體力情況及產褥消失乾淨與否而定？或是產婦傷口癒合如何？以自然產來說，大致應在產後六週之後。

四、育嬰禁忌

幼兒是指一般一週歲以上到十歲的兒童，這個時期正是小孩長知識、長身體，開始接受外界信息的時期，需要父母長輩的引導、照顧。父母也要教育他們需注意的事情，這些需注意的事情即成為幼兒的禁忌。所謂「嬰兒」，是指周歲以內的新生兒，也就是指一出生到滿一歲的嬰兒。本節所指的「育嬰」即是指周歲以內的嬰兒，尤其是「三朝七日[13]」，是人生命中最脆弱的的階段，也是人最需要細心照顧的時段。為了照顧其長大，自然對嬰兒需多加看護與照顧，不受傷害，自然禁忌就多。

1.忌「洗三朝」的水亂潑

嬰兒生下到第三天洗澡，客家民間稱為「洗三朝」。廣東客家通常在煮嬰兒洗澡水時，於鍋中放粒石頭，叫做「秤砣石」，以及製作牛繩

---

12 死鴨仔硬嘴箠：閩南話說：「死鴨仔硬嘴筐」。鴨子一死，扁嘴即硬打不開，故曰：「嘴硬」，俗話說：「硬嘴箠」。意指「無理也要強辯到底，不肯認輸。」

13 三朝七日：俗為初生嬰兒三天或第七天是最危險期。

的「牛繩麻」，表示將來嬰兒的膽要像石頭那樣，不怕驚嚇；身體要像牛一樣健康，容易養大。同時也要煮幾個雞蛋，放在米篩上，在嬰兒洗完澡時，將米篩與雞蛋移至嬰兒旁，等一洗完澡，就在嬰兒的屁股上端，亦即尾椎下磨一磨，稱是「篩屎篩尿」，使得嬰兒將來曉得聽話，順利「屙屎屙尿」（大小便）。洗完之洗嬰水，不可亂倒、亂潑，否則恐會褻瀆神明。

在臺灣客家，則是在澡盆之中放粒鵝卵石，稱為「做膽石」，在洗澡時，則用手掌輕拍其身，若男嬰則說：「膽大大，做阿公大。」若女嬰則說：「膽大大，做婆大。」期望嬰兒將來長大之後膽若磐石，不致遇事害怕。同樣，洗完之洗嬰水，也不可亂倒、亂潑，恐會褻瀆神明。

2. 忌見陌生人

許多民族都有在嬰兒誕生之後，懸物忌門的習俗，道理是嬰兒忌諱見到陌生人。有地區甚至嬰兒若無必要，禁止百日之內出門，外客也禁止入內看望嬰兒，嬰兒見到陌生人可能犯沖，對嬰兒不利，尤其肖虎之人，恐其嚇著。

3. 忌言嬰兒有病與否

說嬰兒有病，固然犯忌；說：「這孩子身體不錯，從沒病過」也同樣犯忌。因為民間相信若說沒病，恐被病魔聽到，好像提醒了他，對嬰兒不利。還有也不能在嬰兒前說胖瘦，說胖，怕被神靈聽到嫌胖而讓嬰兒瘦下來；說瘦，又怕真的胖不起來。客家民間經常說：「在小孩前要說反話」，譬如，看到嬰兒很可愛，要戲說：「還得人惱」（很令人討厭、不可愛），這樣，父母長輩聽了才高興。可是現在少子化時代，年輕父母受高等教育，已經逐漸淡忘民俗禁忌，若有人說其嬰兒不可愛，可能要跟您翻臉了。

4. 忌餵太飽

民間有句俗話：「若要小兒安，常帶三分飢和寒。」這是千百年來育兒經驗的總結。餵太飽則容易積食，認為飽則欲吐，凡孩子吐奶，若非餵

太飽則是奶未下肚的緣故。

5.忌在特殊狀況下哺乳

孫思邈在其《千金翼方》：「母患熱以乳兒，令兒變黃不能食。母怒以乳兒，令兒喜驚，發氣疝，又令兒發上氣癲狂。母新吐下以乳兒，令兒虛羸。母醉以乳兒，令兒身熱腹滿。母新房，令兒羸瘦，交脛不能行。」談到民間忌諱乳母在寒、熱、怒、房事過後餵乳。同樣，忌諱母親在生病、精神不愉快、大喜大悲時哺乳。不然，嬰兒將受到傷害。

6.忌帶嬰兒出入公眾場所

忌帶嬰兒出入公眾場所，走出門串戶，恐受驚嚇或沖犯神煞，對嬰兒不利。

7.忌於不吉日初剃胎毛

據說初生兒滿月需剃頭，以去污穢，初生兒若不剃頭，容易感風寒，若把剃下的胎毛搓成球狀用紅綠花線穿起來，藏在衣櫃匣裡，那嬰兒即可永禦風寒。古時孩子於滿月後，要行剃頭禮，還要舉辦一些其他慶祝活動。清朝楊州的石天基在他的《傳家寶》二集卷五〈剃胎頭法〉裡寫道：「小兒起初剃頭，只宜晴天和暖，如有風雨，可改日期。」又寫：「小兒未剃胎頭，不可抱近神明司命之前，穢觸神聖，令兒不安。行剃頭禮時，須舅舅抱著，走過三座橋，以取「膽大識廣」之意，要打著黑傘，頭兜尿布，以防邪氣侵襲嬰兒。[14]」

北方人於正月或十二月滿月的嬰兒不在該月剃頭，因為「正」與「蒸」諧音，若剃了將來蒸糕、蒸饅頭、或做酒釀，會蒸不好或蒸得滿頭大汗。十二月的臘月，「臘」與「癩」諧音，在此月剃頭恐怕會成為「癩痢頭」。二月滿月的多半會選二月二日，因為二月二日「龍抬頭」，是十分吉利的日子，大家相信，在此日剃頭，孩子將來必能如龍抬頭，昂首飛在天的。《外臺秘要》卷三十五說：「初剃兒頭良日，寅丑日吉，丁未日

---

14 陳生編著《中國禁忌》頁51。

凶。」蓋以「丁」音近「疔」之故，丁日剃頭易長疔瘡也。

　　過去客家山區，由於一個地區通常只有一位理髮師，想去理髮必須跋山涉水，費日曠時，於是盛行「包剃制」，即是每家有多少男丁，由該理髮師包下，每年固定日子前往理髮，平常理髮並不付費用，等到年底時，費用再一次結帳算清。所以，客家人以前剃胎頭時，通常在滿月前後，挑個有剃頭的吉日，由長輩或父親事先請剃頭師傅到家為嬰兒剃頭，省去抱著嬰兒在山路奔波，不小心衝撞鬼神的危險，剃完再包個紅包給剃頭師傅，剃頭師傅通常會講些吉利話語來恭賀，期望嬰孩將來順順利利，平安長大。

8. 禁觸天靈蓋

　　因為嬰兒本來就是毛毛頭，剃頭時頭上剃得不整齊不要緊。根據《中國禮俗迷信》的記載，淮安地區舊俗所云：「剃時無論男女孩，囟門上皆留著不剃。[15]」客家地區卻忌初生嬰兒留胎髮，俗信嬰兒胎髮來自母體，不免沾有血污，因此必須剃光頭，一者剔除穢氣，二者巴望嬰兒頭髮快快長粗長密。所以要特別注意天靈蓋，「天靈蓋」客家話稱為「腦囟[16]」，因為天靈蓋尚未彌合，只有頭皮蓋著，所有人都不可去處摸天靈蓋，保護天靈蓋。

　　一般說來，婦女臨產之際往往因恐懼而呈現緊張的狀態，越緊張則越有難產的可能。看到有些人家在「補胎」的觀念下，準備了很多滋養補品給孕婦吃下，又為防胎兒被動著，在這懷胎十個月當中終日待在房中，越少活動越好，讓孕婦安逸養胎，結果愛之適足以害之，胎兒往往過大，反而增加難產的可能性。反觀貧苦人家婦女，鎮日奔波家計，以貼補家用，有時還要從事粗重工作，這樣雖然容易不小心導致流產，但也因勤於工作，勞動身體的結果，反而對胎兒有利，到臨盆時就容易產下胎兒。

15　《中國禮俗迷信》，江紹原著，天津：渤海灣出版公司，1989。

16　腦囟：天靈蓋指初生嬰兒的頭頂軟組織。因顱骨尚未成熟癒合，故隱約可見腦部血管的跳動。音noˋxin/noˊsinˇ。

　　隨時代的改變，醫學護理衛生的進步，現代產婦已經很少在家生產，從自家走向婦產科醫院，「借他家」生產的機率已大爲減少，「好手法」的產婆已經被受過專業的產科醫生取代，產婦不再聽天由命，難產再也不是生命交關的恐懼之事，逐漸擺脫產厄的陰影。產厄一但解除，過去的一些產圖、行年法、禁草法、禁水法等必備手續，無形中宣告消失，一些產前的禁忌事項，淪爲歷史產物，變成一堆僅供後人懷念、研究的民俗資料，口中的民俗趣談。

　　到現代有些禁忌，仍然有其價值，像月內婦宜小心，不可得月內風，不宜多吃生冷食物等。當產婦再也不會當產鬼的時候，一切生產方面的禁忌，便失去它呼風喚雨的的魔力，尤其現代少子化的關係，生男生女已不是那麼重要的時候，回娘家生產、坐月子的比比皆是，送「掛彩」、「糕仔金」的習俗已式微，最多包個「紅包」意思意思，娘家也不一定會收了。「月子中心」盛行，現代產婦頗多在醫院婦產科出院之後，直接至月子中心坐月子，由專業護理人員安排產後照顧，婆家、娘家最多只是帶點補品到月子中心給媳婦、女兒加菜、關心而已。當我們了解古人民間視產婦爲不潔的觀念，而導致出來的許多禁忌，不禁對過去農耕社會觀念下的婦女，寄予極深的同情感。

　　其實，嬰兒本身是無所謂禁忌的，有關於嬰兒的禁忌，實際上還是大人們的禁忌。千百年來，這些民俗禁忌正像一項一架古老陳舊而有靈活多變的心裡調節器一般，隨時調整每家每戶爲人父母長輩的心態。現代雖有些禁忌已因時代的關係而逐漸消失，但有些關係到嬰兒的健康成長方面，他們都還在惶恐、歡愉、擔憂、親暱、渴望中度過一段充滿禁忌的時間，期望嬰兒平安順利長大成人。

第三節　婚禮禁忌

　　婚姻是人生的終身大事，婚禮期間也是一個人一生中最快樂、最幸福

的時刻，古有所謂人生四大樂事：「久旱逢甘雨，他鄉遇故知，洞房花燭夜，金榜題名時。」新婚即在其中。

根據古禮，婚姻程序被訂爲納彩、問名、納吉、納徵、請期、親迎等六禮。這六禮的前五項，屬於定婚時及其前後的內容，最後一項「親迎」屬於結婚方面的內容。親迎之後，新娘娶進門，婚禮程序還有拜天地、父母、夫妻交拜、入洞房、婚宴、回門等環節，這些程序基本上囊括了男娶女嫁的全部過程。

漢族民間古時向來以黃昏爲迎親佳期，但又懼怕歡天喜地的婚禮，遭到有權有勢人家的嫉妒與搶奪，更害怕遭到鬼魂的侵擾，爲避免這些不必要的光顧，有些地方舉行婚禮不僅在晚上，也不張燈結彩、敲鑼打鼓，試圖通過這種自我抑制，來獲得心理上的安寧。目前在閩西客家地區，如寧化、連城、永定等地，仍保有夜間婚嫁的習俗，但他們清晨到男方家時，必放鞭炮以資慶祝。臺灣客家人目前大部分仍依傳統，定婚前先議婚，再決定定婚、結婚日期。結婚則於午時前下轎（禮車）、過火盆、進堂、拜祖、送入洞房，完成婚禮儀式。除特殊原因外，極少於午後完成，就算到戶籍地登記結婚，也大都於上午完成登記。

婚姻一直是社會最基本的組合方式，婚姻的締結也直接影響一個宗族系統的發達與否，所以婚姻雖是喜事、好事，但在締結過程中又受到各式各樣、有形無形、甚至某種神秘力量的干擾，爲了防止得意忘形，樂極生悲，民間有種種「抑喜」的措施，故而在這婚俗全部過程中，就需恪守一系列的禁忌，人們恪守禁忌，避免好事成爲壞事，唯恐婚後遭到不幸。

一、議婚禁忌

古時議婚是指可以選擇婚姻配偶的範圍內，以及民俗允許的方式下，對可擇偶對象所做的具體交涉活動。在傳統的婚俗中，男娶女嫁，昔時以父母之命、媒妁之言，由男方主動選取婚姻配偶。當選定欲擇之對象後，就會請媒婆等議婚人士前往議婚，在議婚階段及其交涉過程中，有些禁忌

是必須遵行的。現代男女自由戀愛成熟，雙方決定結婚之後，請個「便媒人」到女方說親，雖無古時那麼多到程序，有些禁忌仍被遵守著。

1.忌找多嘴媒婆說媒

民間認爲媒婆說媒最忌諱是說媒未成就到處張揚，開始時要盡量避人耳目，否則可能遭到有心人破壞，不但婚事不能說成，還要遭人唾罵。甚或被認爲失了女方名節，釀成災禍或悲劇。避免釀成災禍或悲劇，忌找多嘴媒婆說媒。就以現代青年男女自由戀愛，不管是自己認識的，或是經人介紹認識的，剛開始都很隱蔽保密，到了有一定進展或程度才慢慢公開，因此，這是一個道理，也是千百年來民間習俗禁忌的發展與演化。

2.忌諱請姑媽爲媒

姑媽是父執輩嫁出去的姊妹，民間因「姑」與「孤」同音而忌諱，深怕女兒嫁出去會「孤」，有可能獨守空閨或夫妻不能偕老，所以民間很多人忌諱男方的「姑」字輩米說媒。

3.忌同姓婚

以男性宗法爲中心的傳統，同姓不婚，自古以來皆然，這是同宗近親不成親而定的。《左傳・僖公二十三年》：「男女同姓，其生不蕃。」蕃者，繁殖、繁衍也。《禮記》：「娶妻不娶同姓。」如果買妾也是同樣，以免同姓成親的不良事件發生。所以古來「親上加親」的姑表或姨表關係聯姻，其實是違反傳統的不良觀念。以現代醫學觀點而言，避免近親結婚是健康的，但同姓不婚，雖還是多數的習慣與觀念，但已逐漸打破。

4.忌「違律婚」

古代統治者爲了維持宗族制度和等級制度，其法律對婚姻禁忌有明確的規定，有「違律婚」的公禁。「違律婚」指的是違反婚律規定的婚姻，如婚姻雙方有貴賤、主僕、尊卑、長幼之分，則必嚴加禁止，不許成婚。另外有「五不娶」之規定，禁止五種人家的女子不得聘娶的婚姻禁規。《禮記・本命》載：「女有五不娶：逆家子不娶、亂家子不娶、世有刑人不娶、世有惡疾不娶、喪婦長子不娶。」逆家子不娶，爲其逆德也；亂家

子不娶，爲其亂人倫也；世有刑人不娶，爲其棄於人也；世有惡疾不娶，爲其棄於天也；喪婦長子不娶，爲其無所受命[17]。

　　以古時講究的「門當戶對」而言，家世門第是家族世代主要的職業特徵所標示的社會地位，一定的家世與一定的社會地位及特權聯繫在一起，這種習慣勢力支配著、決定著擇偶標準。貴者世世爲貴，賤者世世爲賤的世俗觀，使人不能不受到強大的約束力，違律婚的當事人都要受到處罰。雖然有很多雙方當事人曾經努力掙脫這種違律婚，如卓文君與司馬相如的故事，畢竟都要經過相當程度的奮鬥過程，才得以成功地享受愛情的果實。這種門第思維，有其道理及思想觀念、生活習慣的合理性，但並非全然必須。到今日自由戀愛的時代，還是有些人依然有此「門當戶對」觀念。

5.忌婚齡太早

　　在結婚年齡上，歷朝歷代都有規定，現代民法也規定男女的結婚年齡，各民族也有它自己的忌諱。《千金方》等醫書都認爲「欲不可早」，男女性器官發育未成熟之前，過早的性器官交配，不但在心神上難以把握，對身體也無好處。客家山歌有句歌謠：「連妹愛連十七八，連著細細難勾惹[18]。」年紀太小，思想單純，行爲幼稚，生理上發育還不成熟，不知風花雪月，也不懂男女床第之歡，也承擔不了社會所應承擔的義務，即是此理。對女子來說，「未笄之年，天癸始至，已近男色，陰氣早洩，傷其血脈。」對男子來說，「過早與女子交歡，陽氣早損，且易衝動，傷其精氣，則易神色萎靡。」

6.忌歲數差3、6、9

　　在曆書上可看到婚齡的沖剋忌諱，漢族忌諱男女相差三、六、九歲，尤其忌差六歲，也忌女大男一歲，還有忌諱男女同年同月出生，所謂：

17　陳生編著《中國禁忌》頁70。

18　勾惹：關心、搭裡、引誘，在此有「理解」之意。音gieu´ ngia´/ gieu` ngia`。

「同歲不同月，同月子宮缺。」就是說同年同月出生的男女結婚，會影響下代子孫的繁衍。

男女雙方年齡不宜相差太多，嫁娶不宜過早或過遲，是有一定的合理性及科學性，按排序結婚也有一定的道理，是符合人的生理及心理需要的，且隱含先民某種禁忌亂倫的俗信。現在自由戀愛，按照排行婚嫁是不合理的，男女雙方都有晚婚現象，已無人遵守。至於3、6、9及女大男一歲不宜的忌諱，或許是荒唐而沒道理的，如今已大多打破。

7.忌生肖沖剋

漢族在婚配時很講究生肖的和諧與否，東漢王充《論衡》幾次談到十二生肖，據清代趙翼《陔餘叢考》考證，十二生肖之說起源於東漢，漢代以降，相生相剋之說漸盛，男女之間只能相生的屬相相配，不能找屬相相剋的對象，發展到清代，幾乎達到人人必遵的地步。

所謂「白馬畏青牛」、「豬猴不到頭」、「龍虎兩相鬥」、「雞狗必相爭」、「羊落虎口須提防」之類的相剋，成為婚配中無形卻又具有極大勢力的大忌，拆散不知多少的鴛鴦。最好的婚配稱為「上婚」，「青龍黑豬上等婚，男女相合親如賓」；其次為「中婚」，「紅蛇白猴滿堂紅，合婚相容樂融融」；再次為「下婚」，「青兔白狗古來有，合婚相配能長久」。

另外，在合婚時，民間還有避女屬虎、屬羊之說。忌諱女屬虎的俗信直接來源即是民眾「畏虎為患」。由於夜間的老虎常出來吃人，所以更忌諱屬虎又於夜間出生的女子。清代翟灝的《通俗篇‧直語補證》引諺語說：「女子屬羊守空房。」婦屬羊，這是民間流行的「眼露四白，五夫守宅」的說法在作祟。因為羊的眼睛「露四白」，於是屬羊的女子就倒楣了。不過屬羊屬虎的女子為便於婚嫁，一般都會把年齡多報一歲或少一歲改變自己的屬相，所以民間就有了「女命無真，男命無假」的俗諺。這些女子屬羊屬虎的禁忌沒有科學合理的分析與根據，今已被人斥為無稽之談，況且現在人人已有身分證，也無法虛報年齡，「女命有真」，議婚時

無法虛假。

8.納彩忌帶不祥的禮物

「納彩」即是男方請媒人到女家提親，提親時忌帶不吉祥的禮物。古時納彩忌用死的動物以避邪，常用活雁做為提親的禮物。就是有些地方送雞、鴨活禽作為提親禮物，也是要活的。因為婚姻是人生大喜事，與死聯繫起來太不吉利了。據傳說，雁一生只配偶一次，失去配偶，終身不再配對，納彩送雁即取婚姻忠貞不二之意。現在提親已無人送活禽或動物，但也要送名稱聽起來較為吉利、好聽的禮物，避免送「梨」這樣的水果，諧音「離」，使人一聽就覺得不吉利。

9.問名後忌不吉

以前男女相親除了測算生辰八字是否相配？年齡、生肖是否相合以外，還要經過一番「神試」，即是將男女雙方的年庚（庚書）擺在神桌上，或香爐、灶前，經過三日家中一切平安，才可議婚。這三日內忌諱發生如碗破、畜亡、人病、天災等不吉利之事，如若發生，則這門婚事即告吹。時至今日，「試年庚」習俗已完全形式化，成為定婚前的一種禮儀而已。

10.納吉忌單數

「納吉」是議婚最後一項，所謂「納吉」，就是把問名後通過占卜得到的合婚消息告知女方的一種禮儀，這是定婚前的主要儀式，稱為「送定」，同時議定「定婚」日期。納吉禮數必須是偶數，忌單數。如出現單數，意味著結婚後會失去一方，造成喪偶的災難。不然也會使人產生「孤單」的聯想。現在定婚前過程已大為簡化，無單獨納吉的習俗，送定即定婚，同時「納徵」。

二、定婚禁忌

各民族有各民族的禁忌，有些民族如布農族定婚那天如果打雷，對他們來說是惡兆，這種物象被認為是災禍，為防萬一，只好解除婚約，為其

天象禁忌。客家人昔時定婚日必須要選（農曆）「雙日」之吉日，反映了民間「好事成雙」的心理。到了定婚當日，男方準備彩禮前往女方定親，許多的忌諱，爲的是**趨吉避邪、消災去禍**，求得婚後幸福。

1. 納徵禁忌

定婚當日，男方到女方準備的彩禮，包含聘金、首飾、紅包、禮物等，聘金即是古時的「納徵」，納徵又稱納幣，稱爲「大聘」。首飾包含給女方的戒指、項鍊、手環等，紅包主要有「攜儀（引鳳）、簪儀（挽面）、盥儀（招待）、廚儀、茶儀、端儀[19]」等六禮，以及禮物主要有喜餅、果包、茶葉、金香炮燭給女方主人，以上禮儀皆要雙數，主要是希望成雙，避免不幸的事發生。客家習俗通常是聘金、首飾、紅包、喜餅、禮物都送「雙」定婚完成，女方回贈以六個或十二個喜餅及十二項衣飾金飾等，另需退一份果包、茶葉、金香炮燭等給男方。

2. 人數禁忌

男方前往女方定親人數以雙數10～12人爲宜，且以成年較佳，避免未成年小孩，主因是小孩尚未成熟，不知禮數，恐至新親戚家犯錯失禮外，與人不夠莊重的感覺。

3. 禁踏門檻

門檻是進入人家的首道圍牆，有句話說：「折了門檻便無內外。」經過門檻必須跨過，不可踩踏，若踩在門檻上，亦即侵踏門戶，是極爲不禮貌的行爲。

4. 牽新娘禁忌

在定婚儀式上，「牽新娘者」宜選身體健康、福智慧貞的「好命婆」，忌諱屬虎、姑媽、病後或年輕婦女。

---

19 「攜儀（引鳳）、簪儀（挽面）、盥儀（招待）、廚儀、茶儀、端儀」等六禮，非古時結婚之六禮，是定婚當天給女方的六個紅包，是給婚當天服務人員的禮儀。攜儀又稱「引鳳禮、牽新娘禮」、簪儀又稱「挽面禮」、盥儀又稱「招待禮」、廚儀又稱「廚房禮」、茶儀又稱「端茶禮」、端儀又稱「端菜禮」。

5.喝甜茶禁忌

　　啓動定婚最重要的時刻爲「喝甜茶」時間，男方父母坐於最上座，然後依序到最後爲「準新郎」。牽新娘的好命婆從房中引出「準新娘」，準新娘從「準公婆」開始依序奉「甜茶」到準新郎，此時媒婆可在旁說讚詞或四句聯語。氣氛雖是喜氣洋洋，切莫大聲嘻笑，也禁止小孩在其中跑動，以免有所衝撞。約莫數分鐘後，再由好命婆引著準新娘依序收回茶杯，喝者將紅包置於杯中，稱爲「砧茶盤[20]」。必須小心翼翼放回茶盤，切忌放好，不可傾倒。

6.宴席禁忌

　　在定婚宴席上，閩南人在準新郎、新娘敬酒過後，約莫到三分二過後，或於出「魚」這道菜之後，必須偷偷的離去，忌諱告訴女方離去的訊息，也意謂著不要說「離」，認爲「不可把人家吃光」；客家人以爲無所謂，到宴席結束再離去才「圓圓滿滿」。

三、定婚後禁忌

　　定婚至婚禮期間，還有很多的禁忌，期望婚禮進行圓滿順利。定婚過後，接著「請期」，請期是古所謂六禮之一。男方決定婚期以後，將「婚期吉課」託媒人送至女家，求其同意，謂之「送日課」，並送上一紅包，稱爲「覆課禮」，此覆課禮是女方接獲男方婚期吉課後，將此吉課請擇日師再行覆課，看是否可行之禮金。萬一不同意婚期日課，即應請媒人通知男方再「請期」。

　　爲免彼此來回舟車勞頓，通常男方在請期時，會請女方在「覆課」時，若不同意男方請期吉課，會同意女方自行請擇日師再選擇吉日，通知男方婚期。

---

[20] 砧茶盤：定婚時準新娘或結婚當天晚上喝新娘茶時，新娘端甜茶，喝者喝完茶，回贈紅包，放入茶杯內，讓新娘收回。砧，壓，音zagˋ/zag。

1.請期禁忌

婚期吉課以全紅柬上記述著新人何時沐浴？何時上轎？何時合巹？沖犯、刑剋之辰。進行覆課，主要是因為要看送來的吉課有無沖犯女方父母翁姑等，還有很重要的事，是否逢新娘的生理期，女方遇生理期不能洞房花燭。所以婚期除了要吉日以外，對於年、月、日都有忌諱的規定。

⑴ **禁忌的年份**

年份，客家稱為「年房」，民間結婚安排在哪一年是有選擇的，有些「年房」必須忌諱，以趨吉避凶。漢族有很多地方認為沒有立春那一年不能結婚，因為沒立春那年稱為「寡年」，「寡年結婚不養崽」。對於雙立春哪一年就各地不同，有些地方認為「雙春雙喜」，這年結婚很好；有些地方認為「雙春喜沖喜」，認為這年結婚不好。白族認為在自己屬相那年結婚不好，以避免傷了自己的「本命」，也就是男女雙方在二十四、三十六、四十八歲不能結婚。閩南人認為二十九歲不能結婚，因為這年是「孤鸞年」，結婚易「孤鸞」，恐怕不能白頭偕老。客家人沒有這項禁忌。臺灣閩客族群若直系血親長輩去世，晚輩如有已定親事的對象，必須在百日內完婚，以「喜沖喪」，不然要等一年以後。

⑵ **禁忌的月份**

很多族群有忌諱某些月份不能結婚的忌諱，譬如漢族、佤族及其他一些少數民族忌諱在五、七、九月嫁娶，說這幾個月是「惡月」，鬼魂出沒，嫁娶不宜。傳統的結婚期，理應選在天地交泰、陰陽合德、桃之夭夭、灼灼其華的春季。《白虎通》亦提到「嫁娶必以春」，但臺灣屬亞熱帶氣候，春季似乎非結婚旺季。一直要到第二期稻作收割之後，才是結婚好季節。臺灣閩南人甚至忌諱在四至九月嫁娶，為什麼會有這忌諱？民間諺語說得很明白：「四月死日，五月差誤，六月娶半年，七月娶鬼某，八月娶土地婆，九月狗

頭重，死某也死尪。[21]」這種忌諱看似取決於人們的吉凶觀，表面
上諧音聯想，實際上則是根據農忙農閒與季節變化關係而約定俗成
的。客家人很多人結婚的月份，是依女子生肖的「婚禮吉課」上書
「大利月」與「小利月」來議定嫁娶月份，唯七月鬼月大部分也避
之，昔時客家人以為年尾農閒之時為較適合結婚的月份，符合傳統
上「有錢沒錢取個老婆好過年」的觀念。

(3) 禁忌的日子

很多少數民族忌諱單日結婚，所以七月七日雖是中國情人節，但有
很多地方還忌諱七月七日結婚，反映了民間希望夫妻相伴相隨的俗
信，不要像那牛郎織女長期分離，一年才相聚一次。對於古代男耕
女織、自給自足的時代，夫妻長期分離是夫妻間的不幸，也是家庭
的災難。就是現在工商業社會，夫妻間長期分離，也是不幸，更是
造成家庭子女教養，夫妻感情破碎的最大因素。有些民族禁忌在某
些特定的日子不能結婚，譬如哈尼族忌諱在日蝕或有月蝕時結婚，
以免生出六指、或是缺嘴兒。有些民族忌在「本命日」結婚，以免
傷了自己的本命。

客家人定婚忌諱單日，必須要雙日。傳統上認定「定婚」之後，女
方已是男方的人了。接下來結婚日期的議訂，因客家俗語有言：
「初一行嫁主再嫁」，「彭祖百忌」又云：「亥不嫁娶，不利新
郎。」所以除每月「初一」、逢「亥日」忌嫁娶外，不忌諱單日，
只要符合新娘「大利月」、「小利月」之日課大吉日，不與父母相
沖之日即可迎娶。

俗言：「騎馬拜堂，家破人亡[22]。」結婚雖是大喜扮紅之日，但忌
諱「撞紅」，所以請期前看吉課時應請擇日師避開經期，以免「洞

21　林明峪著《臺灣民間禁忌》頁47。
22　「騎馬」意謂「帶月經帶」，指女子月經來潮期間。

房花燭夜」無法行周公禮。

另外，婚期應避「四立四至」及「四絕四離」日，此十六日為季節交換之日，養生家以為應戒房事，自然不宜結婚。「四立」為一年之中的立春、立夏、立秋、立冬，其前一日「絕日」，「立春則冬絕，立夏則春絕，…」，所以一年有「四絕」日。「四至」則包含春分、秋分及夏至、冬至，其前一日稱為「離日」，所以一年之中有「四離日」。「四立四至」、「四絕四離」日在黃曆上經常看到「日值四絕（四離），大事勿用」，是一般擇日忌用的日子。所以，結婚是人生一生中的大事婚期自然應避開在這幾日。

2. 禁與其他異性接觸

女子一旦定了婚，不管那個民族，傳統習俗上就認為已是男方的人了，再也不能與其他異性談情說愛、打情罵俏，男子也絕對禁止勾引已定或已嫁之女子。

現代自由戀愛時代，法律上雖說定婚之後還非夫妻，但一般人在道德上還是認為男女方不宜再與異性過從親密的接觸。

3. 婚紗不留袋

定婚後要製作婚紗，以備結婚之日穿著。客家人的婚紗，不可有口袋，客諺有云：「好子毋使爺田地，好女毋使嫁時衣」，不帶走娘家任何物品，結婚以後靠自己努力打拼。

四、婚禮禁忌

「親迎」又稱「迎親」，昔時客家人所居之處，多半於山野丘陵，或是田間聚落，娶親需隔山嶺，跋山涉水，或至遠地城市，交通不便，路途遙遠，抬轎亦不便，所以經常於迎親之時，新郎並未親迎，只派媒婆帶領迎親者「彩禮[23]」到女方家迎娶。而喜轎亦經常從女方家附近請得。辭

---

23 彩禮：包含迎儀（迎接接待禮）、水儀（盥洗奉茶禮）、裁禮（裁衣禮）、容儀（挽面化妝打扮禮）、鬢儀（做頭髮掛羅帕禮）、袂儀（姊妹禮）、書儀（文章收禮）、祀儀（司祀請神送神

祖時，新娘於吃過姊妹飯後拜祖先（若新郎親迎，則與新娘同拜新娘祖
先），男方給女方祭祖的喜餅一般爲十二個，女方回贈以六個及十二項衣
飾金飾等。新娘辭祖之後，跪別爺娘，由兄弟背負上轎，再由媒婆及迎親
者、「且郎頭[24]」領著送嫁者、新阿舅等，帶著祖婆雞一對、五種[25]（圖
9）、嫁奩等護送新娘到男家，完成婚禮。五種爲「帶葉芋、蓮蕉、長命
草（或韭菜）、穀種、豆種」，帶葉芋象徵「落地生根」，蓮蕉象徵「多
子多孫」，長命草象徵「長命富貴」（韭菜象徵久久長長或快快生子），

圖9　傳統婚禮中女方送男方的五種：圖中圓盤內從左至右爲：帶葉芋、蓮蕉、長
　　　命草、穀種、豆種等，旁爲嫁妝店贈送的針線置於籮篙內攜帶到男家，也可
　　　於定婚時先送。

禮）、廚儀（廚房禮）、燃儀（點燭禮）二個、攜儀（牽新娘禮）等12禮。阿婆菜二（內外祖母
禮）、哺儀（肚痛肉）、豬臂（不能去豬蹄）、轎心粄（轎心「斗」圓）、牲儀（拜祖祭品）、轎
儀（替新人開轎門）、「金香炮燭」二、禮餅十二、喜糖、茶葉（香味）、酒甕禮（酒一打或六
瓶）等敬祖禮品，酒壺雞（母舅禮，海陸人才有）。

24　且郎頭：結婚時女方陪嫁者的領隊，總理一切送嫁的事宜。且，音qiaˊ/ciaˋ。

25　五種：帶葉芋兩顆，意謂「落地生根」；蓮蕉兩顆，期望「多子多孫」；長命草（或韭菜），意謂
　　　「長命富貴，久久長長或快快生子」；穀種一包，表「農事」，象徵新娘可爲男家繁衍子孫」；豆種
　　　一包，表蔬菜、象徵新娘可爲男家瓜迭綿延」等，置於籮篙內攜帶到男家，也可於定婚時先送。

穀種代表「農事、做種」、豆種代表「蔬菜、做種」。因此，為求得婚禮順利圓滿，婚後吉昌發達，夫妻白頭偕老的用意，婚前的禁忌及婚禮當日禁忌也不少。

1. 安床後忌空床

依娶親日課，婚前數日將床席鋪上新床，稱為「安床」，掛上新床蚊帳，稱「合帳」。此後至結婚前晚，需命未婚男孩睡於該床，不得空床。

2. 迎親禁忌

有些地方，如閩西客家地區，在夜深人靜之時迎親，還敲鑼打鼓、燃放鞭炮固然是為了喜慶熱鬧，也有驚嚇在山中的野獸，尚有驅鬼避邪作用。

在臺灣地區客家迎親，迎親之時不空轎，為使轎夫抬空轎不搖晃轎子，以使新娘安座，所以在轎內新娘座椅中心上放個「轎心粄」，到女家時讓女方檢驗是否破裂或損壞，確定無損後挖取其邊緣部分，讓貼有「八卦」或「雙喜」字樣的圓心部分，交由「且郎頭」帶回男家。

迎親起始時間，依來回時程而定，大都選在早晨良時啓程，稱為「起馬」。起馬先要放鞭炮，遇過橋、路途轉折之時也要放鞭炮，到離女家附近時也要放鞭炮，示意通知女方，迎親隊伍已至，女方也以放鞭炮表示迎接，增添喜氣熱鬧。現代電子設備極為方便，沿途不燃放鞭炮，敲鑼打鼓、吹嗩吶的熱鬧現象早已消失。在將要到達之前，先以電話聯繫，或是用line相傳再燃炮。女方已掛好鞭炮，聞炮聲即點燃，營造歡迎熱鬧景象，放鞭炮只成徒具形式。

迎親人數，必須單數，因為當迎回新娘之時，才會成雙成對。帶到女方家的紅包12禮及其他禮物，則需雙數。

3. 送親禁忌

在渤海灣一代，有「姑不娶、姨不送、舅媽送、一場病」的俗諺，為了諧音「孤」、「避病」，所以禁止女人送了。以前禁止「姑姨、舅媽」等女人送親的習俗，根源於對女人的歧視。另一方面可能源於女人所具有

的特性：心腸軟且感情脆弱，看見親人嫁出不免出現悲傷情感而落淚，對嫁娶不吉。另外，亦不准孕婦、寡婦送嫁，孕婦大腹便便有損自身的安全，容易使人產生出新娘未婚先孕為不貞潔行為的想法；寡婦更給人有一種守寡的悲劇感覺，所以民間這種禁忌往往是一種對某人好惡的感受或聯想。

「送親」，客家稱「送嫁」，送嫁之人，稱為「且郎」。送親之時，「且郎頭」，總理一切送嫁的事宜。以前新娘坐轎時代，送親之人，必須徒步擔負嫁妝到男家，需要粗壯身材與力氣，方足以膺擔重任，所以送嫁者大都為男性，多半是女方家長的朋友或鄰居，回程之時，男家會贈送一個紅包以為答謝。客家無新娘的長輩送嫁之俗，「天頂雷公，天下母舅公」，「姑姨、舅媽」都是長輩，自然就無送嫁了！「寡婦、孕婦」為其安全與寡的聯想，自然不宜送嫁。

現代全都改用轎車，嫁妝不用人力支援扛挑，且送嫁妝之俗已逐漸改變，送親者不論男女都可，大都為新娘同輩的兄弟姊妹、同學。送嫁者裝扮得華麗整齊，坐著轎車送嫁到男家，備受男方「新親戚」禮遇招待，回程尚有小紅包一封答謝。

4.送親途中禁忌

沿途忌轎窗打開，避免新娘頭紗被風掀開，新娘之頭紗，必須進入新房才由新郎揭開，以示白頭偕老。

忌婚嫁行列相遇，謂之「喜沖喜」，媒婆趕緊取下新娘的簪花，與對方交換，謂之「換花」。但黃道吉日必然多家喜事，客家地區的新娘出嫁，必然會多帶幾個「紅包」，若遇「喜沖喜」時互換紅包，互相恭喜。

更忌諱的是遇到送葬行列，認為大不吉，稱為「凶沖喜」，若是來迎親碰上這種事，有些喜家可能取消迎親，擇日再迎娶或繞道進行。若是送親半途遇上，如何處理？多半都會繞開以避之。

5.下轎（車）禁忌

新娘下轎時，必須以八卦米篩遮撐，忌「見著天」；踏過之處，必須

鋪以紅毯或木板，忌其「踏著地」，表示「頭不見青天，腳不踩青地」，以避邪和觸怒天地鬼神，順利結親。

習俗傳至現代，不論沿途是否有遇到什麼？為了避邪，新娘下禮車需以米篩遮頭，下鋪紅毯至堂前，採燃燒抹草中的瓦片，有人以為是抑住新娘氣焰，不讓她公然踩進來，其實是禁忌的作用流傳。

6.忌進堂踩門檻

廳堂門檻前置火盆，內放檀香、茅草、瓦片燃燒，讓新娘踩瓦片跨過門檻（亦有不踩瓦片），謂之「過火盆」。過火主要是破煞，辟邪昌望，期能一舉破瓦弄璋。此時，不但新娘忌踏男家門檻，所有送嫁者都不可採門檻，閩南媒婆則在旁念：「跨得過，食百二歲。」客家媒婆則說：「跨過門檻到廳堂，夫妻和合百年長。」

7.婚禮拜祖禁忌

到了廳堂拜祖，客家婚禮與北方傳統的「一拜天地、二拜高堂、夫妻交拜、送入洞房」的程序不同。只新娘與新郎兩人持禮香，父母及親族在旁，由新郎之伯（叔）、舅各一人點燭後，各講點燭四句。

伯（叔）講四句，如：「龍燭雙雙照廳堂，夫妻雙雙來拜堂；來年雙生富貴子，早生貴子狀元郎」，接著一同敬拜祖先。敬拜祖先時，即是新郎、新娘拜堂。新郎、新娘隨著伯（叔）講的四句：「一拜祖先在高堂，二拜乾坤福壽長；三拜三元生貴子，榮華富貴發其祥。」向祖先三拜，即完成拜堂程序。

敬拜祖先，忌超過午時、忌諱燭火熄滅，禁小孩在旁嬉戲，非常莊嚴而隆重。

8.入房禁忌

拜祖後，新郎引領新娘進入洞房，謂之「入間」。姑與孤同音忌諱，虎則令人做投射聯想，所以傳統以來「姑」字輩及屬虎者忌入新房。入房後，新娘坐於床沿，由新郎以雙手掀開新娘頭紗，完成婚禮程序。

9.忌撕化妝臺蒙鏡之紅紙

　　新房梳妝臺之鏡子須用紅紙蒙之，不僅新郎新娘不能用，也不能照到他人，主要原因無非是希望求個「永結同心的好兆頭」，在四個月之後方可撕去。這樣的禁忌，不外乎是希望每當新人走入新房，看到醒目的紅紙時，時時刻刻提醒自己已經走入婚姻，從此就要忠於伴侶，安分守己的的一種暗示。[26]」若如此覺得不方便，可自備一小鏡，記得用畢立即放入抽屜放好。如果真的覺得還太麻煩，又想要保住好彩頭，可於三朝過後的一晚，夫妻兩人攜手將紅紙撕下，讓兩人同時入鏡，表示這段姻緣只有彼此，並無他人。

10.不收媒人、先生禮

　　雖然諺語說：「婚後媒人丟過牆」，但宴客時，不管是「真媒」或「便媒」，媒人禮不能收，且要有「謝媒禮」。先生禮（包含命理師、老師）也不可收，只收其紅包袋即可，現在人不明瞭，一律照單全收，是非常沒禮貌的事。

11.新婚不互送禮

　　新婚其若遇親友同時新婚，民間通常不互贈禮儀，亦即互不包禮，以免喜沖喜。

五、婚禮後禁忌

1.首次歸寧忌日落後回家

　　以前婚後首次歸寧，不似今日婚後第二天、第三天就和夫婿回娘家。首次歸寧必須在「邐三朝」之後由新娘的兄弟，亦即「妻舅仔」，到男家來帶路，才可回娘家。所謂「邐三朝」就是出嫁的第三天，女方父母派親戚或兄弟，到男方家看望出嫁的女兒或姊妹，表達娘家的關心。所以新嫁娘首次回娘家最快是在第六天了，也有十二天、滿月才回娘家的。不過回

26　春光編輯室編《不知道會被笑的66個禮俗禁忌》頁51，臺北：春光出版，2014。

娘家除遠地外，不但不能在娘家過夜，必須在夕陽未下山，炊煙未起之前回到家，這樣表示新娘的心已向夫家，才能得到公婆的喜愛，如果太慢回家，可能會觸到家人，被家人厭惡。

2. 婚禮後不收賀禮

新婚送禮，多半在婚前或當天致送，不宜在婚後送。一般人在婚後亦不再收禮，以免被誤為重婚。

3. 新婚四個月內不參加他人婚禮

這項禁忌如同前項新婚不互送禮一樣，來自「喜沖喜」的觀念。結婚既然是人生中一大喜事，凡事就應該更為謹慎，凡事不能太盡，通常四個月內都要特別小心。先父曾告訴筆者，古時新婚四個月內，不能外宿，若要外宿，床上也要擺上新人的衣服作為替代。另外，新人在這四個月也不能看戲娛樂，若兄弟要結婚，也要相隔四個月以後。

4. 新嫁女不宜與異性同席

《禮記・曲禮》：「已嫁而返，兄弟弗與同席而坐，弗與同器而食。」為何？鄭玄注曰：「皆為重別，防淫亂。」古代女子社交圈極小，偶爾僅能接觸到的只有堂兄弟、表兄弟，甚或隔鄰男子，在他們之間很容易產生愛戀之情，因婚姻不能自主，往往嫁非所愛，心中鬱積，若在與舊時相遇，很可能把友情昇華為愛情，所以已嫁女子回門時的接觸也嚴加防範。

現代男女生活圈擴大，自由戀愛時代，婚姻全是自主結合，已非古代父母之命、媒妁之言所能支配。不過新嫁女由於新婚期間，丈夫未同行之時，仍不宜常與異性同席，以免給人負面的聯想。

「民俗」是人類約定成俗的生活過程記錄，各地奇婚異俗，筆墨無法詳盡。臺南婚俗嫁妝中還要有一對6-8兩不等的金棺材，象徵著「連女兒的棺材錢都準備好，不麻煩夫家」，而且一旦女婿未來要創業等，這也等於是娘家給的「棺材本」[27]。新竹是客家地區，以前某前縣長娶妻的嫁妝

---

27 張耘書，鄭佩雯著《臺南嫁娶禮俗研究》，臺南市文化局出版文化叢書，2019.8

之一竟然也有一副棺材，說的同樣是的話，以現代觀點而言，不就觸犯了禁忌嗎？故現代客家已無此俗矣！

曲禮云：「禮從宜，使其俗。」禮所以從宜者，有因時制宜，因地制宜，因人制宜之處，因而須適應時代環境而改變。時到今日，現代客家婚俗亦因時代環境的改變，出現甚大的變化。現在定婚、結婚常有同日舉行的，但仍分段舉行，亦即定婚後男方先離開女家，在外邊稍待片刻再入門迎娶，紅包禮品卻不能少。婚宴之時，愈來愈少人在家辦理宴席，多半於飯店辦理。由於民法的修訂，現代婚姻採取登記婚，愈來愈多的新婚夫妻採取登記婚，先婚後再辦理儀式，甚至不辦宴席請客，相關婚禮習俗、禁忌已拋之腦後，愈來愈淡化了！

第四節　喜慶禁忌

喜慶包含生日壽辰、新居落成、中獎或其他得意的事情。尤其是生日、新居落成等都是家中大喜的日子，要求大吉大利，恆久安康，自然就有一些禁忌，期得平安無事，延年益壽，居住安定。

人的一生中，最大的期望是追求「五福」的幸福人生，何謂五福呢？一般人多認為是「福、祿、壽、喜、多子多孫。」其實其來源最早應推至《書經・洪範》：「一曰壽、二曰富、三曰康寧、四曰攸好德、五曰考終命。」後來因為避諱，東漢桓譚於《新論》第十一〈離事〉（應是「雜事」）將它改為「富、壽、貴、安樂、子孫眾多」。現代陳伯達居士所著的《五福臨門》認為「第一福是『長壽』，第二福是『富貴』，第三福是『康寧』，第四福是『好德』，第五福是『善終』」。

禍福與共，有人把「考終命」與「多子多孫」都加上，成為「六福」，說是「名、利、壽、安康、善終、多子多孫」。「六福」相對於「六凶」（六極），即「凶短折、疾、憂、貧、惡、弱」。一般人都認為「壽命」是最重要的，所以從出生滿月即開始慶生了。所以有人把五福說

成「福、祿、壽、喜、考終命」，其實這「喜」包含了金榜題名、升官發財、獲利增益、新居落成、得子慶生、中獎得祿等等，都是讓人興奮得意，喜出望外之事。在書經的五福中，重要的「攸好德」反被世人輕忽。

一、壽慶禁忌

人自出生開始，就一連串的壽慶活動。最早是嬰兒滿月慶生，稱為「做滿月」，古時重男輕女，大都要生男孩才能舉行「做滿月」。生了男孩，客家一般民俗要送「雞酒」給外婆和媒人，表達致謝之意，外婆收了這雞酒之後，就要聯合其他親戚送些禮物來「喝滿月酒」。做祖父母的也會邀一些親朋好友來吃滿月酒。

外婆多半會送戒指、項鍊、背帶、帽子或布匹，在吃飯時當眾將此禮物掛上外孫的手上或頸上，同時講些四句好話，如：「骹鍊團團圓，壽像彭祖年；買田買過縣，入學做狀元。」到了吃完中飯，外婆就會抱出去走走。新竹關西就曾經有這麼一個故事，說某家小孩做滿月，外婆抱其外孫在庭院走動時，恰巧老鷹飛來在庭院上空盤旋，眾人以為不祥，可能會嚇及嬰兒，趕緊叫外婆把小孩抱入屋中，外婆卻說：「鷂婆[28]飛高高，五子五登科；鷂婆飛低低，嬰兒插金釵。」化解一時的驚嚇，然後慢慢的把嬰兒抱回屋內，贏得熱烈的掌聲。

滿月慶生完畢，通常會送「紅蛋」（通常是六個）給親友帶回，現在「滿月慶生」傳統的請「滿月酒」方式已經逐漸式微，改以送油飯、紅蛋或滿月蛋糕到親友家。

過去有些客家地區，嬰兒出生到一百天，俗稱「百歲」，絕不可說「百日」。外婆會帶來肚兜、鞋襪和雞蛋，肚兜上印有「長命富貴」字樣。午飯過後，也有類似現代「抓週」活動，叫做「摸百歲」的習俗，生男生就拿些弓箭紙筆、書籍酒壺、糕餅寶盒、銀錢算盤等，生女生就擺些

---

28 鷂婆：老鷹。鷂，音ieu poˇ/rha po。「高、科」二字同韻，「低、釵」二字同韻。

剪刀針線、珠寶玩器、妝盒尺板等，擺在嬰兒面前，讓嬰兒看他撿哪樣？以試其廉貪智愚，未來職業預向等等，如先摸酒壺，就以爲這男孩將來長大會喜歡喝酒，若先拿寶盒，就以爲將來會喜歡賭博。

　　出生滿四個月，外婆會買一些餅乾用紅繩繫住，掛在脖子上，以便小嬰兒隨手吸舐，稱爲「收涎[29]」，意思是嬰兒到了滿四個月經常會流口水，世俗以爲只要給予吸餅乾，即可防止口水直流。並說些吉祥話，如：「口涎收到燥燥燥，大了賺錢賺到使毋燥；口涎收到淨淨淨，下擺讀書做事一等慶。[30]」

　　孩子出生到了滿一歲，就要「做對歲」，辦酒席宴客，外婆會送鞋襪、褲子、雞蛋等給外孫。現在嬰兒周歲時，雖然外婆也會買些禮物送給外孫，但「做對歲辦喜宴」的傳統方式也已經式微，漸漸流行起「抓週」活動，家長或許會參加社團辦理的「抓週」活動，或是家長向有關商行借來「抓週」器具在家中自玩「抓週遊戲」，以此試看嬰兒未來的定向。

　　小孩到「二週歲」稱「三歲」，傳統稱爲「新生日」，家中長輩也會邀外婆等親戚來家中做客，只是規模沒有做滿月、做對歲熱鬧，但這項活動現在已經完全絕跡。之後一直到六十歲，所有的生日都是「小生日」，孩童未成年時是由母親在早上起來簡單地「和麵線煮個荷包蛋」，幫小孩慶生。到了成年，則自己或家人煮了個蛋摻麵線，或是弄些豬腳麵線吃吃便罷了。現在則是生日時或生日前，在晚間買蛋糕、吹蠟燭、許願，唱生日快樂歌，或到餐廳，歡歡喜喜慶生。

　　男生到三十一歲，如果已經結婚，則由岳母來幫女婿慶生，稱「做三十一」，表達「女婿是半子」的關懷。如果女生嫁了之後的第一個生日，公公婆婆按民俗通常會幫媳婦慶生，稱「做新生日」，邀請親家來作客，表達把媳婦看成「親生女兒」來疼愛。

29　收涎：收口水，過去也寫成「收瀾」。音suˇ lanˊ /siuˋ lanˋ。

30　本句吉祥話的意思為「口水收到乾乾淨淨，長大賺錢賺到用不完；口水收到乾乾淨淨，將來讀書做事相當棒。」

之後，直到六十一歲才做大生日，做大生日通常由兒子具名發柬，上寫「家嚴或家慈某年某月某日六秩（七秩、八秩、九秩）晉一壽辰桃酌敬請」，下書「承慶男某某鞠躬」。六一壽辰，昔時女兒爲父母製好送壽衣的習俗，稱爲「添壽」。壽辰前晚，有些講究家庭還會祭拜天公，感謝上天，求上天賜福，期望爲父母益壽延年。壽辰之日，一一拜壽，非常隆重。宴客完畢，分送拜壽之親友禮物。高壽之人，還會備有磁碗致贈，並印製「家嚴或家慈八（九、百）秩晉一壽辰紀念，承慶男某某敬贈」字樣。

所以壽慶在以前是非常重視的喜慶，壽慶之時也存在著很多禁忌。

1.逢九不做生日

九是陽數之終極，俗信年歲到九必然是一關卡，也是忌諱的年齡，這一年必須低調過活，以安然度過這一年爲要，所以這逢九之年不做生日。

2.六十之前不「做大壽」

未滿六十不能稱「壽」，所以，客家人在六十歲之前，通常不「做大壽」。做大壽要「做出頭」，即首次做大壽在六十一（亦即「年滿六十」），再後是七十一、八十一、九十一、一〇一、…等高壽才能做大壽，其他每年生日仍爲小生日。不過，一些有錢人家或官宦之家也會「海派」一些，提前在五十一歲就做大生日。

3.忌生日延後

習俗上，幫長輩提前過生日稱爲「暖壽」，在生日當天慶生稱爲「過壽」。有時爲了避開忌諱，或是幫長輩度過難關，便會提早幫長輩「做生日」，若是延後便沒有意義了。因此才會發展出「生日只能提前過，不能延後」，以及「生日延後會折壽或倒楣」的說法。

現代人年輕人普遍把慶生當作一件很重要的日子之一，但工作忙碌，經常時間無法配合，多半會把時間提早，若是忘了想彌補的話，也可問他農曆生日，傳統上以農曆生日爲主，如果在農曆之前都算是提前慶生。如果壽星眞的很在意生日過後收到禮物，也可給送禮之人一塊錢，象徵這禮

物是購買來的，不是送的，避免心中起雞皮疙瘩。如果還送生日蛋糕，就別唱生日快樂歌，當作飯後甜點吃了算了，這樣也是一種不錯的化解方法。

4. 忌說不吉利的話

　　人逢喜事精神爽，在壽辰慶生、新居落成等喜慶之時，一些不吉利的話自然不能說出，避免觸人霉頭。要說一些吉祥如意的話，例如「壽比南山」、「福如東海」等等的吉祥語。

5. 祝壽忌送鐘，祝賀新居落成不忌

　　壽辰慶生祈身體康健，壽比南山，因「鐘」與「終」同音，北方官話區忌諱同音而忌於壽辰慶生時送鐘，客家雖然沒有「送終」這樣的名詞，但一般人也不會在做生日時送鐘給壽星。但是在慶人新居落成時卻沒有「送鐘」的忌諱，在新居落成時，掛上一鐘，貼上紅字條慶賀還喜氣洋洋咧！

　　給老人家過生日，我們常常會稱為之「祝壽」。自古以來，老人長壽均有雅稱：60歲「下壽」稱花甲之年，70歲「中壽」稱古稀之年，80歲「上壽」稱朝杖之年，90歲稱鮐背之年，100歲稱為期頤之年。此外，根據漢字字形，為老人祝壽還有另一種說法：喜壽77歲，因草書喜字看似七十七；米壽88歲，常說：「何止於米？相期以茶。」因米字看似八十八；白壽99歲，因百字少一橫為白字；茶壽108歲，因茶字的草字頭代表二十，下面有八和十即八十，再有一撇一捺又是一個八，加在一起剛好是一百零八，故稱的老人稱為「茶壽」。其他還有蓍壽70、80歲、耄壽80、90歲、嵩壽90歲以上、耆壽等不同說法。

　　據說，著名學者、北京師範大學教授吳師敬先生在他岳母88歲大壽時，曾作了這樣一副賀壽聯：「今朝賀米，指日恭茶。」簡單八個字，卻有深刻意義：米、茶分別指米壽和茶壽，今朝恭賀岳母八十八生辰，更待他日一百零八歲壽宴再聚。寓意吉祥，妙趣橫生。

二、其他喜慶禁忌

　　除了壽慶之外，其他喜慶包含新居落成、中獎或其他得意的事情，但時至今日，安土重遷的心理，在臺灣這海島之疆，工商發達與國際接軌之際，逐漸轉變，隨時換房機率大增，紛紛從農村奔向都市，從傳統三合院走向高樓大廈，「新居落成」已成「喬遷之喜」，「買棟房子」而已，非常低調。所以，移入新居時，不請客、不慶祝、也不放鞭炮，較爲傳統的觀念仍會看個吉日吉時搬家入居，找個吉時「開灶」生火。有些人甚至找個假日即可，很多禁忌已拋諸腦後。

　　時至今日，一般人已很少做大壽，只存家族團圓聚餐，餐後吃吃蛋糕，分享高壽的喜悅而已，至於祭拜天公的習俗，大都早已消失，有些人戲說害怕慶生被閻王知悉年齡，更低調得不敢張揚了！

　　至於中獎，禁忌則是不可說、不敢說、不能說，隱晦於心裡則可。若是得意之事，諸如高中、升遷，昔時多半「豬嬤落菜園—大噴[31]」，敬祖拜神、宴請賓客，大事慶祝一番，今人反成禁忌，不願大事宣揚，

第五節　喪葬禁忌

　　舉凡人事上的一切災厄，諸如貧窮、疾病、飢餓、兵燹、牢獄、折磨、車禍等都屬凶事，而凶事之最，莫過於死亡。人之所以懼怕一切厄運，爲禁忌形成的背景與原因，但此一厄運的最終，仍逃不出死亡這一關。常說：「無禁無忌食百二」的人，可是在遇到死亡關卡之時，大概也無法那麼坦然地說「百無禁忌」了吧？死亡是一切災厄、凶事的總源頭，人們總是恐懼這些災厄、凶事臨頭。也由於有死亡做襯底，也因爲恐懼，世間一切的災厄才顯得可怕，恐懼也就促使禁忌流傳的原動力。

　　自古以來，無有人不畏懼死亡，既然人們認爲死亡是最大的恐懼與最

---

31 豬嬤落菜園—大噴：客家俚語（歇後語），母豬跑進菜園，會用嘴大事噴掘泥土，意指「大事張揚慶祝一番」。

大的禁忌，譬如之前的節令篇提過新年絕對忌諱談死與鬼，本章生命禮俗篇「婚姻禁忌」裡談到忌諱帶孝者去探新娘房，「產婦禁忌」裡談到忌守孝者探視產婦嬰兒等等，都是訂定了一套嚴密的避凶與趨吉的措施。

　　從人類的進化上來看，應該是避凶在先，純粹是人的本能，然後才有趨吉之舉；至於趨吉，則是禮化了儀式，亦即以禮來達到避凶的目的，所以喪葬儀式乃是以一套禮儀來為了避死趨生的禁忌措施，認為若不如此做，則無以慰死者在天之靈，以及消弭活者對亡者的不安或恐懼，於是有種種的禳拔與禁忌，這也是民間傳統的孝道表現。

　　亡者從亡前移舖、斷氣、報喪、入殮、守孝、做法事（圖10）、安葬等這段期間，人們的心理上基本上是處在一種極度的禁忌狀態。這種心理狀態，非靠各項禁忌措施來形塑不可，以資宣洩與安撫。客家人與其他漢族民間相似，歷來俗尚土葬，取「落葉歸根、人死歸土」之意，近些年來除了鄉下僻壤，幾乎已大勢所趨，在殯儀館辦裡喪事，土葬改為火葬。

圖10　傳統喪俗在家屋前的空地做法事場（先父仙逝，2005.08.10攝）

　　喪葬禮俗是人生禮儀中最後一個儀禮，如果以四季來形容人生的話，死亡便是相當於一年的歲末，正如歲末的節日—過年，被視爲最重要的節日一樣，死亡的禮儀也最爲隆重。因此，在人生的旅程，死亡可以說是人生最大的節日。如何讓死者入土爲安？綜觀全部的喪葬禮俗過程，可以看出其主要目的是給亡靈找到極好去處，讓亡靈安心到另外一個世界去，除了要嚴格履行整個喪禮程序外，還必須在喪禮期間遵守種種禁忌。

三、亡前禁忌

1.忌在老年人或病人面前說「印堂發黑」

　　由於人們對於死亡的恐懼，就有對死亡徵兆禁忌，例如「印堂發黑」、「臉色發黑」等是死亡先兆，就不應在老人或病人前說。俗話說：「臉發黑，不過半月」，老年人或病人忌諱有人說自己「臉黑」，以爲臉黑是死亡的先兆。

2.忌在原來睡的床上斷氣

　　習俗以爲必須趁病人「迴光反照」或是臨終之時「移舖」（或稱「徙舖」），從原來睡的房間，搬移到正廳由草席鋪設的舖位上，爲之「送終」，男左女右，頭朝正門，表示要走著出去。在移出之前，依慣例需將神龕上的神像、祖先牌、香爐、天燈、外面的天公爐等都要用布或米篩遮蓋起來，以免有所沖犯，甚至連貓都要關起來，俗信以爲屍身或尚未封釘的棺木要是被貓跳上，亡者可能坐立起來。

　　臨終前搬離原來的床鋪，到正廳臨時鋪設的鋪位，等候斷氣。俗以爲有些臨終者以臨時鋪位接地氣之後，有可能活過來。若不如此，會被以爲亡者死得太匆匆，子孫照顧不週等都不吉。除此之外，俗信還以爲死者若在床上斷氣，亡魂可能要背著床鋪到陰間，這樣會顯得讓亡者背負得太沈重！另外還以爲亡魂會依戀原來斷氣的地方，不願離去。若不在原來睡的地方斷氣，則亡魂回來時，草席或臨舖已拆撤，就找不到斷氣的地方，就喪家心裡而言，基於懼怕亡魂回來尋找依戀之處，給活人蒙上一層陰影，

留下永不褪去的印象,移舖的用意可能在此。

3.忌亡者於晚飯後斷氣

亡者何時臨終斷氣,無人可以事先知悉,俗信以為亡者可能會顧及到為子孫「留三餐」。說在早餐前斷氣最佳,為子孫留下三頓飯,將來子孫都有飯吃。若在午餐前斷氣則次之,最忌在晚飯後斷氣,好似吃完了家中的三頓,使得子孫後來沒飯吃,必須禳解一番。如何禳解呢?即是要孝眷在頭七時,向亡者施行「求飯」的儀式。其儀式為道士會叫喪家準備三碗飯置於靈前,然後請家屬開始求亡者,本著疼惜家人子孫之心,先拿起一碗飯,象徵留一碗飯給家人吃,如果獲得允許,可在請求第二碗,如果亡者不允許,便不再請求。如果都得不到亡者同意,就開始由家中不同的人來求,直到亡者同意留下一碗飯為止。如果都得不到同意,只好強行奪走一碗飯,再請往生者諒解的情況也有。

所謂求飯儀式,對於在世家屬的心理寬慰作用大於實質意義,透過請求亡靈的同意,發揮補償作用。這種觀念反映了民以食為天的思想,古代生產力水準的低下,人民生活要求自己自足的低水平下而產生的。但筆者以為,從這樣看來,亡者若在早餐前就斷氣,雖給子孫留下三頓,但自己卻餓著肚子走上黃泉路,情何以堪?子孫若因此而雀躍,豈不是成為崇尚孝道之笑譚?

其實撇開命理或玄學不說,要老人家盡量避免不要在晚上去世的忌諱,主要是來自過去對於處理後事的不便,若在晚上撒手人環,臨時要找人處理殯葬事宜非常不易,家屬不但手忙腳亂,還要忍住悲傷煎熬,等待一整晚之後,第二天才可去找人幫忙處理後事。幸好現代醫學發達,家屬會與醫院醫師商量,如果病人危急時,醫師都會協助病人,讓病人回到家中嚥氣,甚至幫助病人熬過午夜再斷氣。

4.忌在外惡死者進入家門

正常的死亡,一般是指老死,在家死亡,民眾無所畏懼,若高壽去世甚至當作喜事看待。所謂「惡死」即是「橫死」之意,如遇溺斃、上吊、

雷殛、遭殺、暴卒、火災、車禍、墜機等等情況。不幸在外頭死的，包含惡死或病死，民間稱爲「外頭山」，一般都認爲非正常死亡，民眾反而一反從容態度，十分懼怕。

在傳統觀念意識上，愼終以「善終」爲貴，亦爲五福之一，最好的死法是男人「壽終正寢」，女人「壽終內寢」，最忌諱惡死。惡死被認爲「不得善終」的一種，若不是前世做過什麼罪孽，就是今世做過什麼缺德之事，以致遭到天譴。甚至在惡死處，以爲死者會變成厲鬼或遊魂，找人「交替」或「糾纏」，人人都以走避爲上策，人們會盡量避免經過或接觸橫死之處，喪家亦會請法師道士招魂禳拔，將亡者靈魂召回家中，做法事使死者安息。

在外死亡者，死者不能直接抬入正廳，必須停厝在前廊，等候指示入殮。而且搬運死者回家的搬法，與正常死者的搬法不同，必須腳前頭後的搬運，以示死者之反常「走」回家。現代人老病送醫而將不治時，家屬經常會要求醫生停止治療，在病人斷氣前送回家中再拔去呼吸器，即可看出客死他地的禁忌對人們威儡力有多大，甚至有人在醫院裡斷氣，說是家裡環境關係，家屬就直接將死者送到殯儀館冰存，等待做法事而不送回家。

5.忌說「死」

親人死亡，極其哀傷，親視斷氣，更是哀痛難已，此時絕不能說「死」，定要避諱，用委婉語說「往生了」，或是「過身了」，或是「走了」、「登仙了」，就是弔唁者亦要避免說「死」字，以表示對喪家的哀敬。

6.忌用亡者的遺留物

亡者的遺留物，原屬亡者，現又不屬於亡者，處於模糊不確定的狀態；對親人的感情亦是矛盾的，一方面是追戀，一方面又是恐懼。亡者生前用過的東西，不敢再用，都要隨之附葬或燒毀。若用，則要使之日曝雨淋之後才敢用。但現代生活水平日益升高，高檔家具日趨普及，電器用品亦普遍繼續留下使用，人們又希望亡者到陰間有器具使用，便以紙札轎

車、樓房、電視機、冰箱等陪葬，以示孝道。

四、守舖禁忌

1. 忌貓跳上屍體

　　病人嚥氣之後，舉家悲聲痛哭，忙著善後，首先要奉上「腳尾飯」、「腳尾燈」，趕緊「買水」沐浴更衣，換上壽衣，有些喪家會請道士或和尚前來誦經助念，接下要忙著報喪、鄰居門口貼小紅布條趨吉及「開冥路」等準備喪葬事宜，包含擇日出殯、買棺、請法師做法事、下葬地點（火化時間）等。這段時間，必須留些人守舖。

　　窺其用意，不外乎希望死者反魂並能及時照料，或者妥為照顧屍體，不使受到傷害。民間相信，亡者大體不可讓貓接近，家貓可在病人斷氣前，抓入籠裡看守住，稱為「關貓」，但野貓或他家的貓無法事先防範。若讓貓接近，尤其是白蹄貓，當跳上亡者大體或越過大體，大體被這一沖剋，據說屍體會立即躍起變成僵屍抓人，若不幸被抓住，必永不放手。萬一發生這種事，只好拿起掃帚、枕頭或是隨手可得的器物，讓僵屍抱住，方可化解。這種駭人的屍變傳說，讓人不敢造次，還是謹守禁忌。其背後用意，也可能要子孫謹慎看顧亡者大體，以盡人子最後的孝心吧！

2. 忌寫靈字

　　當死者去世後辦理喪事之中，不免要動用筆墨來寫「靈」字時，如靈床、靈車、靈位、靈桌時，講究的人家，因靈字中三個口，深恐死了一口還要去兩口，以湊三口，怎不悲慘？因口是古時用來計算人口的單位，極易聯想在一塊，因此喪家必須書寫靈字時，必須用簡筆字，寫成「灵」，或是「省去三口」，以期消弭「三個口」的壞彩頭。

五、入殮禁忌

　　古時無充電冷凍櫃冰存屍體，臨終後即刻需要選定入殮之日時，入殮有小殮、大殮。小殮擇時，大殮擇日，入殮亦有許多禁忌。現在則先冰

存，以充電冷凍冰櫃冰存屍體，以讓來捻香的親友瞻仰遺容，甚或直接送入殯儀館冰凍，等出殯前一日方解凍化妝，等喪葬奠禮完畢，遺族瞻仰遺容後，小斂、大殮、封棺、出殯。

1.忌男女殮衣同重（件）

移舖之後，為亡者著殮衣、壽衣。穿著殮衣，客家與其他族群不同，男性採雙，女性採單。張祖基說：「通常五、六重（件）[32]」，周金水說：「九、十重」，外面壽衣算「層」不算「重」（件），所以客家男女所著殮衣重數[33]」，如下欄：（徐貴榮製表）

	內衣	普通短衣	襖	袍（衫）	馬掛	內褲	褲（裙）	合計
男	1	1	2	2袍	2	1	1外褲	10
女	1	1	2	1面衫		2	2裙	9

2.忌與死者生肖相沖剋者觀看

人們在婚嫁、產嬰、喪葬都一樣，忌諱生肖與之相剋者在場。此乃因為喪家在無端受到災厄的情況下，謹慎行事，甚至連孝眷至親，都不准在場，執事者通常都會令孝眷人等離開，如此是不希望對亡者、活者有任何意外情事發生。

3.忌啼哭或人影照入棺中

亡者入殮時，氣氛當保持清靜肅穆，俗信以為有人啼哭，將使亡者不忍離去，意即亡者鬼魂會滯留家中。若啼哭時，將眼淚掉到大體上，將使亡者留戀不走，無法超生。若人影照入棺中，等棺蓋一封釘，生人的魂魄恐有一同被封入棺中之虞，這等同種香蕉時忌人影照入坑內一樣。

---

32 張祖基著《客家舊禮俗》頁115，張祖基等著，臺北：眾文圖書公司，1986。

33 周金水著《慎終追遠》頁84，周金水著，桃園：桃園客家禮俗協會出版，2002。

4.忌蓋棺時孝男孝女觀看

蓋棺時爲亡者在世最後一刻，俗信以爲沖煞最重，八字不夠之人避免觀看，恐沖煞子女，只能執事者爲之。同時，亦恐孝男孝女見親人最後一刻之時，傷心過重而不能自已。

六、居喪禁忌

親人死亡到出殯有一段時間，這段期間因喪事首重哀戚，凡一切與哀戚相反者，皆列入禁忌之中。這段居喪其間，又稱「丁憂、守喪」，是人們爲了表達對亡者的哀悼之情而產生的一種習俗，依考古及文獻資料來看，大約出現於氏族社會前期。

1.忌參與生產活動

由於民間把喪事看成凶事，客家稱爲「歪事」、「壞事」，喪事的祭祀活動稱爲「做歪事」、「做壞事」。喪眷在居喪期間忌參與生產活動。古代社會有「三年居喪不爲官」的規定，現代社會上班族，也可以請喪假在家居喪辦喪事的規約。究其原因，一是人們既然把喪事視爲凶事，把喪眷看成凶兆，自然不宜參與生產活動，以免危及莊稼收成，形成稻穀歉收等。二是出於對於亡靈的敬畏，爲了祭奠亡靈，自然要停止生產活動，這是先民崇天敬鬼神觀念在人們心頭積澱的結果。

2.忌參與社交活動

一般而言，因爲家有喪事，服孝在身，應盡量減少參與社交活動，恐怕給予別人帶來晦氣與不幸。所以，在守孝居喪時間，忌諱參加一切的娛樂社交活動，也禁止參與別人的邀宴，以及串門子。

3.忌食豐沛食物

居喪其間，心裡哀戚，各民族喪眷飲食也有許多避忌，客家主要是不可大魚大肉，毫無顧忌吃豐沛食物，也禁止參加宴客。有些家族，親人去世，爲表達哀戚，替親人贖罪，在七七四十九天居喪其間吃素，不吃任何葷食，尤其是母親去世，居家素食者多，其來源據說是源自目連救母故

事。在出殯當日的喪宴中，喪眷要站著飲食不可坐著，參與者席間不能飲酒、蘸配料，一切都以粗食為主。

4.忌化妝、裝飾、華服

傳統服喪其間，忌化妝、過份裝飾、穿著華麗衣服，雖「千里不同風，百里不同俗」，儘管風俗各異，但道理一致，都是孝眷盡孝的心理。昔時筆者家鄉苗栗三義習俗，在親人一去世之時，首先請理髮師到府為孝子孝孫剃光頭、刮去鬍鬚，此後到圓七（一日百日），皆不得修飾頭面。守喪其間，表示重孝在身，要著素衣，不可穿紅帶綠，甚至只穿著草鞋，所有穿著形式需符合心理原則。

5.忌綁粽、炊粄、進廟拜神

喪家在喪事年內禁止綁粽、炊粄等一切米食的點心製作，皆表示重孝在身，必須遵守的禁忌，除了家旁的土地公之外，不可進廟拜神，這項禁忌，一直延續到新年為止，都不得自行為之，連七月中元在家門口普渡「好兄弟」，也在禁止之列。若遇年節，米食祭品如粽、粄，照例要由親友致贈，不可親自製作，到年底蒸年糕、發糕亦是如此，表示重孝在身，必須遵守的禁忌。

6.忌看神聖及喜事場合

因帶孝者本身帶有「凶氣」，參謁寺廟，一切神聖的場合，都不可涉足，如鑿井、建廟、安灶等都必須慎重其事，若被帶孝者的凶氣破壞或沖煞，將導致鑿井無泉、建廟不靈、安灶失火等不良後果或災厄。

另外，忌看喜事場合，諸如婚嫁、新居落成、生日壽宴、產婦、初生嬰兒等，亦恐帶孝者闖入，轉吉為凶，使夫妻反目、產婦難產、嬰兒驚嚇等不及之事發生。

7.忌做七期間碰觸靈桌的燃油、以燭焰點香

人死亡開始算起的第七天為「頭七」，其前一晚為「丁憂」之期，隔日做七「過王」，祭拜亡魂。之後每隔七天做一次法事，連續七七四十九天，稱為「做七」。除了頭七、圓七（亦即「七七」）大都會請道士祭祀

做法事外，「其他七」可不請道士，由孝子女自行爲之。其中「四七」稱爲「女兒七」（客語稱爲「妹仔七」），由女兒做七，兒子需迴避以外，其他孫仔七、媳婦七等，都由兒子主辦。

做七是仿照人有七魄，每七天散一魄，亡者鬼魂才會完全離去；也依道教說法，分爲每七天過一殿閻羅，到圓七已過七殿，加上百日、對年、三年，過完十殿，已完全轉世，才完全脫離喪事的範疇，這也是符合儒家守喪三年的倫理道德。今做七，已提前在丁憂之後，超過十一點子時，即可過王做七。在殯儀館辦喪事，甚至在出殯前一天的法事後傍晚，連續把未做完的七做完，亡魂則飛奔似的過完七七。

昔時燃燈使用燈油，傳言燈油象徵亡者靈魂所在，自然不宜以手指碰觸，以免亡者不悅，致使接觸者生病或不吉。後世少用燈油，多以蠟燭代替，不可能碰及燈油，但習俗以爲點香之時，必須另置燭臺或以打火機或火柴點香，不可用靈桌上的燭焰點香，否則對亡靈不敬。

七、出殯禁忌

1.忌出殯日選重喪日或煞日、沖剋日

「出殯」又稱「出喪」，或稱「送葬」，清代稱爲「發引」，客家人稱做「出山」，或是「還山」。這一禮俗，出殯之日期通常由擇日、祭祀、哭喪、起靈、送喪、下葬等儀式組成。

郭樸《論衡・譏日篇》云：「葬曆日：『葬避九空、地臽，及日之剛柔，月之奇偶。』日吉無害，剛柔相得，奇偶相應，乃爲吉良。不合此曆，轉爲凶惡。」又曰：「日之不害，又求日之剛柔，剛柔既合，又索月之奇偶。夫日之剛柔、月之奇偶，合於葬曆，驗之於吉，無不相得。」「九空、地臽」都是葬曆上規定的忌日名稱，所謂「日之剛柔」是指天干、地支，甲、丙、戊、辛等日是剛日，乙、丁、己、癸等日爲柔日，按過去的說法，人在剛日死需以柔日下葬，柔日死需以剛日下葬，如此才剛柔並濟。所謂「月之奇偶」，是指單月、雙月而言，按照迷信說法，如奇

月死需以偶月下葬，反之如偶月死需以奇月下葬，奇偶月需配合得好才行，否則不吉。

　　客家人由於大多居住山區、丘陵，生活較為貧困，除了生活較為富裕者之外，一般民眾若死亡，停柩很少超過一個月者，甚至不超過十天、半個月，如有出殯日課，多半趕緊辦完喪事，只留做七追念，如此並非不重孝道，而是趕緊恢復正常作息，也可節省一筆龐大開銷，所奇偶之月，客家較少去注重。

　　另外，俗信以為強葬必遭重葬之厄，出殯日不可選「重喪日」。民間之重喪日一個月有一天，其為一月甲日、二月乙日、三月戊日、四月丙日、五月丁日、六月己日、七月庚日、八月辛日、九月戊日、十月壬日、十一月癸日、十二月己日。如不能改葬，又有攘解重喪日之法，即以紙做小函，內裝硃筆四字，於下葬之時同埋壙中，以資化解：正、三、六、九、十二等月書「六庚天刑」、二月書「六辛天庭」、四月書「六壬天牢」、七月書「六甲天福」、八月書「六乙天德」、十月書「六丙天威」、十一月書「六丁天陰」。[34]

　　所謂「煞日」，即「凶煞日」，出殯之日必須避開凶煞日，否則將有沖煞，民間尤以為「三煞日」為最，傳言在三煞日出殯，未來喪家將亡三條人命。「沖剋日」即是出殯之月日時與死者及孝男有相沖剋時，亦要一併避之。以上雖是術士雜揉干支星象之玄言，但民間為求吉利，仍然深信不疑，今雖流行火葬，仍慎重為之。

2.忌過午出殯

　　客家人去世出殯，擇良辰吉時，忌諱超過午時出殯，以為不吉，更忌正午出殯，以為正午出殯會招致災禍，所以需在午時之前出殯，今行火葬，仍以午前出殯為原則。

　　出殯過後，昔時到了下午未時過後，還有「送火」的習俗。送火習

---

34 《臺灣民間禁忌》頁288，林明峪著，臺北：聯亞出版社，1981。

俗，於昔時土葬時期，家屬深怕亡者親人在山頭墳地，於夜間想回家無火照明，就於出殯後之申時左右，由媳婦、女兒兩人穿著孝服，持著香到墳地，將香插於墳前禱告亡者，讓親人魂魄於晚上可照光明回家。第二天認為親人已知回家路，則送至半途；第三天送至叉路即可，如此連續三天。今盛行火葬，雖「送火」習俗已失，出殯當日，仍有請媳婦、女兒持香隨靈柩到火葬場「送火」的遺俗。

3.忌觀看起棺之起時

亡者出殯，抬棺者抬起棺時，「煞氣」很重，在場送葬者忌觀之。傳統葬禮在亡者出殯，有孝子「把酒」之俗，即是當抬起棺出廳堂時，孝子應端碗酒，跪在棺前敬親人一杯酒，意為不忍親人離去，盡最後之孝道，如此前進、起放棺木三次，抬棺者才可以將靈柩抬出廳堂，直往落葬處或火葬場而去。一般習俗都忌看抬起棺時，子孫必須仆伏在地，除盡孝外，以免沖煞。

4.忌出殯時抬棺者說「重」

亡者出殯，抬棺者抬起棺時，稱為「起重」，以肅穆噤聲為主，禁止嬉笑，抬棺者若隨意說「重」（很重），可能導致屍柩更重，抬之不動或是行進間抬桿或繩索斷裂，這與抬神轎者不得說重的情形類似，可顯示人們從事莊嚴隆重之事的心情。

5.忌蓋棺、入壙之時孝子孝女觀看

孝子孝女為喪葬中帶孝最重的人，因孝心激發，每有攀住棺木不令蓋棺、入壙的尷尬場面，避免此忌，執事者經常令孝子女割捨以節哀。現在盛行火葬，當棺木放進坑中火化之時，執事人員仍然會請孝子女把臉翻開，不使觀看。一說是蓋棺、入壙之時「煞氣」尤重，恐煞及喪眷。

6.忌七月出殯

七月俗言鬼月，七月一日開鬼門關，直至月底關鬼門，此月從地獄湧到人間的鬼魂特多，若在七月出殯，可能會引更多的鬼魂來吃食普渡的食物，喪家環繞皆鬼，豈不鬼煞大作？若在此時出殯，喪家哭親人亡魂，亦

恐引來更多鬼魂，對喪家更爲不利，所以六月底死去親人，對喪家是件傷腦筋之事。更有甚者，有人七月去世不報喪，不讓人捻香，必至八月而辦喪事。若定要七月出殯，出殯前一晚做法事時，必定要普渡孤魂。

八、出殯後禁忌

1.忌出殯後再哭

　　哀悼亡者也要遵守禁忌，何時可哭、應哭？何時不可哭、不許哭，在習俗上有些地方是有規約的。雲貴一帶，若死於外地而「趕屍」回來，是不許哭的，傳言若趕屍回來，親人放聲啼哭，屍身可能化爲一攤臭水，所以必須含悲忍淚，等到成殮之後，方可放聲痛哭。客家雖無此禁忌習俗，但一般而言，在親人去世，晚輩、親人、悼唁者都可啼哭、大哭，但出殯過後，就都不許再哭，如再哭，就意味要重喪了！是很大的忌諱。舊時俗語說：「辰日不哭，哭有重喪。」表示不要在不適當的時候哭泣，以免給家庭又帶來不幸。

　　關於死喪禁哭習俗，考究其因，恐一是爲故人考慮，怕驚屍、魂悲，具有讓靈魂安息的觀念作用，二爲活人考慮，恐重喪、不能節哀，是拋離死亡恐懼與節哀保身的觀念體現。

2.忌百日內，造訪他人、弔唁

　　如要造訪他人或弔唁，必在親人百日過後。服喪百日內，仍同守孝期間，帶孝者自身應謹慎爲之，忌造訪他人、弔唁、參與喜事場合、看望產婦、嬰兒等，不要引起他人忌諱。

3.忌百日內看戲、去娛樂場所

　　昔時以爲帶孝者重孝在身，百日內親人離去不遠，仍處傷痛之時，不宜去看戲、涉足娛樂場所，表現愉悅心情，被視爲不盡孝道。今電視普遍，娛樂場所充斥，人人一支手機，隨時可上網觀看影片，此項禁忌似乎已無人遵守，甚至在守喪期間，天天看電視節目。

4.忌出殯後包奠儀

到喪家弔唁、祭奠，給喪家的奠儀，俗稱「白包」，要在出殯之前致贈，雖有人說七七之內可無禁忌，但筆者以為，喪事不重喪，喜事不重喜，人情世故反映到婚喪喜慶也是如此，不論喜事或喪事，「包禮」不要事後補送。世人雖然希望好事接二連三，壞事到此為止。但俗語說：「福無雙至，禍不單行。」因為隨著奠禮結束，表示到此為止，若再包奠儀，以免喪家心情雪上加霜，表示還有另一場喪事，是極為晦氣之事。

現在臺灣逐漸盛行辦喪不收奠儀，直接於訃文中「懇辭尊儀」說明或於奠禮場中不設「受付處」，悼唁的人一看就知道，免去尷尬場面。若還有人包奠儀時，喪家不可因不收就原封退還，應交代服務人員必須將奠儀金額全數抽出，只收奠儀袋，將金額放入準備的紅包袋中當面交還，表示「意收而禮不收」。

九、喪食禁忌

客家人赴喜宴，稱為「去食酒」，若參與喪奠而吃喪食，謂之「食大垤」或「食大塊」。望文生義，即是看出喜宴為豐沛食物，大家喜氣洋洋，有酒有肉；而喪食場面哀戚，大致為粗食，有些禁忌。

1.忌喝酒、沾醬

喪家於出殯過後，會準備粗食，讓參與悼唁的親友、鄰居用餐。因是喪食，喪家哀戚，通常會煮得較不精緻，也不準備酒及沾醬，都表示這是哀戚喪食，不宜過份喜樂與享受，若要求喝酒，對家屬而言，頗為難堪。

2.忌孝眷坐著吃食

出殯過後，未參與送葬到葬地的孝眷們，在與親友鄰居們食用午餐時，習俗上不宜坐著，必須站著吃，究其原因，都是表達心中對親人逝去的不捨與悼念。

3.忌告別時說「再見」

大多的時候，我們都認為「禮多人不怪」，不過在某些特定的場合，

必須知道禮多若是造成對方不悅或困擾，是非常失禮的。譬若在喪禮中，向亡者致意後或喪食離席前，不能向喪家說「再見」，最多說「請節哀」就可離去了！就是與熟識的親族也不能說，因為喪家希望喪事不要一再發生，說「再見」容易使人在於此場合再見面的聯想，容易讓眷屬心中感到不舒服。

此外還有個較迷信的說法，即是相信喪禮現場容易聚集一些負面能量或孤魂野鬼，說「再見」容易讓他們知道你要離開了而跟著你回家，對前來致哀者反是一種困擾。

喪葬禮俗，無非表達人「慎終」的禮俗，子孫盡孝的心理，以慰亡者在天之靈。有關喪葬禁忌，是唯恐受祟的恐懼，求其吉利的行為，大致都還能遵照舊禮俗，讓亡者走完人生最後一里路。但科學愈是昌明，知識愈是豐富、交通愈是進步，聯繫愈是方便，人類卻愈是繁忙，有些民俗與禁忌，現代人已拋之無餘。

現代喪事期間因很多家庭環境無法設置靈堂，不管是「壽終正寢」或「病逝於醫院」，大多把大體移置殯儀館，並在殯儀館設置靈堂，不需在家守舖，喪葬用品全由禮儀公司或葬儀社包辦。「七個七」在出殯前已經做完，喪葬禮俗大為簡化，居喪其間在家照樣看電視、滑手機，等出殯之後，亡者已走遠，生活回歸正常，不需等百日，已照常參與社交活動矣！

第五章
歲時節日禁忌

　　「歲時節日」即是一年四季，自農曆新年元旦到除夕的節日風俗。一個人從生到死，是一個生命週期；一年從頭到尾，是一個地方的歲時週期。當生命週期與生命週期相連接，歲時週期與歲時週期相循環之時，不知不覺之間產生一套符合一個人在地域生活中的禮俗，使得人們的一舉一動上有所依據和遵循。我國禮俗雖有地域上的差別，但以農立國以及一貫的敬天法祖、順應天時的傳統下，仍有相互的共通面。

　　這種共通面，表現於歲時週期上，乃有節令的講究。人們從日夜交替、日月循環、四季輪替的現象中窺知天象的道理，得到一番體悟。於是由服從大自然，配合大自然，以迄於崇尚大自然，成為人活動的最高指導原則，在這種與大自然打交道的情況下，自然而然就一歲之中季節轉移的關口，訂出一些歲時節令，例如新年、清明、端午、中元、重陽、除夕等等，作為人與天地之間情感交流的象徵。

　　我國以農立國，南稻北麥，配菜也是草，故三餐所食皆草，平時有魚有肉捨不得吃，必要留到過年過節才肯享用。客家有諺：「平時莫鬥敘，年節莫孤栖[1]」，即是此理。凡草與植物都有節，節是植物的關鍵部位，節外才會生枝。人們把時間分「平時時間」和「非常時間」兩部分，這「非常時間」即是「時間的節」，也是一年四季的關鍵部分，是最難度過的時間，也是最容易出事的時間。過去，人們在這段時間裡，需採取一些防範的措施，所以「年」有「年關」，「節」有「節目」。

---

[1]　平時莫鬥敘，年節莫孤栖：平時不要隨意打牙祭，浪費金錢；過年過節不要太寒酸，沒魚沒肉享用。

　　追溯禁火習俗，與古代原始崇拜火有關，如寒食節禁火就是淵源於古代禁火習俗。《周禮・秋官・司寇司烜氏》記載司烜氏「仲春以木鐸修火禁於國中」。經過一冬的乾燥，林木容易引起火災，加之春季多雷雨，更易引起失火。古人對於自然火災缺乏科學知識，就提倡禁火寒食，後來被統治階級納入禮儀之中，形成固定禮俗傳之下來。又如每年春季，正是瘟病與流行感冒容易發生的季節，因此古人要在此時拔禊防疫，這就是「上巳節」（後來固定三月三日）的來歷，所以最早對上巳的記載均與巫術拔禊有關。如《風俗通祀典》記載：「按周禮女巫掌歲時以拔除與浴，禊者，潔也，故於水卜盥潔之也。巳者祉也，邪疾已去，祇介祉也。」九九重陽遠遊登高，也是以避疾疫，其原因也是如此。儘管古代對流行病缺乏研究，但在發病季節，從認識到應講究清潔，注意健康衛生還是值得稱道的。

　　當我們對這些現象進行探索時就會發現，古代大部分的節日都是「單日」，尤其是單月單日，如一月一日元旦、三月三日上巳節、五月五日端午節、七月七日七夕節、九月九日重陽節等。國人講究好事成（逢）雙，成雙成對為吉利，尤其是定婚日，必定要選雙日而避忌單日。這些單月單日節日，民俗專家以為是天地交感、天人相通的日子，因而，在這樣的日子裡人們就需多做祈福、祭祀或是紀念活動，以求得幸福、安康和吉祥。並不像後世演化得那麼歡天喜地，稱為「佳節快樂」，起初都是一些極不吉利的日子，各有所忌，非凶即惡。總之，古代節日都是有所避忌的，該日必須戒慎恐懼，以避禍患，故多禁忌。

第一節　新年禁忌

　　在一年之中諸多歲時節日當中，過年是一年之中最隆重的節日，不只是一年除舊佈新的關鍵，也是時之始、日之始、月之始、歲之始，完全合乎人們「慎始」的心理。在此凡是講究慎始的大原則下，趨吉避凶的結

果，足以造成禁忌的心理，作爲在元旦這天行事取捨的準則。之前在清明寒食前後還有禁火之例，端午爲惡月凶日，中秋純爲玩月之舉，重陽旨在登高避禍，其間或多或少都有一些禁忌，但都不若新年元旦的禁忌，影響來得既深且遠。

「年」是什麼呢？是計時單位，也是時間觀念，在遠古時代有不同的稱法。據古書記載，唐虞叫做「載」，有萬象更新的意思。夏代叫做「歲」，是表示新年一到，春天就來了。商代叫做「祀」，商代崇尚迷信，是表示四時已盡，該祭祀了。一直到周朝，才開始叫做「年」。

「年」字原爲「稔」字的初文，是穀熟豐稔的意思。《穀梁傳・宣公十六年》中說：「五穀皆熟爲有年」，所謂「有年」就是指農業有收成。「大有年」就是農業大豐收，甲骨文中的「年」字是果實豐收的形象。北方穀禾大致一年一熟，把「稔」的初文就引伸變爲「年」，「年」當作歲名了！可見「年」原來是預祝豐收喜慶的日子。早在西周時代，就出現了一年一度歡慶農業豐收的活動，後人承襲周代習俗，爲了慶祝豐收和迎接新的一年生產，也就是在「立春」前後的農曆初一歡聚在一起過年了。民國成立，改正朔爲陽曆，爲跟陽曆「新年」有所區別，把陰曆年稱爲「春節」。

有關過年的來歷，民間還有一個生動有趣的傳說：在遠古時代，在大年三十除夕夜到大年初一早上，有一種叫「年」的怪獸，專門在這晚出來吃人。年獸非常凶猛，任何野獸都敵不過它，連神仙也對它沒辦法。人們爲了躲避「年害」，在除夕晚上天尚未黑就早早關門緊閉，不敢睡覺，守夜到天亮，渡過這晚，年不再出來，人們再見面時互相拱手做揖，祝賀道喜，慶幸沒有被「年」吃掉。

就這樣，人們慢慢放鬆了對年的警惕，突然有一年除夕夜，「年」突然竄入一個村子裡，把整村的人都吃光了，只有一家掛紅布門簾的結婚人家平安無事，還有一家廚房裡正在燒火的人家沒被傷到，另有一家幾個牧童在比賽甩牛鞭子，半空中劈哩啪啦聲響，「年」被嚇跑了。所以人們

知道「年」怕紅、怕光、怕聲響，後來等到除夕時，家家戶戶就先披掛紅布，穿紅衣服、敲鑼打鼓、點燈、放鞭炮，這樣「年」就不敢再來了。

一、新年元旦禁忌

人們對於新年初始日最為重視，大年初一吉時開門焚香，祭拜神明祖先。臺灣客家人早起拜神敬祖通常分成兩類：一是以三牲禮儀祭拜祖先，早餐吃素或整天吃素的，以「四縣」人較多；另一是以素果祭拜祖先，整天吃素，到初二才以三牲禮儀祭拜祖先，謂之「初二過年」，以「海陸」人較多；其他腔的客家人也都一樣，初一幾乎要吃素，謂之「年初一吃素抵得吃一年素」。不過現代人年初一已有很多不吃素，反說：「年初一都沒吃肉，一年會沒得吃。」

吃完早餐後，穿上新衣服，通常到戶外走走，或到鄰友家拜年，謂之「行春」。這天，遇到人就要互相恭賀，除了互道恭喜外，還要說一些吉祥話加以討口彩。吉祥話各有不同，遇老人就說：「恭賀新年添福壽」，遇到剛結婚的人就說：「早生貴子中狀元」，遇到生意人就說：「生意興隆賺大錢」，最通常的莫過於「恭喜發財」了！回答者就常會回說：「恭喜恭喜」、「大自家都共樣」、「聖旨開口，打幫[2]你好金言」。如見蘋果則說：「平平安安」，見棗子則說：「早生貴子」或「早早享福」，見杏仁則說：「祝妳幸福」，見豆乾則說：「官運亨通」，見糕餅則說：「年年高」，見甘蔗則說：「節節高」或「兩頭甜」，喝酒則說：「長長久久」等。

過年除了說吉祥好話之外，年初一是一年的開始，要特別謹慎，特別講究「慎始」，禁忌也特別多。也有人盡量少出門，怕遇到不好的事，聽到不好聽的話。這一天清晨吉時開門，順吉方走去。晚間也要吉時關門，希望趨吉避凶、祈求平安的心理。

2　打幫：幸好、感謝。

1. 不做事

新年這天，絕對不能做事，一定要休息，否則一年會疲於奔命，勞苦其身。客家諺語：「初一無寮（休息），一年都會做死」，即是說這項禁忌。

2. 忌掃地與丟棄垃圾

《清嘉錄》說：「元旦，俗忌掃地、乞火、汲水、開針剪，又禁傾穢瀍糞。」客家人也一樣，認為萬物都有神，連鍋碗瓢盆、針黹桶掃等工具都要讓它休息，體現人們體恤萬物之情。俗信一般家裡都藏有福氣財運，平時打掃時由外往內，且晚間不丟棄垃圾。新年這天若真的來客很多，必須掃地，也只能用撿的，不能動用掃把，更不能丟垃圾，都意味著家裡暗藏的福氣財運不要外流，否則不就是意味著今年破財之兆？另有一說是掃帚有掃帚神，一年辛勞，這天總要讓它休息。

3. 忌裁剪

《清嘉錄》說：「元旦，俗忌開針剪」。亦即新年這天，不准用鋒利的器物，否則會斷絕財路仕途，甚至斷子絕孫，所以在除夕之前，就要把刀剪等利器收藏起來，以免一時疏忽，觸犯了禁忌，拿出刀剪針黹，逢補衣服。且說這天也是它們的生日，需要休息一天。

4. 忌回娘家

古來以為嫁出去的女兒，如同潑出去的水，是人家的媳婦、祖婆，俗信說嫁出去的女兒若初一回娘家，會將娘家財富在無形中奪去，所以禁止女兒年初一回娘家。其實這是父權社會下一個穩定的系統，期望年初一應該在婆家過年，年初二才回娘家，如此比較井然有序。為了實施這社會秩序，利用恐嚇心理，將它說成初一回娘家會奪去娘家財富，使得人人相信，演變成初一嫁出去的女兒不能回娘家的忌諱。

5. 忌炊飯

新年當日不能以生米炊飯，年初一所吃的飯，需在除夕夜前做好，要吃時只需熱熱就好，俗信以為年初一新年這天，要讓飯鍋也休養一天。

6.忌汲水

　　井有井神，相傳正月初一是井媽照鏡梳妝打扮的日子。「人們一天爲一日，井神一月爲一日，初一這天就是她的清晨了，每逢初一這天禁止汲水，因爲井裡的水面，就是井媽的鏡子，如果汲水攪動了水面，井媽無鏡可照，自然要生氣，在這一年裡就不會施恩賜福給這家人[3]。」

　　筆者小時住在山邊，每天食用之水爲山泉水，將山泉周邊圍堵成井，每年除夕把水挑足過年所需。初一不挑水，只到在井邊點香、燒紙錢，感謝井神。到了年初五「出年界[4]」，挑水時也會在井邊點香、燒紙錢，將茶水滴若干滴到井裡，祈求井神一年供水無虞。

7.忌早餐吃稀飯、番薯

　　傳說北方過年吃稀飯出外會遇雨，過年既然愼始討吉利，這一整天絕對不能吃稀飯，不但不能吃稀飯，連用開水泡飯、用湯泡飯也在禁止之列。

　　以前的客家人，大部分務農，長期生長在丘陵山區，需要勞力耕種，本就不吃稀飯，三餐必定要吃乾飯，才有體力工作。只有窮人、生病或年老力衰的人，或下雨天的晚上，才會吃些稀飯。另外，番薯是用來補足稻米的不足，常用番薯籤拌煮，成爲番薯飯，爲了祈求五穀豐登，新年自然忌吃番薯。新年期間除非不得已，早餐自然不吃稀飯、番薯了！

8.忌洗頭

　　大年初一這天不洗頭，因爲民俗說法，這天是水神的生日，若硬要此時洗，據說會把一整年的財運都洗光，建議在除夕就把頭洗乾淨，象徵過去一整年晦氣都洗掉。

9.忌切年糕

　　年糕，客家話稱爲「甜粄」，在十二月二十五日「入年界」之後，即

3　萬建中著《中國民間禁忌風俗》頁135。
4　出年界：離開過年的期間，亦寫成「出年架、出年價、出年駕、出年假、」。界，界域、框架、範圍，音ga/gaˇ。

可開始蒸年糕，蒸好視其冷卻凝固後，即可以切開年糕分塊，以備除夕拜天公、敬祖、敬神及年初一敬祖、敬神使用，不要等到年初一再切年糕。一方面年初一不可用刀械，二方面方便敬祖拜神時，隨時可使用。閩南人忌初一煎年糕，閩南語「年糕」稱爲「甜粿」，「煎粿」諧音與「貧赤」相近，過年怎可有此不吉之舉？

10.忌啼哭

啼哭之因，或許有疾病、貧窮、嘔氣、哀傷、死喪，哭生之悲慘，莫過於是死喪的哭嚎了。所以，新年第一天就啼哭，最爲忌諱，被以爲是最大的「壞彩頭」！俗信以爲若在這天啼哭，人們會懷疑是否家中有人死亡？若是小孩因某些原因啼哭，大人就會厲聲制止，謂之「開新年[5]」，以制止小孩啼哭。

11.禁吃藥

吃藥的目的在於去疾治病，是人們最感頭痛且無可奈何之事，爲求痊癒就不得不吃藥。初一不吃藥，主要的是「新年新頭」吃藥怕觸霉頭，可能一年都要吃藥，不就疾病纏身了嗎？不過到現在，很多人已了解，病有急慢症之分，或是不是需長期服藥者而定，若是急症或需長期服藥者，爲生命著想，必須趕快看醫吃藥。若是慢症，或許還可拖到初二再吃，一者消除人們心頭上的不吉之感，二者可讓新年順利平安、快樂渡過。所以以前的中藥房，在元宵以前循例都會以紅線或紅紙包藥材，以示替病家掛紅，期望病家討吉快癒，亦是新年忌吃藥的禁忌延伸。

12.忌躺在床上聊天

初一早晨應早起床，不應躺在床上聊天。客家諺語：「早起三朝當一工，早起一年當三冬。」平常尚且如此，初一大早怎可在床上聊天不起床？

5　開新年：亦說「開新正」，打開新年禁忌，是新年期間責罰小孩的委婉語，南部六堆客家地區則說「開甜粄」。「甜粄」即是「年糕」，因為初一是不切年糕的，初一責罰小孩，有若切年糕，是不得已的。

13.忌連名帶姓叫人起床

初一之時，門外有人呼喊不可答應，因為此日清晨在門外呼喊謂之「呼鬼」，一般而言，此日父母不叫孩子起床，孩子在新年清晨聽到鞭炮聲，自然會起床。若是要叫人或小孩起床，也不可連名帶姓，雖然客家人平時很少連名帶姓叫人或小孩，新年大早大聲喊叫，也是忌諱。

14.忌打破器物

家中常用器物如碗盤、匙碟、杯盞，在新年初一打破，觀感中意謂「破災」、「破運」、「破財」等不吉祥的預兆，因此忌諱在大年初一打破器物。萬一打破器物，為了去除這層陰影，北方人則會立即口說：「歲歲平安」、「打破舊瓷碗，換做白玉盅」。客家人講究的就用紅紙將碎片包起來，口誦吉句：「平平安安無大事」、「一年順序、平安無麼个事」等，放在神案上以求化解，等初三「送窮鬼」日，才跟垃圾一起拿出屋外丟棄。現在初三送窮日已消失，城市的人可能要等到垃圾車來時才一起丟了。

15.忌打小孩

有關嬰兒的禁忌，在產婦篇已有提過。有關兒童方面的禁忌，古籍很少提到。客家民間在飲食方面有禁止小孩吃雞腳，說會撕書；禁吃雞腸，說會常哭；禁吃雞肝，說會口臭；禁吃「祭煞」的食物，說是容易沖犯煞氣。女孩禁吃尚未生出的雞蛋、輸卵管、睪丸等，說是會影響發育。

禁玩算盤、秤子，說將來會不懂計算。客家師傅話：「蝦蟆胲吊算盤－精算[6]」，意思為算盤是拿來計算數目用的，怎可玩它？將來會不懂算術。禁止玩米，反應農家對米穀的敬慎與珍惜態度，怎可玩米？也禁止坐帽子、枕頭、字紙，帽子是帶頭上的，何等崇高？坐之豈不褻瀆了？枕頭是睡覺墊頭用的，怎可用屁股坐它？警戒說坐了會爛屁股。又客家人崇尚文字，認為造字偉大，識字不易，紙張得來困難，怎可不惜？字紙應該

6　客家師傅話「蝦蟆胲吊算盤－精算」：客家歇後語「脖子吊著算盤－精於算術。」

集中起來燒了，讓它過化存神，如此神聖之物，怎可坐於屁股之下，坐之亦會屁股潰爛。

如果小孩犯了這些禁忌，常會遭受訓斥或處罰。在新年初一，注重「慎始」，禁止打小孩，以免造成哭鬧的氣氛。若責打處罰時，禁止用尺打小孩，尺是平時用來量長短的，以尺打小孩，說是會限制了小孩的成長，也會使小孩「蠻皮」，以後不怕挨打，以致於敗家或不孝。萬一如果小孩犯錯或哭鬧，或打破碗碟、講了一些不吉利的話，非要打罵小孩，也要先說「愛人開新年係無？」亦即新年打小孩是不得已的。

16.忌見血跡、殺生

除夕可殺羊、磔雞，以攘除惡氣，也是準備拜神祭祖的牲儀。大年初一卻忌見血跡，殺生必見血跡，所以新年忌殺生。見到血跡，招致不祥，古籍中記載了不少對血的禁忌事情。《史記・夏本記》說：夏帝武乙暴虐無道，用皮革口袋盛滿血液，掛起來箭射它。後來武乙出去打獵，被雷擊死，由典籍所見，武乙可能是第一個觸犯血的禁忌而遭到懲罰的人。《干寶搜神記》記載：有一個叫劉寵的人，經常在夜裡發現家門前有血，時隔不久，果真被人殺害了。殺生見血，這一禁忌在警戒人們，新年期間應禁止殺生。

《荊楚歲時記》記載：「正月初一為雞日、初二為狗日、初三為豬日、初四為羊日、初五為牛日、初六為馬日、初七為人日。」這些家禽、家畜和人一起過新年，所以年初一絕不能殺雞，都是忌見血跡。《荊楚歲時記》又記載：「帖畫雞。或斵鏤五彩及土雞於戶上。造桃板著戶。謂之仙木。繪二神。貼戶左右。左神荼。右鬱壘。俗謂之門神。按莊周云：有掛雞於戶。懸葦索於其上。插桃符於旁。百鬼畏之。」雞變得跟門神一樣重要，因為初一是雞日。

新年期間不但不能殺雞，所有牲畜都不能殺，要殺須在除夕之前殺好。並且深信「種瓜得瓜，種豆得豆」的人生推測，要想自己或子孫興旺、財源茂盛、壽比南山，就不要做出傷天害理的事，不但不能殺生，尚

且還要放生，以積陰德。

17.忌午睡

新年初一，人們認為不可工作，應在家休息，或出外散心，拜訪鄰友，謂之「行春」，所謂「有行有春」，「春」與「伸」（剩下）同音，亦即「有走有剩下」。所以忌午睡，客家俗話說：「初一睡當晝[7]會崩田崁」。因客家人多居山區丘陵，耕田為主，且多為梯田，梯田田崁層層相沿，農人最怕田崁崩壞，修復曠時，浪費人力時間，相傳下來就忌午睡來嚇阻人們。不過，現今農業衰微，即使住於新屋平地的農家，仍流傳新年不午睡的習俗。

18.忌給人錢財、買東西

給人錢財，包含出借、歸還、贈送，都是支出的現象，在從前注重收入、節省支出的原則下，總不是好兆頭，恐怕今年資金會外流，終至窮困，所以新年元旦最好不要給人紅包，送人錢財。甚至有人更講究的說初一不能花錢買東西，說是這一年會變得窮困，若要買新衣服，要在除夕前就買好。現在新年玩樂變多，遊樂場、戲院、百貨公司招徠顧客，大多趨之若鶩，大致已無此禁忌了！

19.忌說倒楣、觸霉頭或罵人的詞語

新年初始，一切行事講求吉利，不可亂開腔、亂講話，凡是聽起來令人不舒服的話，都盡量避免，尤其是有「死」字的話絕不可說出口。

客家罵人的話，有如「高毛、夭壽、絕代、短命、發黃種、青暝、發瞎、該死」等詛咒語，以及與性猥褻有關的詞語，還有忌說如「窮、苦、病、衰（衰潲）、冤枉、哀哉、壞咧、空」等倒楣、觸霉頭或哀怨的詞語。

7　當晝：午覺。

二、拜年禁忌

家家戶戶喜迎農曆新年，如到他人家拜年，除了禮數週到，還有不少禁忌要注意。另外，拜年禮物挑選上也是有「鋩角[8]」的，若是送錯，恐讓人心生不快，甚至產生誤會。總之，就怕壞了一年的兆頭，怕一年會不利。到底有哪些禁忌？傳言犯了這些禁忌會使人倒楣一整年。

1. 別催人起床

大年初一上午到人家裡，倘若人尚未起床，切記不要催促別人起床，否則對方在接下來一整年都會被人催促。

2. 說好話別抱怨自己

拜年時要說好話、吉祥話，不要一直抱怨自己的生活，或帶有負面之意的也別脫口而出，包括：慘、衰、輸、死等字，會使現場氣氛不佳。

3. 不在他家午餐

先父以前一再告誡我們，初一訪友不可在別家用餐，盡量回家中用餐。現代年假出遊，多在飯店餐廳用餐，已不在此限了！

4. 送禮細微多

千萬不可以送刀類產品，有剪斷聯繫的說法，恐讓收禮者誤會。另外鞋子、梨子及鐘錶等，因爲諧音都是不好的含意，新年還是能避就避！而比較少人知道的是「鏡子」，因爲鏡子易破碎，甚至被認爲是會「招來鬼魂」的不吉物品，對於收禮的人恐有觸霉頭之感。最好買買吉祥吉利的禮物，如蘋果、棗子、餅乾之類的人人喜歡。

三、年後禁忌

年初二以後，一直到初五「出年界」其間，雖然禁忌比起年初一元旦少得多，但仍是過年期間，充滿喜氣洋洋的氣氛，人們相見仍是「恭喜新年」聲不斷，不說不吉利的話，或是平時的農事。

8　鋩角：閩南語，俗作「眉角」，比喻「事物細小而且緊要的部分」，引申爲「事情的原則、範圍、輕重關鍵」。

1. 忌灑肥

糞便，俗稱「水肥」，客家話稱爲「大肥」。清除糞便，將糞便挑到稻田裡或園裡施肥，客家話叫做「落大肥」，閩南話稱爲「挹肥」，是一種外流現象，恐家中福氣財運亦隨同「水肥」外流出去，這跟初一不准掃地、丟棄垃圾同一道理。

客家人尤其注重水肥，以前肥料尚未普及的時代，水肥是施肥非常重要的有機肥料。客家人把「非常節儉」說成「省屎省尿」，來源就是「即使在外有便意，也要忍住，等回到家再解到自家的糞坑，以增加糞量。」基於此，初五出年界以前不灑肥。

2. 忌初三睡遲

到了年初三，閩南人說：「初三睏個飽」，客家人說「初三送窮鬼」，要起個大早，開始掃地，清理垃圾，把垃圾丟到垃圾堆。「送窮鬼」的方式是初三一早端著一畚箕垃圾，手持一或三支香和紙錢，將垃圾帶到垃圾堆旁，將香插到畚箕垃圾上祭拜，口念：「窮鬼離得遠遠遠，從此不再到我家」，等香燒過半後，再燒紙錢，之後將垃圾倒棄，謂之「送窮鬼」。

3. 忌初七遠行

正月初七爲人日。《荊楚歲時記》：「以七種菜爲羹，翦綵爲人。或鏤金箔爲人，以貼屛風。」所以在古時，這天「不行刑」，到現在，這天卻是所謂的「七煞日」，此日諸事不宜，尤忌遠行。

4. 出嫁女兒正月忌宿娘家

出嫁女兒除初一不回娘家外，包括初二回娘家，及正月其他日子也不能住在娘家，俗語說：「正月不空床」，否則對娘家與夫家都不利。

5. 忌在床前向人拜年

在床前向人拜年，意謂著主人將臥病不起，甚爲忌諱。若人以生病臥床，則只向前致意即可而不拜年。

有關新年的禁忌，不難看出禁忌的背後，圍繞著財運、討吉、愼始的心理上轉。財運、福氣是人們最切身關心而又羨慕祈求之物，卻又是最

難以捉摸的；討吉祥無非就是迴避一年內可能降臨的凶險災禍；慎始則是配合年頭取好的開始，有新的希望之意。在財運、討吉、慎始三者融合之下，才有在新年凡是講究的禁忌狀態，到了現代，雖然有很多禁忌已經鬆弛，甚至已經蕩然無存，但是還有很多銘刻在人們心裡，不敢隨意摒除。

第二節　過節禁忌

一、天穿禁忌

　　客家諺語：「初一食日齋，初二油濟濟；年到初三四，個人打主意；年到初五六，無酒又無肉；年到初七八，家家捋粥缽。」充分表現了一般客家人年後的生活狀況。但是心理上卻又怎樣的狀態呢？客家諺語又有言：「有食無食，愛食到年初十；有過無過，愛嫽到月半過；有專無專，總愛嫽天穿；天穿一過，就愛煞猛做。[9]」表達過年後，天穿日的重要。

　　古來天穿日並無固定日期，不過大多在正月中下旬。據何石松教授的調查：「整個中國境內有正月7、19、20、21、23、24、25、30這些日子[10]」。張祖基《客家舊禮俗》「補天穿」條記載：「二十三名補天穿日，世俗以為古時女媧氏，係在這日補天[11]」，可是臺灣客家人以農曆正月二十日為天穿日。

　　「天穿日」是一個十分特殊的節日，其義指的是「天空穿孔之日」，這個節日來自女媧補天，由來已久。因為天穿孔，所以必須「補天穿」，這天是開始補天穿，還是補天穿完成，不得而知！不過必須休假慶祝。也就是說，年後到月半（元宵節）就過完年了，應該好好恢復平日工作，但

9　《客家人》一書的作者，前國代陳運棟先生口述，客委會全國客家日資料「有專無專」作「有賺無賺」。

10　何石松〈天穿日的意義異名探討〉《節慶與客家全國客家日學術研討會論文集》頁25～33，國立交通交通大學主辦，2011.2.19舉行。

11　張祖基《客家舊禮俗》頁60，臺北：眾文圖書公司，1986。

是心理上還是懶洋洋的，年意未除，不管是「有專無專」（有無專心）或是「有賺無賺」（有無賺錢）都無所謂，正月二十天穿日這天，一定要休息，切忌工作。但過了天穿這天，「就愛煞猛做」（就要努力工作）。所以天穿這天的節日意義及核心價值，意義非凡，能不謹慎嗎？

　　客家諺語：「天穿無戴耳環，一生事情做毋完」所以，昔時天穿日這天，只適合給尚未穿戴耳環孔的少女作穿耳環孔，以及給剛成熟小牛穿鼻的行為，傳說這天穿耳環孔及替牛穿鼻較不會發炎。除此之外，一律停止工作。盛傳在客家地區的諺語：「天穿無寮苦到死，天穿無寮做到死。」先父又曾說：「過年無寮[12]，一年做到會死；天穿無寮，一生做到會死。」可見「新年初一不休息會一年勞碌，天穿日不休息，一輩子都得勞碌。」在在都告訴人天穿日這天要休息，祭神以「寮天穿」。

　　傳統上，天穿日「補天穿」的習俗，即是把過年前蒸的年糕特別留下一塊，到這天煎熱疊成一塊一塊的，配上一些果子，祭拜天空。在桃園市楊梅地區則是把年糕煎軟，包上鹹菜捲成圓形筒狀疊以拜神。《臺灣的客家禮俗》記載：「他們迷信這天下田會觸怒天神，全年將出現天旱[13]。」另外，《臺灣客家民俗文集》談到：「天穿日」為休假日之外，也定為「針」的生日，在此日給予「針」休息，不作用針的裁縫工作[14]。

　　因為這天要休息，所以除了民眾在這祭天補天穿外，新竹縣竹東鎮在三十餘年前開始辦理全國客家山歌比賽，經年不衰，還年盛一年，成為臺灣知名的客家天穿日最盛大的活動，也變成一種習俗。自客家委員會訂定「天穿日」這天為全國客家日之後，各地祭天的果品多樣化，甚至仿效當年女媧以五色石補天，除了炸年糕外，製作出「五色粄」祭天（圖11），成了別開生面的節日慶祝。但天穿日非國定假日，普羅大眾仍要上班，所以生活工商發達、水準提高，工作仍舊忙碌。

12　寮：音liau，此處當「休息」解，尚有「遊玩、聊天」之意。

13　陳運棟《臺灣的客家禮俗》頁120～121，臺北：臺原出版社，1991。

14　黃榮洛《臺灣客家民俗文集》頁104～105，新竹：新竹縣文化局，2000。

圖11　桃園市平鎮區2019全國客家日以五色粄祭天（2019.02.16攝）

二、伯公生禁忌

二月二是古代的「中和節」，民間俗稱「龍抬頭」。北方農諺：「二月二，龍抬頭，大倉滿，小倉流。」意指這天是龍王露頭升天開始活動之日，因爲傳說龍「春分而登天，秋分而潛淵」，所以此時正是昂首欲起之時，且必須下雨，稱爲「降龍水」，從此以後，雨水逐漸增多。另說玉龍有次違逆了玉帝懲罰人間不降雨的旨意，私降甘霖解救人間，遂受玉帝壓於大山之下，聲稱「玉龍降雨犯天規，當受人間千秋罪，要想重登凌霄閣，除非金豆開花時。」人們爲了感念玉龍，於二月初二以炒巷谷花的方法瞞過玉帝，救出玉龍，所以就有了龍抬頭的說法，也有了祭龍的習俗。

龍出則百蟲伏藏，人們希望藉助龍的聲威制服百蟲之害，使其不能危害莊稼，因此這天要特別小心，所以有很多禁忌都是衝著對龍而來的。俗話說：「龍不抬頭，天不下雨」，龍是祥瑞之物，又是和風化雨的主宰。農曆二月二，人們祈望龍抬頭興雲作雨、滋潤萬物，素有「二月二剃龍頭」的說法。中國民間普遍認爲在這一天剃頭，會使人紅運當頭、福星高照，因此，民諺說：「二月二剃龍頭，一年都有精神頭」。每逢二月二這一天，家家理髮店都是顧客盈門，生意興隆。

時至今日，二月二龍抬頭祭龍、剃頭的習俗已經淡忘，相關的的禁

忌，如：「忌動刀剪、動針線，怕傷著龍目，戳著龍眼」；「忌水桶碰著井幫，怕會碰傷龍頭」；「忌推磨，怕會傷著龍頭」等，都因生活型態的改變，工廠的興起，自來水的普遍，禁忌也已消失。在臺灣客家，只存忌「伯公生食伯公福」孕婦、月內婦、月事來潮者參與。

　　客家人把土地神稱爲「伯公」，二月二土地神生日這天，昔時大家祭神完了之後，在土地公祠周圍空地聚餐，稱爲「食伯公福」，期望土地公賜福。臺灣客家人至今仍保留「二月二伯公生，食伯公福」的習俗，忌孕婦、月內婦、月事來潮者參與，以爲不潔而冒犯神明。

　　《荊楚歲時記》：「社日，四鄰並結宗會社，宰牲牢，爲屋於樹下，先祭神，然後享其胙」。按鄭氏云：「百家共一姓，今百家所立社宗，則共立社之爲也[15]。」可見客家地區這種習俗，源自古代荊楚之「社日享其胙」而來，傳之久遠的民俗。

　　此一民俗雖然曾在民國七、八十年代因工商業崛起，若非周末假日，人們無法參加而逐漸沒落，但近二十年來可能因復古之風興起，「二月二食伯公福」的民俗又逐漸興旺，有些地區還超越了以前的規模（圖12）。

圖12　中壢後站健福宮2012年「食伯公福」盛況，約80餘桌（2012.02.23攝）

---

15 南朝宗凜編著《荊楚歲時記》寶顏堂笈本第一部第十九。

　　現代「食伯公福」已非昔日大家祭神完了之後，共煮祭品於祠前空地聚餐了！而是由祠方管理員先徵求里中願參與者，收取「食福金」，再請外燴師傅前來烹煮，等祭拜完畢，大家共聚之。

三、清明掃墓禁忌

　　清明節在陽曆常落在四月四、五日，相對於農曆則在二月下旬到三月上旬之間。《歲時百問》載：「萬物生長此時，皆清潔而明淨，故謂之清明。」這是萬物回生，春意盎然，春氣萌動，郊遊踏青的季節；也是民俗掃墓祭奠祖先之時，其相對應的禁忌也不少。

　　《周禮‧春官‧家人》云：「凡祭墓，為尸。」為尸原是以人為祖，後為設立牌位之意。東漢光武帝以孝立國，特別強調掃墓。東漢王充《論衡‧四諱》記載犯罪判刑的人是禁止上墳掃墓的。另根據宋《夢梁錄》亦記載凡新娶妻子，清明必定要上墳祭拜，以告先靈，謂之「上花墳」。

　　清明時節時當驚蟄、春分已過，冰雪融化之際，為防祖墳冬燥之際被兔打洞或被春雨水侵襲，人們有必要前去除草整枝，添土上供，以表此墳有後人祭掃。由出外掃墓而引伸出來的踏青習俗，民間以為能踏得天地之靈氣與生機，所以臥病在床，年邁體弱者，這天一定要由人攙扶到郊外走一走，以接天地之精氣，消除病患，否則病情恐將加重。即使身強力壯的人，也需踏青春遊，野宴娛樂，沐浴清和明淨之氣。唐詩「清明時節雨紛紛，路上行人欲斷魂，借問酒家何處有？牧童遙指杏花村。」即是說明春遊遇雨心境。由科學角度審之，戶外踏青，可以舒活筋骨，加速體內新陳代謝，增加人體自然抵抗力，有積極作用。

　　古時清明節需戴柳枝，出遊之時，可尋一鮮柳枝插戴頭上，否則也必須到柳枝配戴。俗云：「清明不戴柳，來生變黃狗」；「清明不戴柳，紅顏變皓首」，所以清明非戴柳不可。《夢梁錄》也記載清明時節，家家戶戶以柳條插在門上，稱為「明眼」，不插則會眼睛昏花或者不祥。據云插柳戴柳的習俗與清明賜火有關，寒食之後即是清明，寒食禁火，清明時火

種已絕，必須鑽木取火，但鑽木取火不太容易。唐朝的《輦下歲時記》記載：「唐代宮廷裡，每至清明節都要在宮廷前鑽榆木取火，先取得火者，皇帝賜給絹三匹，金碗一只。由於鑽火不易，皇帝每以榆柳火賜給臣下，以示恩寵。取得火種的官僚為表榮幸，常將傳火的柳條插於門前，後人爭相效仿，蔚為成風，五代江淮之間清明插柳已成風氣，後世衍生出不插柳變成無火種、無生機、無光明、眼目昏花的習俗禁忌[16]」。時至今日，節前之寒食習俗已無存，清明插柳戴柳之俗亦已消失。

　　臺灣客家人掃墓大都自元宵次日開始掃墓，直到清明為止，清明過後，除了極少數特殊以外，極少人上墳掃墓。客家人掃墓稱為「掛紙」，通常會攜帶三牲果品、發糕、艾草糕、紅蛋、黃嘏紙等上墳祭祖。到了墓地，將周圍雜草割除，清除墓地周圍雜物，稱為「伐地」。祭品擺好之後，要將黃嘏紙壓在墓碑上，即稱「掛紙」，表示此墳有後代子孫祭掃。如果「寄岩仔」或窮苦人、路途遙遠者，掃墓時沒帶三牲禮儀祭祖，只帶些糖果、艾草糕等簡單祭拜，將黃嘏紙壓在墓碑上，即稱「矷[17]紙」。有些家族龐大者，建有骨塔，存放先人骨罈，掃墓時所有裔孫都來「拜塔」。不管是「掛紙」、「矷紙」或是「拜塔」的行為都有禁忌，透過禁忌多在期望祖先安然而庇佑子孫。

1. 忌以硬物壓「黃嘏紙」

　　壓黃嘏紙要選用鬆軟泥塊，不可用磚、石等硬物。用泥塊壓黃嘏紙代表鬆軟，遇雨逐漸融化，以為可讓子孫生活輕鬆，遇困難能迎刃而解。如用硬物，則會使子孫生活若石堅硬，遇困難而難以轉圜。

2. 忌以鴨鵝等扁嘴動物祭祖

　　鴨鵝等動物屬於「扁嘴」動物，客家人向來不以之來祭拜祖先，因客家人認為「嘴扁」即是想哭的樣子，故忌之。若要使用五牲祭祖或超渡

---

16 整理自陳生編著《中國禁忌》頁13～15，南寧：廣西民族出版社，1996。
17 矷：壓。

祖先，可用一隻雄雞（或閹雞）和一隻母雞配以豬肉、魷魚、豆腐乾（或蛋）。

3. 勿踏墓龜

客家住房後面半圓形的部分叫做「化胎」，土地公後面半圓形的部分稱爲「伯公龍」，墓後面半圓形的部分稱「墓龜」，通常是禁地，不容許他人或閒雜人等踩踏。何況墓龜正處於祖先骨灰罈上方，不管是自己的祖墳，或是他人的墳墓，都不應經過或踩踏。

4. 勿將蛋殼丟棄於地

墓祭完，通常要將紅蛋分給參與掃墓者每人一粒食用，應將剝完的蛋殼丟至墓龜上，象徵祖先蛻殼轉世，切忌勿將蛋殼丟棄於地任人踩踏。

5. 勿於下午掃墓

掃墓亦是宗族團聚之時，所以掃墓良時宜取辰時到巳時爲佳，最遲莫過午時。此一時段恰是旭日東升，陽氣上升，令人神清氣爽，祖先亦欣然笑納。若到下午掃墓，陽氣下降，陰氣上升，令人總覺心情沈鬱，悲傷難抑。所以，除了特殊情形，一般人不會下午時間掃墓。

四、上巳禁忌

古時上巳節爲三月第一個巳日，與清明時節相近。這一天，人們要到水邊舉行招魂攘災的儀式。《詩經‧鄭風‧溱洧》中描寫溱、洧水畔，男女情人於上巳踏青、打情罵俏、互相戲謔、贈芍狂歡的節日集會。婦女下河沐浴，做浮素卵和浮絳棗的遊戲，爭食漂浮的卵和棗，洗去不孕之災，以求得子。《風俗通‧祀典》「按周禮女巫掌歲時經拔除釁浴，禊者，潔也。」意思爲在水邊洗滌污垢，祈求康健長壽。後代成爲「曲水流觴」的活動。王羲之〈蘭亭集序〉「暮春之初，會於會稽山陰之蘭亭，修禊事也。」杜甫〈麗人行〉「三月三日天氣新，長安水邊多麗人。」應屬古老的上巳遺風，後來慢慢成爲三月三日的大集會，各個民族到這天也有一些忌諱。

時到今日，上巳遺風如：「忌新嫁娘回娘家，忌不插薺花，忌螞蟻上灶[18]」等民俗禁忌在漢族間幾已消失，客家人也已無此民俗和禁忌，只剩有些客家人過去利用三月三日掃墓，以及民謠中還保留記載三月三行事。例如〈病子歌〉裡的「三月裡來三月三，娘今病子心頭淡，阿哥問娘食麼個，愛食酸澀虎頭柑」，〈十二月古人〉裡的「三月裡來三月三，昭君娘娘去和番，回頭不見毛延壽，手抱琵琶馬上談」，〈撐船歌〉裡的「三月裡來三月三，走路婦人路上行，日裡食飽無在屋，瀉祖瀉公敗名聲」等歌曲，唱到三月時都有「三月裡來三月三」的唱詞，但與上巳的習俗與禁忌似乎無多大關聯了。

五、端午禁忌

每年五月五日端午節，俗稱「五月節」。相傳是紀念古代楚國的愛國志士屈原而形成的，民俗在這天掛菖艾、包粽子、划龍舟以紀念屈原。楚辭曰：「浴蘭湯兮，沐芳華。」《大戴禮記·社記》裡「五月五日，蓄蘭為沐。[19]」另《荊楚歲時記》又記載：「五月五日，謂之浴蘭節，四民並蹋百草之戲，採艾以為人，懸門戶上，以禳毒氣。」今謂之浴蘭節，又謂之端午，又云：「五月五日為端陽，一云蒲節，一云重午。[20]」可見端午的產生在屈原之前。在南北朝時就有掛菖莆、艾草以避邪攘毒的習慣，並非到唐朝末年「走黃巢」時，為避黃巢才產生的習俗。

俗云：「端午節，天氣熱，五毒醒，不安寧。」這天惡疫毒癘橫行，需防疫避毒，所五月是民間信仰中的惡月，五月五更是惡月中的惡日，雙惡之下，人人惶恐，深怕惡月餓日的邪氣侵襲到自己身上，必須避邪、驅邪。明代北京人在此日正午前要去天壇躲避，午後才能出來。家家戶戶都

18　以上「上巳節」資料禁忌參閱萬建中《禁忌與中國文化》頁223，北京：人民出版社，2001。

19　見《荊楚歲時記》第一部寶顏堂秘笈本。《荊楚歲時記》，南朝梁宗懍撰，一卷，三十六條。記載荊楚之間自元旦到除夕的節令風俗。有隋朝杜公瞻注。

20　見《荊楚歲時記》第二部佚文輯錄。

要懸掛香艾和菖莆，所有的小孩都要灑點雄黃，頭帶朱帽或髮繫朱帶來驅邪避災，以鎮四處肆虐的壁虎、蝦蟆、蜈蚣、蜘蛛、毒蛇等五毒。故端午禁忌頗多，有些更不可思議。

1. 忌到官、蓋房

漢代《風俗通義》記載：「俗云五月到官，至免不遷。」又曰：「五月蓋房，令人頭禿。」可見五月被視爲惡月，最慢在周末戰國時期已經形成了，

2. 忌出生

在現代來講，這簡直是一項非常不可思議的事情，端午節爲了避災驅邪，很多禁忌當中，尤爲不可思議的竟然是忌出生，這天生下的孩子都是不吉祥的。俗說：「五月五日生子，男害父，女害母。」漢朝王充《論衡·四諱》寫說：「諱舉正月、五月子，以正月、五月子殺父與母，不得舉[21]也，已舉之，父母禍死。」

據說東漢有個舉世圓滑、永遠不倒的大官胡廣，歷仕六帝，《世說新語》說他生於五月五日，其父母拘於禁忌將他放進葫蘆扔入河裡，幸未淹死而被救起，後被收養而成大器，因托葫蘆而生，故名胡廣。可見歷來忌諱五月，特別是五月五日生子的民眾心理。《齊東野語》載：「童貫及徽宗本以五月五日出生，以俗忌，移之十月十日。」傳聞宋徽宗在五月五日生下後即被送出宮，爲宮婦所養，爲取吉祥，故取名「佶」，改爲十月出生。幸未死，後被封爲端王，宋哲宗薨無子，被立爲帝。

這樣的例子在中國古代典籍裡還頗多，所以得想辦法不要在這日生子，萬一生了即便不殺死，也得送給別人收養或扔到河畔去，以免沖剋父母家人。如果捨不得殺死或扔掉，就必須改姓，改生日來彌補[22]。

21　舉：生。

22　陳生編著《中國禁忌》頁16，，南寧：廣西民族出版社，1996。

3.忌去戲水

五月仲夏，戲水尤其要注意，不管是海邊、河邊、還是池邊，民俗說法是五月五日最毒日，更甚於七月十五中元節，凡事更應謹慎，戲水易易被鬼魂抓交替，其實是地表天熱，水裡溫度上不如地表，由在山間溪流處，更應提防。

古人以五月為惡月，尤忌五月五日，在心理上是有一定的道理的，只是披了一層迷信的外衣。以現代醫學角度來看，五月正直春雨甫去，酷暑即將來臨的轉接時期，正是流行病、瘟病瘴癘潛伏發作之時，在古代醫藥衛生都尚未發達的社會環境中，對疾病的恐懼而引發許多防範措施與禁忌，由「五」的抽象的病魔數字幻化為具象的「五毒」結合，是完全可以理解的。

苗栗三義的客家居民鄉間習俗，在此日之前，必須砍「大風草[23]」、「六月雪[24]」、「艾草」等植物曬乾。於當日祭神、敬祖之午後，聚置於屋內廳中焚燒，使煙充滿屋內以驅蟲蛇蚊蟻，到了晚上又將這些曬乾之草放入鍋中煮開，降溫之後洗澡，以為「淨身」，藉以驅除身上髒邪之氣，使身體健康。

即使到了科學昌明的現代，民俗的維繫，禁忌的桎梏，已逐漸鬆弛，在此將臨酷熱之時多加消毒與防範，注重衛生，也是有必要的。

六、七娘生禁忌

七月七日，又名乞巧節，客家俗稱「七娘生」，也就是「七娘」的誕辰。七娘信仰的來源，有人以為是北斗七星的配偶神「七星娘娘」，但大

---

[23] 見本書第四章「生命禮俗禁忌」之第二節「生育禁忌」三「產後禁忌」之「大風草」條。

[24] 六月雪：學名「臺灣澤蘭」，別名「山澤蘭」，屬菊科，臺灣特有種，多年生草本。全島低海拔到高海拔都可找得到，由於花期主要集中在夏秋，花色雪白，故而取名「六月雪」，見《新竹縣常見植物海陸客家語名稱》(2)頁92～93。六月雪亦是民間常用的青草藥，用於夏天中暑、治肚子風痛與熱痢，亦用於感冒頭痛見《臺灣客家民族植物》（鑑賞篇）頁91。

多數人都認為是源自於織女神。織女神受到崇敬，可溯源到《史記・天官書》：「織女，天女孫也。」自古以來民間盛傳牛郎織女兩人於七夕，才能在天河鵲橋一年一度的相會，西晉傅玄《擬天問》就有「七月七日，牽牛、織女會天河」的記載。漢代的《緯書》記載：「織女，主瓜菓絲帛珍寶。」替織女神增添豐富的形象，杜甫「牽牛織女」詩中「曝衣遍天下，曳月揚微風。蛛絲小人態，曲綴瓜果中」，說明此俗的普遍。

女孩想從織女裡學到巧手織作的本領，這種企求靈巧的心理，發生了多少乞巧的習俗，有的擺設香案，穿針引線，恭請織女傳授織作技巧，有的在清水中浮一根針，看針在水中呈現的形狀來判定乞巧結果，最喜看到雲、花、鳥獸、鞋襪刀剪之形，最忌諱看到粗如棒槌、細如針線或直如蠟燭的投影，前者表示得巧，後者表示未得巧。《幼學瓊林》也提到「七夕牛女渡過河，家家穿乞巧之針。」指唐朝之時，皇宮之內，每年到了七夕之夜，皇宮女子各人拿緊了針，五色的絲線，向著月光來串，穿過的就叫做「得巧」。

臺灣會說此日為「七娘生」，現代民俗學者婁子匡認為隨著牛郎織女故事的轉變，織女的身分變成七仙女中最小的一個，她下凡和孝子董永結婚，後來又把孩子送還給董永，因此成為人們心中的七娘媽，掌管保護幼兒的神祇。臺灣民間信仰中，七娘媽專門保佑十六歲以下的幼童。

以前七娘生日這天，凡是家中有幼童者大多會在黃昏時，在家門口擺供桌拜七娘，供品包含湯圓、生果、麵線、白粉、胭脂、香水、鏡子、針線、雞酒、油飯等。為求多子多孫，有些人家還會擺上圓仔花、雞冠花、指甲花等香花、牲醴等盛祭，祭後燒金錢、五色紙製七娘衣，期望七娘保佑還平安長大。又有人以為床母也是七月七日生日，這日拜七娘，同時也要拜床母。

白居易《長恨歌》裡「七月七日長生殿，夜半無人私語時，在天願作比翼鳥，在地願為連理枝」的詩句，給人無盡的想像空間，影響多少有情男女嚮往此良辰美景，夜闌人靜之時竊竊私語，共締良緣。若是想要利用

七夕拜月老求得好姻緣，供品最好是雙數，且是甜品，或是象徵早日尋得好對象的紅棗，象徵圓滿的桂圓（龍眼）參拜，如此可讓月老幫忙「說好話」，早日覓得稱心佳人、如意郎君。

　　如今七夕祭拜七娘乞巧的習俗已經式微，在媒體推波助燃之下，轉變爲中國情人節祈求姻緣、七夕觀星、情侶相聚、共度良宵的浪漫之夜，織女在民間的地位顯得重要，未婚男女授受不親的禁忌早已拋至九霄雲外。

七、鬼月禁忌

　　時序進入農曆七月，民間習俗七月一日開鬼門關，鬼魂自陰間放出來，意謂這些鬼魂們要到陽間透透氣，一直要到月底最後一天才關鬼門，所以從七月一日起到七月三十日關鬼門爲止，俗稱「鬼月」。鬼月這月鬼魂充滿人間，天天都有地方舉辦普渡祭拜鬼神，以慰孤魂野鬼。各廟宇在此一月，也有爲民眾普渡冤親債主、世代祖先、無祀孤魂、動物之靈、嬰靈等等，期盼這些孤魂野鬼能得到安息，不出來危害人類。民俗學家、靈異大師都強調，在這鬼月一整月，都要小心謹慎，盡量遵循應有忌諱，就能平安順遂度過，所以鬼月與過年時一樣，禁忌特別多。

1.七月禁忌

⑴忌遠行

　　本月鬼魂在到處遊蕩、覓食，千萬不要亂走，忌出遠門，以免碰到鬼，若碰到鬼，主一年不吉利。甚至很多人到目前爲止，仍然相信七月整個月裡不出遠門，包含到國外旅行，甚怕遭到意外。

⑵小孩或生病者忌諱去陰廟

　　同樣是因爲鬼魂在到處遊蕩、覓食，千萬不要亂走，小孩氣血未盛，磁場也較弱，生病者本身即體弱氣虛，平時若非極爲需要，不應進出廟宇、車站、市場等人潮聚集的地方，尤其是陰廟或有墳墓的樹林等陰氣較盛的場所，七月更不應該去，以免招引陰靈靠近而遭致鬼魅上身。

⑶ **少進出醫院等場所**

醫院本身即屬於氣場較亂的場所，到了七月更甚，如無必要，最好盡量避免進出醫院爲妙。不過如遇身體不適，當然要及早看醫，才可保平安。

⑷ **半夜不要晾衣服**

晾著的衣服乍看似人形，俗信若傍晚不收衣服或再晾衣服，容易招來不必要的陰氣或靈體，或容易招引意外事物接近。

⑸ **避免看屋、買房**

民俗傳統避免七月看房買房，主要是聽到「鬼月」心裡就發毛，也恐怕沖煞到磁場，也可能造成陰陽失衡，若要進新房，更應避免。如果眞的看到極爲喜歡的房子，非買不可，也盡量避免在七月簽約。

⑹ **夜晚勿隨便亂拍照**

七月陰氣較重，容易拍到陰氣或靈體，尤其深夜應盡量避免，尤其是到野外或森林之中，拍到意外照片，心裡的影響很大，也可能招來負能量或不幸。

⑺ **忌結婚、開市**

由於有許多好兄弟是尙未結婚就離世了，若在鬼月結婚，形同在跟他們炫耀，可能會招致他們的嫉妒。同樣的選擇在鬼月開市，也不是好的開始，會招致經營不順或其他阻隔等等。

⑻ **忌夜間吹口哨、簫**

口哨或簫之聲咻咻，淒厲如泣，夜裡吹之，其聲易招鬼近身。七月尤甚，夜間若吹口哨、洞簫，更易招引到陰氣與靈體。甚至應該於夜晚保持寧靜，禁止敲敲打打、喧囂，避免鬼靈尋聲前來。平時即嚴禁於夜間忌吹口哨、簫，何況於鬼月？

⑼ **忌去戲水**

平時去戲水都要時時注意，以免發生意外。鬼月尤其要注意，不管

是海邊、河邊、還是池邊，民俗說法是先前被溺斃者魂魄藏於水裡，易於鬼魂出鬼門關時抓交替，故鬼月忌去戲水，以防被抓交替。

⑽ **忌夜間剪指甲**

俗謂指甲有精氣，伴隨人生，如果晚上陰氣較盛之時剪指甲，精氣容易被鬼魂侵奪、吞食，以致傷身。

⑾ **忌晚間叫人名字、拍人肩膀**

人有三魂七魄，若於晚間叫人名字，拍人肩膀，易被驚嚇，而使魂魄出竅，或被鬼魂跟蹤。

2. 中元節普渡禁忌

昔時農曆七月每天各地都有普渡，尤以七月十五為最盛大。七月十五這天，客家民間稱為「七月半」，道教稱為「中元節」，是「中元地官消災赦罪」的日子，也是臺灣人年中最大的節日；佛教稱為「盂蘭盆節」，是「供養齋僧，功德迴向父母」的孝親節，是普渡、布施亡魂的日子。道佛名稱的不同，意涵亦有別，主要是中元節起源於道教，盂蘭盆節起源於佛教，總之都是祭祀無主亡魂的日子。

鬼月的普渡，到了這天最為普遍、隆重、盛大，家家戶戶在傍晚時分到夜裡，於門前空地或路邊祭拜孤魂野鬼，俗稱「拜好兄弟」。這些「好兄弟」，會聚集人間，享用人間祭祀的美食供品，是鬼月中更要忌諱的日子。中元普渡習俗的要求與祭品，同時也是禁忌，不可缺少，若缺少了，恐鬼神不高興，心裡也過意不去。

⑴ **不可放置舊的洗漱用具**

臉盆盛乾淨的水，橫放一條新的毛巾，置於供桌之前下邊，不可放舊的。供桌前放置鏡子、胭脂水粉，讓好兄弟來到時看到全新的物品，可先洗漱乾淨，再享食祭品，滿心歡喜。

⑵ **放置空心菜**

筆者從小看家父每年中元節這天下午祭拜好兄弟時，都在供桌上右

前邊放置一碗空心菜湯，一直到現在，筆者不知其意，仍沿襲傳統，不敢荒廢。筆者曾問家父何意？父親答以祭品除了水果、餅乾之外，全都肉品葷食，放這素菜，是一碗清湯，至少讓吃素食的好兄弟有菜可吃，有湯可喝。可是許多民俗學家以為放置空心菜的用意，其一是「無心」，「無心之過」之意，指祭品不多，招待不週，請勿見怪。其二為「無心留人」，指祭拜鬼魂，雖然誠心，但不留宿，吃飽即可離去。

⑶ **每項祭品都要插香，忌供品不滿桌**

中元普渡與拜天公都在庭院或門前實施，最大的不同處是普渡需在供品上插香，其意是指引好兄弟進食，不要一串串或多籽的水果祭品，供品也要足夠，盡量把供桌擺滿。

⑷ **要準備巾衣**

除了在供桌前擺放胭脂水粉、鏡梳衣帽以外，還要有繪有圖片的「巾衣[25]」，做為好兄弟來時，可供更衣用，滿心歡喜，若無巾衣，好兄弟可能不高興。所以在請得好兄弟來時，立即要燒巾衣，使好兄弟來到立即更換新衣，享用祭品大餐。

⑸ **忌以番石榴、百香果為祭品**

鬼月家家戶戶普渡祭祀「好兄弟」，閩南人以為祭品不宜以香蕉、鳳梨祭拜，因為「香蕉」字諧音「相招」，「鳳梨」諧音「旺來」，因此諧音「相招鬼神旺來」，為人們不喜樂見。各族群語言不同，諧音禁忌也就不同，客家人把「香蕉」稱做「弓蕉」，「鳳梨」稱做「黃梨」，以致沒有這些禁忌。

其實，康熙末年的《臺海使槎錄》記載：「陳設餅餌、香櫞、柚子、蕉果、黃梨、鮮薑，堆盤高二、三尺[26]」。可見當時臺南地區

25　巾衣：客家話稱為「祜衣」，亦即舊衣之總稱。

26　臺海使槎錄：清巡臺御史黃叔璥所著，書始於康熙61（1722）年6月，北京黃叔璥抵臺後經常巡行各地，考察攻守險隘、海道風信。全書凡8卷分三部份：《赤嵌筆談》（第一至第四卷）、《番俗

的閩南習俗對這些瓜果並無禁忌的。但是現在族群混居，媒體發達，傳播迅速，加上一些江湖術士、命理學家的說法，使得很多客家人也跟著崇信。倒是平時認為吃下番石榴、百香果，種子不能消化隨便排出又再長出，以為不潔，忌以之為祭品。

(6) **忌有請無送**

祭拜好兄弟時，通常會「擲筊[27]」請神，經一炷香或兩炷香後，祭拜完畢之前，仍必須再「跌筊」送神，讓這些好兄弟回至原座。如果無送，它們可會繼續留在此處，所以忌諱有請無送。

(7) **祭品、紙錢適量即好**

農曆七月一整月，民間常有普渡，普渡是一種人們對於大自然未知的敬畏，希望拜拜能趨吉避凶，但有些人卻希望藉由拜拜，希望好兄弟能帶來好運勢，所以祭品能多就多，紙錢燒得很多，似在巴結、賄賂「好兄弟」。客家有句諺語：「交官窮、交鬼死，交到牛販食了米。」如此，我們與鬼陰陽兩隔，與鬼打交道，貼近鬼魂，豈不是「請鬼拿藥單」，與鬼打交道，只要祈求這些好兄弟別犯著我們就好，別期望他們庇佑我們，給我們好運勢了。所以心誠即好，祭品、紙錢依個人能力，適量即好，不必打腫臉充胖子，以討鬼魂喜歡。

(8) **忌太晚回家、不在外過夜、家裡別掛風鈴。**

中元這天，俗信孤魂野鬼最多，太晚回家或在外過夜，恐易生意外。家裡掛著風鈴，傳聞容易招致鬼魂。

總括七月鬼月的禁忌，諸如不到水邊戲水，禁止到水邊遊玩戲水，

六考》（第五至第七卷）、《番俗雜記》（第八卷）。其中番俗六考，詳細記錄臺灣的山川地理、風土民俗。尤其對臺灣原住民的樣貌，更是觀察入微，因此，該書為近現代考證平埔族歷史之根基。本段文字出自該書〈赤崁筆談卷二·七月十五〉條。

27 擲筊：客家話稱為「跌筊」，音died□ gau/died 。閩南語稱為「跋桮」，音puah-pue。丟擲以木頭或塑膠做成二片半月形狀的杯筊求神問卜，藉此與鬼神對話。

主要是夏末初秋，日夜氣溫相差甚大，以致於不知水面與水裡溫度落差有多少，若未暖身，貿然入水容易抽筋等意想不到的狀況。深夜避免出遊，不吹口哨，不隨便叫人名字或拍肩膀，則容易使人驚嚇。不晾曬衣服，則是立秋過後，夜晚露氣凝重，衣服打濕未乾容易致病。若是換個角度來觀察，無非是安全的生活守則。其實是藉由禁忌作為生活的約束，以示用謹慎的方式尊重好兄弟們，勿以迷信視之。

八、中秋禁忌

農曆八月十五日，俗稱「中秋節」，與過年、清明、端午合稱漢族一年四大節日之一，客家人稱之為「八月半」。按照農曆，八月為秋季的第二個月，在中國古代稱為「仲秋」，最早出現於《周禮》，《禮記·月令》上說：「仲秋之月養衰老，行麋粥飲食。」其起源與古代秋祀、拜月習俗有關。古代在北方，中秋正是秋收之時，故家家祭獻神靈，形成一系列的儀式與習俗。同時這時秋高氣爽，明月當空，故又有了拜月、賞月習俗，故《禮記》早有記載「秋暮夕月」，意為拜祭月神，逢此時則要舉行迎寒和祭月，設香案。《禮記》亦載：「天子春日祭日，秋天祭月。」

在戰國之前，古人就相信月中有蟾蜍。到了漢代，又相信有玉兔，晉以後有產生了吳剛伐桂傳說。不過拜月起源，似乎根源於嫦娥奔月傳說。月宮清冷，寂寞難耐，嫦娥應悔偷靈藥，但在文人墨客的的筆下賦予十分炫麗的離奇色彩。清涼似水，溫柔若夢的月光更激起人們多少豐富的美麗遐想，甚至到了唐代以後，中秋節成為君王賞賜群臣的節日。還留下唐明皇遊月宮，帶回霓裳羽衣曲的傳奇若似真實故事。晚期至明清時期，中秋節已經成為中國的一大傳統節日。

一般而言，因中秋這天，秋意正濃，月亮最近地球，磁場影響大，煞氣重，民間頗有禁忌

1. 男不拜月

每當中秋之月初上，人們設案燃香，陳列月餅瓜果等拜月亮。古時祭

拜月亮時，男子最多只能在一旁觀看，不得參與拜月，有的地方甚至要求男人迴避，因為月亮是陰象之物，所以拜月純屬婦女之事，俗有「男不拜月，女不祭灶」的禁忌，男子不得祭拜陰象之月，正如女子不能祭拜陽象之灶一般。

2. 忌失意、運勢差者賞月

賞月是賞心悅目之事，但最近失意者，比如官場不順、生意虧本、倒霉事情接踵而來者，盡量不要賞月。

3. 身體虛弱者不宜賞月

身體虛弱的人，或最近流過產或者剛生育過小孩者，因晚間秋意濃、濕氣重，不宜在野外賞月、拜月，即使在家中的陽臺也最好也避免，以免襲涼而傷身。

4. 忌果餅不圓

中秋夜晚，人們設壇燃香祭拜月亮，陳列月餅瓜果圓形為宜，拜畢全家聚在一起吃月餅，月餅又稱為團圓餅，吃了能使全家不離散，所以拜月的果餅必須是圓的，即使把瓜果月餅切開來也必須是月牙瓣的蓮花狀，不宜亂切。

5. 不宜多吃月餅

月餅含油脂、蔗糖較多，熱量高。過量食用會產生滑膩感，易致胃滿、腹脹，引起消化不良，食慾減退，血糖升高，不宜多吃，老年人、兒童更不宜多吃。尤其不宜與粥相配食用，因月餅、粥都就是迅速升高血糖的高升糖指數的食品，不僅對糖尿病人不適，對人的大腦細胞不利，還會降低脂肪代謝。

6. 不可手指月亮

月亮是太陰之神，應特別尊重，平時若以手指月亮，傳言會被月亮割耳朵，何況中秋賞月之際？五〇年代以前，經常見到有些人耳後有一條裂痕，疼痛異常，鄉人都說是以手指月亮，被月亮割耳朵形成的。但現在這種疾病已很少出現，是否以前人不重耳後衛生形成的？

　　客家諺語：「掃地愛掃壁角，洗面愛洗耳角」，似乎即可避免被割耳背造成裂痕的毛病，即是要人在洗臉時耳背也要經常洗到，注意整個耳朵的衛生習慣。

　　臺灣美濃地區的客家人，往往於中秋節宰食「水鴨公」加菜，成為當地中秋的特色。一般人家白天敬過神明、祖先之後，到了晚間，等吃過晚飯，抬出桌椅到院裡，在月光下擺出月餅、蕃薯餅，還有糖果、花生、柚子來賞月。筆者小時，每逢中秋夜晚，一邊賞月，吃著當地特產名叫「綠豆餅」的月餅（圖13），祖母一邊教我們吟誦「月光光」的童謠，父親也叫我們不可用手指月亮，不可對月亮不敬。要隨時望著月亮，注意著有無嫦娥仙子出來，若有就要立即跪下地，叩頭向她祈求願望，聽說願望將來必定達成。可惜多少年來不曾見過嫦娥仙子出現，但給予我們這些年幼的孩童們，在月光下有著無限的遐想。

圖13　苗栗名產「綠豆餅」，又名「綠豆凸」，現在俗稱「肚臍餅」。

　　臺灣各地約從八○年代起盛行中秋節烤肉，中秋節前後家家戶戶晚間在戶外或住家門口烤肉，傍晚即烤煙升起，吵雜聲響，至夜深方歇，大多「只見低頭聞肉香，忘看嫦娥羽霓裳」了！

九、重陽禁忌

　　重陽節在農曆九月九日，在古代是一個非常重要的節日，「無菊無

酒不重陽，不插茱萸不過節。」早在戰國時代就有重陽之名，到了漢代已成爲一個重要傳統節日，同時又是菊花盛開之時，這時節秋高氣爽，風清月節，可登高遠望，賞菊賦詩，文人墨客在此日「引吹載酒，須盡一生之興」。《西京雜記》裡載：漢高祖的寵妃戚夫人有一名侍兒喚賈佩蘭，在宮中時，每到九月九日，便「配茱萸食蓬餌，飲秋華酒。」「三月上巳，九月重陽，仕女游戲，就此菝襖登高。」唐人郭元振有詩「避惡茱萸囊，延年菊花酒。」所以有登高、賞菊、配茱萸之俗。

自古以來，插茱萸是重陽節的習俗，同時也是這節日的禁忌，此日若不登高阜，不戴茱萸，就會染上瘟疫而死。《續齊諧記》載：漢朝汝南桓景，隨道士費長房學道，修練數年，有天長房突然對他說：「你家九月九日將有大難，災禍臨頭，你趕快回家防避災難，讓家人每人做一個紅色布袋，內盛茱萸在臂上帶緊，九月九該日登高山飲菊花酒，方能避開這個災難。」桓景依其言而行，舉家登高，傍晚回來，雞犬牛羊等禽畜全部暴斃，這才知道師父救了他全家一命，從此以後每逢重陽必插茱萸登高，變成了習俗。唐朝王維〈九月九日憶山東兄弟〉「獨在異鄉爲異客，每逢佳節必思親；遙知兄弟登高處，遍插茱萸少一人。」可見當時重陽登高、插茱萸的習俗之普遍。

原來茱萸可避惡，登高可遠禍，晉周處《風土記》載：「此日折茱萸以插頭，言避除惡氣令禦初寒。」除了習俗禁忌非插不可外，女子若有心疼病，也常有採之治病的，不過傳說要用口去咬下來，不能用手摘，否則醫治效果不靈。

時至今日，雖無再插茱萸、飲菊花酒的習俗，也不再有此禁忌。但到此日，重陽敬老，重陽節已成老人的節日，也是體育節，政府或地方社團，經常辦理老人的登高或休閒活動，全民體育活動，仍延續著重陽的基本精神意義。

十、冬節禁忌

冬至在臺灣，不論閩南或客家，都稱為「冬節」，陽曆約在十二月二十一日或二十二日。農曆日期並不固定。客家諺語說：「冬節在月頭，無被毋使愁；冬節在中央，霜雪兩頭扛；冬節在月尾，凍死無人知」，以預測該年冬天的冷暖。這日是白日最短，黑夜最長的一日。客家人早上以「甜湯圓」拜神祭祖，同時也祭灶神，是年底的一個盛大節日。客家諺語：「冬節大於年，雞子大過天」，甚至說：「吃過冬節湯圓，又長了一歲」，對冬節特為重視。還有，在客家人的觀念裡，冬至時分的水味最醇正，所以冬至釀酒已成為昔時客家人的習俗。

客家人務農為多，所以對牛特別敬重，傳統上除了不殺牛、不吃牛肉之外，冬至也是牛的生日。這日早上，把煮好的湯圓放入草中，讓牛吃下。傳聞有些地方，如苗栗南庄，還有灌牛吃湯圓的習俗。還有些地方，將煮好的湯圓，貼在牛角上，可見長年靠牛耕作的客家人，心存感恩，以示對牛的尊重，才有這些舉動。

另外有些地方的風俗，將未煮熟的「生湯圓」放置於餐桌邊緣下的「桌楗」上，排列整齊的放一段時間，至晚間才將之煮食。另外還有人將湯圓染成水紅色，與白湯圓混在一起，參差不齊的貼在大門旁，特別有意思。

1.吃湯圓忌吃單數

民俗學家說：冬至吃湯圓宜吃雙數，且吃紅、白相參的，所以冬至的湯圓，一般人或店家都做紅白湯圓相參。且說忌吃單數，若吃單數，來年做很多事情，可能會落單。不過現今的人一口一口地吃湯圓，有誰去計算吃了多少？是不是雙數？

2.忌做惡夢

民間也相信，這晚的夢境最為靈驗，最好做個好夢，忌做惡夢。但做夢不是人們主動為之，為了不做惡夢，古人常會節前到廟觀裡拜拜，再

回來睡覺；若不幸做了惡夢，只得趕快到廟裡或土地公祠祈求神明保佑平安。

3.忌女人祭灶

月神屬陰象，灶神屬陽象，有其民間傳說來源。灶神專司灶前之事，所以於「中秋禁忌」一節即曾提及俗有「男不拜月，女不祭灶」的禁忌，男子不得祭拜陰象之月，正如女子不能祭拜陽象之灶一般，所以祭灶之事多由男人為之。

4.忌回娘家

冬至有一習俗，在民間流傳著，就是嫁過門的女子，不得在冬至這天回娘家，會沖煞到公公和婆婆。其實原意是出自於關心，因為冬至這天較為寒冷，擔心媳婦出門會受寒，公婆則因為低溫不適，又沒人照顧他們，才有此以一說法產生。

5.避免熬夜

冬至當天相當寒冷，尤其是深夜的時候，人的陽氣特別虛弱，陰邪之氣在此時最為旺盛，要避免熬夜，否則容易引致洩氣入侵。

6.夜晚不宜外出

這天白日最短，陰氣最重，夜晚不宜外出。外出亦不宜穿全紅、全白、全黑的衣服，或者騎機車出門。

7.忌房事、婚慶

冬至表示冬天完全來到，這天日最短、夜最長，亦是季節交換之日。古人養生法有「四立四至忌房事」之說，這天正是四至日之一，也可能低溫，切忌夫妻行房、男女交歡，以防止操勞、陽氣外洩，因而發病。既是避房事，自然也忌婚慶。

冬至在養生學上是一個最重要的節氣，主要是因為「冬至一陽生」。冬至到小寒、大寒，是最冷的季節，有心臟和高血壓病等三高的人往往會病情加重，患「中風」者增多，天冷也易凍傷。因此，在寒冬季節，對高血壓、動脈硬化、冠心病患者來說，要特別提高警惕，隨時注意病情變

化，謹防發作。應採取以下預防措施：注意防寒保暖，以利血液流暢；合理調節飲食起居，不過度勞累；保持良好的心境，切忌發怒、急躁和精神抑鬱；進行適當的禦寒鍛鍊，提高機體對寒冷的適應性和耐寒能力。

第三節　除夕禁忌

　　客家人過年同其他漢民族差異不大，在農曆十二月二十四日送灶神升天後，次日二十五就「入年界[28]」，亦即進入年的界域，或表示已經進入「年」的期間、範圍了，一直要到新年正月初五才「出年界」。客家人在除夕敬祖、拜神後點起燈光開始，不管白天或晚上，除了神龕，連灶神、燈籠的燈火，都不能熄滅，使得廳堂燈火通明，一直要到年初五「出年界」才可吹熄，謂之「發年光」。「發年光」的民俗是否為「以光嚇走年獸」的遺留？有待考證。這段期間謂之過年期間，為求吉利與送舊迎新，特別講究禁忌。

一、除夕前禁忌

　　入年界之後，人們大致不做農事，開始清掃家裡、整理家務、還清債務，之後即開始蒸年糕等過年糕品，貼春聯、堂號、門紅等。雖說可以無禁忌的大掃除、清神爐、辦年貨，甚至有童養媳[29]的到了適婚年齡，也可不必挑選良辰吉日，就在除夕夜送做堆，結成夫妻。但這些看似毫無禁忌，另外一些禁忌又產生了。

1.忌送灶神日舂米

　　農曆十二月二十四日送灶神之後，民間便進入準備過年的緊鑼密鼓當中。送神這天，所有神要升天，據說恐怕將風神搗下，造成來年多風，尤其臺灣正處太平洋環海地帶，每年夏秋多颱風肆虐，造成樹拔屋塌、山崩

28　入年界：進入過年的期間。界：界域、框架、範圍，音ga/ga˘，亦寫成「入年架、入年假、入年價、入年駕。

29　童養媳：客家話稱為「細心臼仔」或「花頓女」。

土流、人畜傷亡等駭人驚聞，因此送神日禁止舂米，獨獨提防風神，唯現代民間已無舂米設施，這項禁忌已成民間記憶。

2.忌蒸年糕時，小孩在旁

客家諺語：「年到二十七，過年剩三日。」一般人開始蒸年糕、發糕、蘿蔔糕、菜包等過年糕品，禁忌又來了。蒸年糕等過年糕品時，忌小孩在旁，或來問話。如果小孩在旁亂跑，說是「年糕會蒸不平整」，小孩在旁說了不吉祥的話，說是「年糕不易蒸熟」或是「發糕不發」，最忌小孩在爐前跌倒哭啼或是喪家見到，所以有不少人家利用晚間或一大清早上蒸年糕，以避不必要的忌諱。

二、除夕禁忌

除夕是一年的最後一日，大部分的客家人會從早上拜天公之後清神爐，接著拜神明、祭祖、拜土地伯公，傍晚有些人有拜「地基祖」、晚上拜床神，一連串的祭拜。是「月窮歲盡之日」，所以又稱「除歲」，客家話叫「年三十」，除夕夜則稱「（年）三十暗晡」。亦是新年元旦的前奏，雖是隔天，也相差三百六十多天，不得不注意，人們不但注重「慎始」，也注重「慎終」。

⑴忌把年夜飯吃光

到了除夕，非常忙碌，所謂「三十暗晡个飯甑—無閒（沒空）」，準備豐盛的晚餐，準備一家團圓享用。菜餚中一定有一道「長年菜」，俗謂是給「長年」（長工）吃的，其實是取其「長久」之意。按現代飲食觀點，十二月正是芥菜盛產的時節，亦是應時蔬菜，過年吃長年菜，正是在豐富的菜餚中加點有纖維的應時蔬菜，達到飲食均衡的內涵吧！這晚忌把年夜飯吃光，所以除夕還要做好第二天年初一的飯，以便「有春」（有剩），最好讓小孩到第二天新年一發現講出：「舊年的飯都還有咧！」是更好的兆頭，期望來年豐收，糧食充足。

⑵ 忌吃年夜飯後還人錢財

吃年夜飯時全家團圓，餐後給長輩及小孩壓歲錢，即表示開始過新年，這時人們十分忌諱討債、還債之事。如要討債、還債，應於除夕前完成、結清。如果除夕晚還有債主來討債或出門還債，同初一新年給人錢財一樣，形同財富外流，來年恐為破財不祥之兆。

⑶ 忌言不吉、年夜飯時打破飯碗

古人很迷信，尤其懼怕疾癘與鬼魅，在年終的到來，一方面歡度佳節，喜慶豐收，一方面又要祛除疾癘，驅逐鬼魅，故而把這一日稱為除夕。古人認為「物老則成精」。王充《論衡・訂鬼》記載：「鬼者，老物精也。」而時間到了一個單位的終極，也會有同樣的禍祟，所以禁忌繁多。又言：「夏曆十二月三十為除夕，鄉民以為是日諸神下降，故隆重祭祀，敬鬼神，且禁忌繁多，如忌言鬼、死、殺等不吉字眼。忌打碎碟碗，忌惡聲謾語，忌隨地便溺及潑污水、燈油於地等。」

《中國民俗辭典》（鄭傳寅、張健主編）「除夕打破碗盞，次年必遭凶事。」「除夕將燈油潑地，家中必多疾病，或有不利之事。」客家也一樣。忌諱打破碗，為使除夕遇不吉之事而有禳解，常以「彩話」拔除，如說「童言無忌」、「歲歲平安」，客家人會說：「小孩有嘴無心」，或說：「破了才有新的」。

⑷ 忌物清不乾淨

吃完年夜團圓飯，發壓歲錢，一家大小高高興興的過年。睡覺前必須清潔完所有一切，客家師傅話：「三十暗晡个尿桶－盡拚[30]」此其謂也！

⑸ 忌吃年夜飯後丟棄垃圾

吃完年夜飯，即意謂著開始過新年，同新年初一到初二一樣，忌諱把垃圾丟屋外，要到初三送窮鬼日才可送至屋外，否則家裡福氣財運外流，來年恐怕破財。

30　三十暗晡个尿桶－盡拚：客家師傅話，亦即歇後語，其義為「盡最後努力、全力完成」。

⑹ 忌燈火熄滅

客家人自除夕早上祭神、祭祖點起燈光開始，除了神龕，連灶神、廳堂燈籠之燈火，都要到新年初五早上「出年界」為止，不可使燈火熄滅，使其「發年光」。

一年的歲時節日禁忌如此之多，多是繞著財運、求其吉利、趨吉避凶、慎始慎終上打轉，無非是使生活順遂，平安康健，其中有頗多禁忌已經隨著時代趨於式微，甚至已經銷聲匿跡。譬如很多節日禁止婦女回娘家，有些是忌於妨害公婆的，有些是忌於從娘家帶走財運的，可是面臨今日少子化的時代，女孩男孩一樣好，除夕夜到娘家圍爐的屢見不鮮，年初一亦有回娘家的，父母也不忌諱，可見歲時節日禁忌，部分已快速在瓦解之中。

第六章
人生觀念禁忌

　　人是社會的生物，於特定的地理環境、社會文化背景、風俗信仰觀念等綜合體中長大。同時又是高度社會化的動物，懂得保護自我生存和發展的重要。人的一生，就是在這社會發展、演進的漫長過程中，要保證實現人類自身繁衍和發展，活得幸福美好，那就需要人與群體多方面的和諧努力，常要各種各樣的禁規、戒令以及忌諱，以趨吉避凶。

　　在這個社會裡，人常有一些特別的信念與想法，由於這些信念與想法，有時無法理解得通，最後成為禁忌。

第一節　性別禁忌

　　歷來性別禁忌主要的是女人禁忌。古籍中對於女性厭忌的事例俯拾皆是，動不動就說「女人是禍水」，而其中最深遠的莫過於「女子不潔」這一觀念。《漢書·李陵傳》說：「吾士氣少衰，鼓之不起者何也？軍中豈有女子乎？乃搜得盡斬之，明日斬首三千級。」軍中忌諱女人的原因，是怕影響士氣和戰鬥力。《烈女傳》記載：趙簡子率兵與楚國打仗，在準備渡河時，船夫醉酒而不能划船，在此緊要關頭，船夫女兒要代父划船。趙簡子說，在出行前，祭祀禱告時發過誓不與女子同船而渡。《左傳》亦有類似記載，鄭國討伐陳國，陳國君主出逃，碰到大臣賈獲的妻子和母親，便讓他們上了車，而賈獲把他的妻母都趕下了車，並對陳侯說，和女人坐同一輛車是不吉利的。

　　清朝初葉，臺灣先民自閩粵搭船渡黑水溝來臺，也是禁止攜帶女眷，主要的是不能同女人搭船，傳言若有女人同搭船，船容易翻覆。到了現

代，運動員參與世界運動會，還是有很多國家禁止男運動員攜「伴」參加
比賽，或禁止外宿，主要是避免運動員在比賽期間與女性接觸，不管是
「體力的消耗」或是禁忌，怕會影響賽事的得名。何以如此？恐與女人不
潔及卑微地位有關。

一、經期禁忌

　　視女人為禍水、不潔，與女人的經期血水有關。在原始的萬物之靈
中，血被視為靈中之靈，受到特殊的信仰。每個月的經血、生產時的產
褥，血污便被聯想到女人身上。《淮男子·精神訓》曰：「血氣者，人之
華也。」古人不知血的製造過程與作用，只是由現實事例的種種，體會到
血的重要，看到人或動物受傷就流血，流血不止就會死亡，產生對血的恐
懼。可是當他們發現婦女經血的排出後，經過一段時間，會自動終止，對
人體無任何影響，不正常的排出經血是反常。所以閉經反而對身體有害，
種種病痛緊接而來，便認為婦女經血可能與一般的血不同，為毒物、污
物，經期婦女變為不祥之人，多所禁忌。歐洲人認為經期婦女像是惡魔附
體，而世人都忌諱看到沾有婦女經血的布條或衛生紙棉。

1.忌從晾曬的婦女褲裙下經過

　　由於古時婦女之褲裙常被經血玷污，便被視之不祥。由中原民間盛傳
一個「神馬」的故事來看，可知婦女經血之忌諱。「話說古代有家人養了
一匹神馬，能日行千里，來去無蹤。神馬從不吃人餵的飼料，也不吸吮附
近的河水，專程到很遠的地方喝聖水。有一次，神馬喝水歸來，滿身大汗
直流，家裡的婦人見之，趕快撩起圍裙給馬擦汗，誰知這一擦竟然使神馬
倒地身亡[1]。」所以俗信婦女的褲裙會污染動物，至今仍是一種禁忌，演
變成忌諱從晾曬著婦女的褲裙下經過。

1　萬建中著《中國民間禁忌風俗》頁124。

2.忌女人衣裙曬在男人衣褲之上

　　古時漢族假如男子在樓下，女人不能上樓，若非要上樓，需示意對方避開，否則以為大不吉。客家民間視女性胯下為不潔之處，以前用竹竿曬衣服時，忌諱婦女的衣裙曬得很高，尤其忌諱曬在男人的衣服之上，就像新婚晚上，新郎的鞋不能被新娘的鞋壓到一般。這是男權主義，男性至上的社會，男性總要在女性之上的思維。現在人大多住在公寓或大樓，在自家屋簷下曬衣，不用在屋埕上曬衣晾衫，洗衣機隨洗隨乾，如有用竹竿、曬衣架曬衣者，已用不著雙層竹竿，這禁忌逐漸消失了。

3.忌從女性胯下鑽過

　　昔時相信女性胯下為不潔之處，男性絕不能在女性胯下鑽過。尤其是小孩玩遊戲時，家長都會交代小孩，不可鑽人跨下，尤其交代小男孩，絕不能在女性胯下鑽過，否則將來可能會嚴重懼內，或是遇到不吉之事。

4.重要節慶廟會忌諱婦女參與

　　由於不知婦女是不是處於經期，為保險起見，有些重要節慶或特殊場合，禁止所有婦女參加。以節日期間而言，舊時北京地區農曆新年初一至初五忌諱婦女串門或走親戚，俗稱「正月忌門」。在天津，據劉炎臣的《天津年俗》說：「除夕這天，擺好供品後，一般舊式家庭，就臨時處於戒嚴狀態，禁止親戚或鄰居女人進入，因是舊俗相傳，一般自家的女人就不再到別家串門了。」在臺灣雖然已無此俗，但過去遇有「建醮」或「法會」等廟會前的齋戒期間，還是不讓婦女進入廟裡，直到近年才逐漸鬆弛。

5.忌看婦人小便

　　由於女子本身歷來就被「穢氣」所籠罩，女子的小便也成為穢氣之一。若是那個男人無意間看到女人小便，就是小女孩也不可，看了便等於觸了穢氣，恐要倒楣。為何女人小便會為人所窺見？即是女人到田裡、蔗園工作或到山上砍柴時，難免一時內急，只好找個隱蔽之所方便，此時若是被不良居心的男子窺見，遭殃的可能是女子，所以古來有此禁忌，極有

可能是避免男人「見色起意」而特別訂定的禁忌，也並無不可能。所以許多地方即傳言，若見到女人小便，回家必須洗眼睛。

二、地位低微禁忌

1.未婚女子不得上祖堂

在各民族的禁忌中，有不少是專限制婦女的。阿昌族婦女不能住樓上，也不能從犁、耙、鋤、刀、槍等物上跨過，認為這會給男人帶來不幸的後果。惠西成、石子編的《中國民俗大觀》一書，收錄了河北安次一帶沒結婚的姑娘，不能看新婦理妝，怕沖了美神，使新郎看了新娘就生氣，以致夫婦不合。未出嫁女人也不能磨刀，磨了刀便從此再磨也不鋒利，又說姑娘磨刀，會嫁個「千磨頭」（固執）的丈夫。未出嫁的姑娘也不能再拿掃把、畚箕的人前面行走，就是怕把媒人搧跑了。

舊時客家未結婚的女子，認為將來要出嫁成為別姓的祖婆，未婚前不得上祖堂，只有在出嫁當日辭祖之時，才得以上祖堂。這種舊俗，在西方文明傳入之後已有改善，臺灣客家多半祖堂與民居混合，早已無此禁忌，現兩性平權觀念已然形成，不但未出嫁女子可上祖堂，甚且已有多座祖堂設有「姑婆牌」（圖14），讓未婚女子往生之後，得以受後人香火，成為祖先。

2.忌女性坐在堂屋門檻上

門檻是屋內外的分界點，阿昌族婦女禁坐在門檻上。客家祖堂稱為「公廳」，是祖先崇拜最明顯的標誌，舉行各種禮儀及執行宗法族規的特定場所。也是祖先崇拜的禮制空間，也是婚姻、祭祀大典的神聖殿堂，建築規模很大，正中供奉祖先牌位，祖堂的興建並注重風水。昔時女子未出嫁前既不准進入公廳，當然更禁止坐在門檻，以免沖犯了祖宗。

3.忌女子抬頭挺胸

禮教之下，依照規矩，女子走路應該細步低頭，豈可「抬頭挺胸」，「大搖大擺」的姿態走路？若是，閩客語都稱之為「閒掰」（hia1

圖14　平鎮東勢忠恕堂曾屋於2009年開始，於祖先牌位右下方設立「姑婆牌」
　　　（2017.04.09攝）

bai1），那將成何體統？在過去以男子爲主的農耕社會，會被視爲昂揚不
可一世，一副「牝雞司晨」的僭越之感，甚至還被視爲剋夫剋子之嫌。所
以這跟纏足裹腳一樣，是從前人們對女子的病態觀，人們打從心裡就忌諱
女子走路抬頭挺胸。現在社會改變，女子只要走路不要大搖大擺即可，挺
胸以爲美觀，甚至以X罩杯爲傲。

4.忌與白虎女子房事

　　民間所謂的女子「白虎」，是指成年女陰無毛者。通常白虎有先天與
後天兩種類型，先天是指遺傳上的基因突變，有點類似「石女」；後天指
病後禿毛，類似有些人病後禿髮的情形，因此，「白虎」經常受男性歧視
或恥笑，不願與之發生性關係。悲慘的白虎女子卻被人視之如避蛇蠍，男
子若是想作樂遇到這樣的女子，通常會覺得遇到了晦氣，世人的觀念到今
還是如此牢固。但不管如何，不應讓「白虎」女子遭受歧視，使之無法過

正常的婚姻生活。

5.忌寡婦送葬、送嫁

　　古來女子必須遵從三從四德，出嫁從夫已是百般委曲求全，還要連帶保佑與擔待丈夫的生命，若是丈夫不幸年輕先妻而死，經常被公婆或親鄰冠以懷疑眼光，以爲命底剋夫。在客家習俗裡，出殯之時，夫死妻不送，妻死夫不送爲常俗。但妻死在做法事的場合，丈夫可以透過「做竅妙[2]」中「過番」的「跳棺」儀式告示亡妻將來可以再娶，夫死之後成爲寡婦的妻，卻必須守節不可再嫁，明顯的顯示男女不同。

　　在一般場合的喜慶宴會，人們都忌諱寡婦參加，視寡婦爲蛇蠍，甚至連公婆或娘家親友的喪禮都不能參加，女子本來就很沒有地位，死了丈夫，送嫁等喜事場合不准參加，連送葬的機會也被剝奪。若是有某位寡婦參加了送葬行列，被人發現會被人譏爲「有意再嫁」，等於宣判這寡婦爲不守貞節的婦女，這在婦女心中，沒有比這更惡毒的話了！

　　有關女人的禁忌，除了未結婚的少女之外，還有孕婦、產婦，這在生命禮俗禁忌一章已詳述。產生的原因，除了人們視爲不潔之外，另方面是父系之下的社會地位低微所致。社會地位低微的原因肇始於農耕社會以父子爲繼承軸心的倫理體系，以及在體力上男勝於女，生產力完全操縱在男人手上，女子無形中被視爲與孩童差不多的附屬地位。

　　自古以來，女人的美醜，都是男人眼中的看待。中國傳統的四大美女，多少男子夢中思慕，企望得到，但女子太美也是一種禁忌呀！常言：「紅顏多薄命」，在相親時，閩南俗言：「燒麋傷重苯，水某損子婿」，所以昔時長輩常告誡年輕人結婚的對象不要專挑太漂亮的女人。

2　做竅妙：又稱「做妙竅」，昔時寫成「做叩廟」。劉醇鑫在教育部客語知識庫上這樣說：「做竅妙就是以竅門妙法來避邪祈吉。其實就是一種壓勝行爲，利用一些 道具和形式，把可能發生或已經發生的事鎮住，不讓它發生或朝好的方面轉化。」有關「做竅妙」的儀式請參閱其全文。羅必証在其中央大學碩士論文《客家婚、喪禮俗詞彙文化研究：以楊梅、新屋、觀音爲例》頁98說：例如「跳棺」、「拍棺」、制煞「制空棺」、「留一口氣回家」，都是以善意避免禁忌而做的儀節。

　　男子對女人的態度始終保持「若即若離」的態度，即的時候，書中自有顏如玉，視女子為桃花源、溫柔鄉、人蔘果；離的時候，卻將女人視為禍水、賤人、蛇蠍、妖精、狐狸等等不堪的字眼都說得出來，加上女子必須負起「傳宗接代」的絕對責任，因此構成傳統的「飲食男女」觀念，這類心態反映在詩歌上，從男嬰與女嬰哇哇墜地開始，就分別以「弄璋」與「弄瓦」分別[3]，男子對女子的輕視，強迫女子絕對服從，強調「三從四德」，拘束甚多。「這種對女子不潔與社會低微的雙重陰霾下，演化出的一套嚴格禁忌，將女性牢牢的罩住[4]」。

　　時至今日，工商社會代替了農耕社會，女子不用靠男人就可以自食其力，女子不用靠勞力，就能在社會展現才華，男女公平競爭的結果，兩性平權觀念已然形成，女子地位已經大為提升，不該是兩敗俱傷的局面，而是相輔相成的未來願景。但人們必須在觀念上不信血污，把血污視為新陳代謝的產物；不信邪，因為邪由心生；不迷鬼神，因為鬼神因人而設，到了這樣的理性時代，有關女子身上的各種禁忌，便會自然消失了。

第二節　數字禁忌

　　「說東道西無所謂，說三道四有吉凶。」數字是在人們日常生活的言語交際中，經常使用到的文字。世界各民族在對數字的運用過程中，經常認為「數」是神秘莫測的，也就把數字神秘化，賦予神聖的性質。於是在人們的觀念裡，數字也就有了善惡之別、吉凶之分。良善、吉祥的數字令人高興歡喜，樂於使用；罪惡、凶險的數字使人倒楣厭惡，急於避諱，所以凶惡的數字被人們認為具有危險，也就是人們禁忌的數字。

3　見《詩經・小雅・斯干》章「…，乃生男子，載寢之床，載衣之裳，載弄之璋。…，乃生女子，載寢之地，載衣之裼，載弄之瓦…。

4　見林明峪著《臺灣民間禁忌》頁137～140，本文摘其精要整理。

一、忌不吉數字

　　吉利與否的數字，多是諧音關係。廣州人新年時家家戶戶必備金橘，象徵「大吉大利」。在金橘市場上，標價兩元八、八元八的價格特別搶手，因爲他諧音「雙發」、「發發」，反映了人們對「8」這數字的偏愛。不單是廣州人對8這個數字的偏愛，幾乎全國各族群的人也對「8」這個數字特別偏愛，因爲它與「發」諧音。臺灣發行機車或汽車牌照，爲便民措施，汽車公司推行選號制度，民眾可根據自己的喜好選擇，避開不吉利的號碼。某些特別號碼，如「8888」，可能就要「標售」才可以搶到，可見大家對於「8」這個數字的喜愛程度。

　　另外吉利的數字爲「六」，因爲國人經常想到的是「六六大順」，而不會想到國外傳入的「六月六日斷腸時」吧！相對應的就是忌諱「4」這個數字，因爲和「死」諧音，北方人老把「2424」想成「兒死兒死」，把「7474」想到「妻死妻死」，把「8484」想到「爸死爸死」。若此，那「1717」不就成了「妖妻妖妻」？男人之怕「妖妻」，不喜歡自己的老婆打扮得花枝招展，以致拈花惹草，主要是怕「妖嬌」「戴綠帽」吧！

　　那個數字才吉利？語用之時各有不同。雙數是一個吉祥的數字，所以定婚的日子要選用雙數，求其婚期順利，能夠百年偕老，避免遭到鰥寡之災吧！結婚或是壽慶、新居落成等喜宴賀禮，必須要雙數，寄予好事成雙的願望。在臺灣，這雙數只有「0、2、6」等數字較爲吉利，其它不但「4」有忌諱，連大家喜歡的「8」，如800、8000、8800等卻派不上用場。這雙數不看尾數，只看其中一字，不可爲單，全在習慣之中，如250、350、1560等。

　　客家等南方民族雖無北方人想得這麼嚴重，也沒有這些諧音的罪惡恐怖，但也不喜歡「2424」、「7474」，因爲容易說成「你死你死」、「去死去死」，變成罵人的話語。有趣的是客家人對於「8484」有諧音「發死發死」（非常有錢）的意思，但也不喜歡尾數有4的數字，所以這個數

字，也沒有人會喜歡。

　　其實，婚喪喜慶禮金的數字禁忌，是隨著時代經濟富裕而有所改變的，例如日治時期或臺灣光復初期，經濟水平較為低下，又適逢新臺幣1元換舊臺幣4萬元過後不久，婚禮禮金除1、4、9、11以外，從2～12元都有，並不忌諱單數（圖15）。

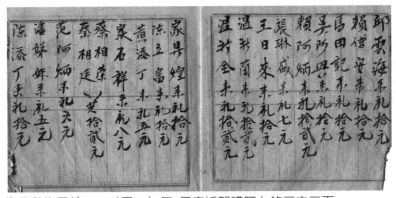

圖15　先父與先母於1951（民40）年4月完婚賀禮簿上的三之二頁。

二、從1起的數字忌諱

⑴ 1的忌諱

　　數字的忌諱，事實上從「1」開始就有忌諱，婚慶等喜事場合的賀禮，忌諱有1的數字，如110、210、310、1100等。相反的，這些在婚慶較忌諱的數字，可是在奠儀是被容許的，甚至有些人認為應有1才「合禮」，例如110、210、1100等。

⑵ 2的忌諱

　　「2」在一般人的觀念上，都有「好事成雙」的意念，一般應較少忌諱。但有些民族還是有忌諱。滿族、朝鮮族忌諱雙日出殯，不希望不幸或痛苦再次降臨，避諱「壞事成雙」用意明顯。臺灣客家人平時祭拜神明、祖先，必用1、3、5支香，不能點2、4、6支，因2、

4、6是偶數，屬陰，不吉利。另外戴帽一頂即足夠，忌戴雙帽。

⑶ 3的忌諱

「3」的忌諱較少，只有在某些族群中，認為「3」與「散」諧音，應予避諱，忌諱「說三道四」。廣東潮州人忌諱「三」，否則禍不可測，故當地人稱「三點鐘」為「兩點六十分」。客家人生日，不做三十，也不做四十，男人若結婚後，31歲時由丈母娘替其做生日。

⑷ 4的忌諱

有關4的忌諱最多，前已多有提及，由4所聯想到死的影響層面，非常廣泛。醫院為順應病家的心理忌諱，絕無4樓與4號病房。同樣，旅館亦絕無4樓與4號客房，公共汽車沒有4路，恐變成死路一條！遊覽車編號也無4號車。在臺灣不管是喜事的賀禮、喪事的奠儀，不包400元的，就是加個20、60成為420、460的也極少看到。若然，可能會被懷疑贈者的不良心態。過年時，給長輩或孩童們的壓歲錢紅包，不能處現4，例如40、400、460、4000、4400等數目字。

若生活中真要碰到4這個數字時，如參加人數為4人，就說3＋1人，聚餐桌數為4桌時，也說3＋1桌，或者第4桌改以第5桌稱之。早期桃園市的南區中壢等六個鄉鎮市，電話區域號碼「04」在訂定實施時，還曾經遭遇很多民眾的抗爭哩！很多民眾買車時不喜歡4字頭或4字尾，寧願花錢找個吉利數字。總之，對4的忌諱，顯示對死亡的懼怕。

⑸ 6的忌諱

一般而言，「6」意味著順順利利，除了西方傳來的的「六月六日斷腸時」之外，較少忌諱。但湖北天、沔一帶，人們卻以「6」為不吉祥的數字，尤其在做菜、送禮等數目絕不能是6，當地人說「6」音同「祿」，因而「6」有「滿祿」，即「死」的意思。臺灣客家話「六」、「祿」不同音，沒有諧音關係，所以臺灣客家人對於數

字「6」覺得非常歡迎，不但66受到歡迎，喜慶賀禮及媒人禮金等360、600、660、3600、6000、6600、60000、66000等，在過去被認爲是最吉利的數字。

(6) 9的忌諱

「9」與「久」同音，有長久之意，但亦有少數民族例如畬族，卻禁忌寫「九」。「畬族遇「九」字一律寫「仸」，據說與畬族祖先爲神犬的神話傳說有關。[5]」臺灣閩南人因「九」與「狗」同音，忌諱名字中取名「九」，客家人則無此忌諱，女子曾有名「九妹」的。

(7) 13的禁忌

西方最富神秘與迷信色彩的不祥數字是「13」，在西方有很多建築樓層及醫院病房對「13」唯恐避之不及，有些航空公司沒有13號航班，旅館沒有13號房間，出外旅行避開13日啓程。爲何西方人士對13這數字如此懼怕？據說與古代北歐煞神的起源有關。

相傳古時在北歐有12位神祇聚餐，煞神不請自來，於是一桌坐了13位神祇，餐後煞神惡作劇，害得一位受人尊敬的尊神喪生。另外，出賣耶穌的門徒猶大因爲遲到，在最後的晚餐上也是第十三人，於是13就成了不吉利的數字。在法國飯館，經常有招之即來的第14位賓客。

如果13日又碰到黑色星期五，那就更不吉利了。爲何稱爲「黑色星期五」呢？因爲耶穌被釘死受難那日剛好星期五，信徒們以爲不祥。另外，這可能與聖經上的記載有關，傳聞有些聖經手抄本上記載夏娃與亞當被蛇引誘偷吃智慧之果時正是星期五，她和亞當被逐出伊甸園時也是星期五，所以視星期五爲黑色的恐懼之日，凡是結婚、旅行、喬遷、開始新工作等都避諱星期五舉行。在十九世紀以

5　見萬建中著《中國民間禁忌風俗》頁221，北京：中國電影出版社 2005。

前，星期五曾是行絞刑的日子，絞人的劊子手薪資是13個錢幣，絞環有13個繩圈，絞臺有13級，種種都是歷史文化因子，累積成許多西方人對「13」這數字和「星期五」的恐懼。

13是西方數字的禁忌，我國並無，但中西交流日久，宗教信仰、金融投資等因素融入生活中後，國人的人生觀念也逐漸受其影響，有些人也會避諱13與星期五。

三、年齡禁忌

年齡隨著歲月增加，代表我們生命的長短，因此計算年齡的數字也就與生命有了瓜葛，有些數字因各種原因被賦予凶禍的含意，敘說年齡時刻意避開，以免危及生命。

之前，人們忌言36、73、84這些歲數，肇因乃在世人出於對聖人及英雄人物的追念和崇拜。36是三國時破曹操八十萬大軍於赤壁的東吳大將周瑜的享年，73乃春秋時至聖先師孔子的的壽年，84是另一儒學大師孟子的年壽，這些年齡連聖人都難以逃避，何況是一般人呢？所以都很忌諱。所以俗語有云：「八四不死也是眼窩刺。」又有云：「七三、八四，閻王不請自己去。」所以到了這些年齡的人，都要說前或後的年齡以避開。

中原一帶，最為普遍的歲數忌諱是45，據說與宋朝清官包拯有關。《中國民間禁忌風俗》：「《北平風俗類徵・語言》引《朔記》說：「燕人諱言四十五歲，人或問之，不曰『去年44歲』，則曰『明年46歲』，不知何謂也？」而《汴梁瑣記》則有解釋：『汴地民間流傳，老包奉命往陳州放糧，中途欲盜，喬裝忘八（江湖中下九流妓女的龜腳）逃出惡地，倖免於難，其時正值包拯四十五這一年歲，必屬厄運，因而忌言四十五歲，改稱四十四歲或四十六歲。』」可見民間忌言45歲，必然與遇險、假死、當忘八等凶禍不吉之事大有相關，逐漸形成民間的禁忌民俗。

客家民間有各種年齡數字禁忌，有時也因個人觀念而有所差異，大略如下。

⑴ 忌逢九

不論客家或閩南人，並沒有前述年齡的禁忌，但忌諱歲數逢九，以為9、19、29、39、…99等歲數為惡關，客家話稱為「跳」，也稱為「厄」，恐有病災傷亡之事發生。這是因為古人傳下，其觀念裡9為陽數之極，物極必反，代表由盈轉虧、由盛轉衰的不吉數字。清人董含在《蓴鄉贅筆》裡也談到：「古人逢九，云是年必有災殃。」加上民族英雄岳飛、開臺聖王鄭成功都逝於39歲，近代蔣介石總統也逝於89歲，其子蔣經國總統逝於79歲，更增添歲數逢九的忌諱。

所以大部份的人虛歲尾數逢9，要不自動加1歲、要不就減1歲，並且盡量不過生日、不做任何重大的決定。尤其在醫藥不發達的年代，營養與衛生條件差，很多人都過不了59歲，上不了「壽」便英年早逝，更讓人加深了逢九便是劫數的印象。

⑵ 忌婚配年齡差3、6、9歲

歷來民間俗信，男女婚配年齡不可相差3、6、9歲，昔時婚配全靠媒妁之言，若查知相差這些年齡者，必然無法議婚，尤以相差6歲為最。民間俗信若是婚配年齡相差3、6、9歲，小至夫妻常有吵架、意志難合、不能建家立業、愁苦慘澹、多憂破敗、事與願違，大至夫妻相剋、不能白頭偕老、招災惹禍、一生困苦，甚至不能完壽之悲。聽起來令人驚悚萬分，這種俗信主導國人千萬年，至西風東漸，自由戀愛，媒妁之言被棄之後才逐漸改善，不過對於差6歲，至今仍有不少人心中還有忌諱。

⑶ 忌29歲結婚

俗信逢9不能慶祝生日，為何29歲又不能結婚呢？臺灣人年齡忌逢九，閩南人還忌諱29歲結婚，以為29歲這年是孤鸞年，若在這年齡結婚，夫婦恐難白頭偕老，忌怕中途離異或是有一方遭厄等危險，在俗諺中說道：「男怕三、六、九，女怕二、五、八（歲）」。古

代人多較早婚，女子過了20歲尚無人來說媒提親的話，已經算是晚婚了。照傳統觀念而言，二九年華的18歲，正是青春年華，但習俗卻盡量避開18就好。真的遇到好的人家來提親納采，自然也會拿出一份「修飾過的命書」給男方合八字來粉飾，難怪民間俗諺裡嘲諷地說到「男命無假、女命無真」。

雖然強勢一方的男子比較無此顧忌，但遇上19或29的敏感年紀，進入生命中低潮期，如果還要再決定婚姻這樣的終身大事，心中難免諸多顧慮，擔心因為一時運勢低而行差踏錯，抱憾一生。現代人因為結婚較晚，19歲成家的男子不多，所以29歲反而成了一個常見的關口。一般男子要在29歲時娶親，長輩或命理師多半會加以勸阻，並盡量採行提早或者延後一年舉行避之。

客家人傳統原無此禁忌，但近年受媒體、族群融合影響，也逐漸有此風潮。

⑷ 66與88的人生歲數關卡

民間以為有些歲數是老年人的關卡，稱為「崁兒」，客家話說「厄」或「跳」。俗諺：「年紀六十六，閻王要吃肉。」東北一帶的老人66歲生日時，要由晚輩給他包66個餃子（盡量做得小些），如果一次能夠吃完，表示這關卡能夠平平安安度過。河南一帶，老人66歲生日時，閨女還要送一塊肉來，大概是為了還閻王的債，實際可能解了老人的饞，還了女兒的願。有些地方還要把這塊肉切成66塊，讓老人吃下去。據說如此一來，就能順利度過這一關了！

客家人雖然沒有這包餃子或切肉的習俗，但對66與88這疊數的歲次，確實也認為是進入老年的關卡。客家諺語：「吂到六十六，毋好笑人大腳目；吂到八十八，毋好笑人目珠瞎。[6]」這句諺語並不

6　吂到六十六，毋好笑人大腳目；吂到八十八，毋好笑人目珠瞎：未到六十六，不可嘻笑別人的腳指關節大；未到八十八，不可嘻笑別人眼睛瞎了

是告訴人說超過66或88的年齡就可嘻笑別人了，而是告誡世人沒到這個年齡，不可嘻笑別人的毛病。客家人做虛歲生日。66歲其實是滿65歲，目前這也是法定的退休年齡，正式進入「老年」。而88歲正是「米壽」的高齡，所以客家這句諺語也在說明66或88這個年齡是個重要的關卡，要越過這個關卡即要處處留意方可。

老人的生理變化，九十以上即屬高壽，要達「茶壽[7]」之齡更是不易，到了這個年齡都要非常低調而不隨意說。

⑸ 忌說百歲

「百歲」、「百年」通常都用來指稱「壽限之極」，如結婚之時，祝新婚夫妻「百年好合」、「百年偕老」、「夫妻恩愛到百年」；在預估人的身後也稱「百年之後」；感嘆人生之短暫，也常說「人生不滿百」等等都是暗指壽限之極的。所以客家人、閩南人通常在祝福人家時常說：「每日笑嘻嘻，食百二」而不止於百。

因為客家人年齡忌諱逢九，不能說99歲，所以當某人問到百歲人之歲數時，自己總會委婉的回說「歸百歲囉」（將近一百歲了），巧妙的避開99與百歲的忌諱。不過現代人雖平均年齡越來越高，但生命品質不見得全然提高，百歲之人能活動自如的也不少，但直稱自己「百歲翁」或「百歲婆」的不多，大都是在「背稱」才能見到！

數字的忌諱，是因為曾經的事蹟，確實的經驗，歷史的沈積，人們認為它們對人有危險，不是孤獨、離散、破財、就是死亡，都是大不吉利，雖然完全是人們心裡觀念的幻影，存在著迷信與沒有科學道理，至今影響力卻十分頑強，勞而不可破，不過卻也是人類對自身本能的表現。

第三節　名字禁忌

人的名字是一種供呼喚和書寫用的符號，但在古代，某些人的名字是

7　茶壽：108歲，即「米壽」之後再過「雙十」。

不許人們直接呼喚和書寫的，要用其他方法代替。有時名字和本人的生命息息相關，以爲名字是人的命，需要倍加呵護，所以對這屬於崇高與神聖的事物特別注重，有些在幼時取「乳名」，以趨吉利，以期順利撫養長大成人，所以取名也就特別注意到禁忌。

一、避諱

1.起源

　　有關名字的避諱，在中國古代史上是一種特有的歷史文化現象。所謂「諱」，又叫「名諱」，是指帝王、聖人、長官、或是尊者的名字，尤其是帝王的名字。《說文解字》云：「諱，忌也。」既是犯忌，自然要迴避。在古代封建社會裡，帝王對於自己的名字擁有絕對的獨佔權，臣下、平民不得使用，人們在說話、作文時不能亂用亂寫，平時用到與這類人物相同的字時，必須設法避開或改寫，此爲「避諱」。

　　例如「秀才」二字，本爲「秀異之才」，《管子‧小匡》：「其秀才之能爲士者，則足賴也。」從西漢開始成爲舉薦士人的科目，當時還是常見的。可是到了東漢爲避光武帝「劉秀」的名諱，「秀才」改爲「茂才」。雖然三國魏以後，恢復了「秀才」之名，但民間「茂才」的習慣，還是沿用了下來。

　　更甚者，光武帝的幼年同學、好朋友莊光，後爲避漢明帝劉莊[8]的「諱」，連姓都改了稱「嚴光」。不但如此，連前朝人的名字也要改，如爲避漢景帝劉啓名諱，改「啓」爲「開」，地名「啓封」改爲「開封」，周代宋國始祖微子，名啓，《史記‧宋微子世家》稱其爲「微子開」。

　　後來不但諱字需避，甚至連與諱字同音的字也要迴避，可見，避諱的實質是封建時代最高統治階層以手中專制的權力，限制改變全民的語言習慣，從而產生一種扭曲的語言文化現象。「諱」有神聖的性質，隨便使用

8　漢明帝劉莊：光武帝次子，陰皇后所生，本名陽，後改名莊。

是一種褻瀆行為，在封建時代，避諱是一般臣民不可不懂的學問，否則，一旦犯諱，不慎用了「諱」字，那可能要大禍臨頭了！

2.形式

避名諱的形式一般可分為避「國諱」與「私諱」兩種。

「國諱」又稱「公諱」、「君諱」。在封建時代，帝王具有崇高無上的地位，臣民不得僭稱其名號，於是帝王所用名號之字，舉國必須迴避，這叫「恭代」。從廣義上來講，帝王尊長也是子民所要避諱的。由於中國封建社會制度時間延續太長，國諱數量之多，範圍之廣泛，不勝枚舉。

如秦始皇之父莊襄王名子楚，秦代改「楚」為「荊」。《史記‧秦始皇本紀》「二十三年，秦王復召王剪使將擊荊。」此句「擊荊」即是「擊楚」。東晉簡文帝之母鄭太后，名阿春，時人改「春」為「陽」。晉人孫盛撰《晉陽秋》，「陽秋」即是「春秋」。《晉書‧孫盛傳》：「著《晉陽秋》，詞直而理正，號稱良史焉！」清康熙帝名玄燁，便規定寫「玄」字時必須缺「一點」，甚至改成「元」，所以來臺饒平的原鄉「玄歌都」全都變成「元歌都[9]」了！當時刊印的書籍，便把漢代學者「鄭玄」改成「鄭元」。楊雄著作《太玄》印成「太元」，原因都在此。

不但要避帝王諱，「尊者」也要避諱，甚至連帝王旁的大臣名字也要避諱。「邱」本無「阝」旁，雍正三年以避孔子之諱而加上去的。宋仁宗朝曾賜蔡襄字君謨，後來進士中也有一個以君謨為名的，於是仁宗怒曰：「近臣之字，卿何得而名之？」遂令改之。唐人因避唐高祖之祖父李虎之諱，把成語「畫虎不成反類犬」改成「化龍不成反類狗」。把「不入虎穴，焉得虎子。」改成「不入獸穴，焉得獸子。」使人啼笑皆非，但在當時實不得已。

「私諱」又稱「家諱」，意思為全家要避自己祖先及尊長之名。例如

9　筆者研究饒平客家語言，查閱所有自饒平來臺之族譜，全部皆書「來自元歌都」，推測所有來臺之饒平客家應在清雍正之後。

祖父名「德」，則其子孫輩，甚至曾孫輩取名都不能有「德」字，以免不敬。

二、取名禁忌

取名禁忌，主要是在歷史的洪荒年代，小孩的夭折被認為是冥冥之中的一個什麼鬼、神勾去的結果。為了要確保小孩平安，不受鬼神注意，父母就給新生兒取一個響亮的名字。諸如「壽」、「福」、「強」、「大」之類的。現代取名或取乳名時，已經沒有避國諱了！大部分人還是必須要避私諱，也就是祖先用過的名字，或是音相近的字，都盡量避諱。一般而言，大致推到五代祖以前，避免叫小孩名字連長輩也直呼，這是犯忌的。

有部分人至今還相信名字的筆畫，忌諱取不吉利的筆畫數。或是陰陽五行的相剋，會去找卜卦算命者取名，而不照「字輩[10]」取名，不過這部分除會陰陽卜卦的人以外，我們無法置酌。

三、忌用紅筆寫名字

姓名雖是一個符號，但等同於一個人的代號與信碼，正確的唸出與書寫，是對一個人最基本的尊重。然而唸對與寫對這些基本的事還不夠，還需顧及對方的感受。習慣來說，最好不要用紅筆寫別人的姓名，否則可能要惹怒對方了。據說用紅筆寫了名字，包含自寫名字，輕則腹痛，重則減壽，甚至有人會懷疑是惡意詛咒。只不過用紅筆寫名字，為何會引起這麼大的反應呢？皆起因於中國人對於「丹書」是特別講究的。

《左傳》曾記載，當時便有把犯人的罪狀用朱筆記錄下來的慣例。古時在斬殺死囚之前，執行官也是用朱筆書寫或圈記犯人姓名後行刑；民間傳說閻王在生死簿上做記號，用的也是硃砂筆。所謂的「丹書不祥」，恐

---

10 字輩：家族的輩份排行用字，此是取名的一種形式。字輩大多作為名的其中一個字（多為第一個字），一般用於族譜登記的譜名，可以區分輩分。客家人字輩，通常由某一高祖遷居到某地或居官職發達時制訂，過去很注重字輩，即是某一代的家族，不管遷徙到何處，只要看到同一字輩，即可以認祖歸宗。

怕即是因這些傳說與習慣傳下而來。再者，印象中符咒，道士也是用黃紙和硃砂筆書寫或畫符，所以用紅筆寫別人名字容易讓人聯想是否要施法害人。另外，民間墓碑上的姓名多半刷上金色或紅色的漆，以致於一般人對於紅筆寫名字，有一種觸霉頭的感覺。

不能用紅筆寫名字另一種說法，則是古代帝王及有權力者的特權，為禁止一般老百姓使用才發展出來的。從漢高祖劉邦開始，帝王就用一種鐵製的材質銘刻文字，並以硃砂上色，這種送給功臣等同免死金牌的特權，稱為「丹書鐵券」，是帝王才能賞賜的特權。

另外，帝王的批示或詔書，通常也用紅筆書寫，有一種上級對下級指示的意味，平常老百姓若跟著學，極有可能被扣上作亂犯上的的大帽子，唯有禁止這習慣，小老百姓才能遠離這莫須有的罪名。

其實，用紅筆寫名字沒有想像中的這麼恐怖，寫了紅字會肚子痛或折壽的說法也不一定盡信。其中蓋「印信」則要用紅色印泥，不用其他色彩，不但不以為禁忌，反成為慣例。只是在人際互動關係中，自己不在乎或不相信，卻不能不顧及別人的感受，避免讓人不舒服。尤其是從事服務業、銷售人員、或是社會新鮮人，千萬不要動不動就以「迷信、無知」反唇相譏，否則學歷再高，還是會被說成「讀書讀到尸朏壢[11]」，不懂禮節及待人處事之道了！

第四節　贈物禁忌

人與人來往應酬，或是去看望某人，免不了要攜帶禮物，帶些伴手禮，亦即民間所稱的「等路」。傳統上通常都認為「禮多人不怪」，所以不管送禮者是什麼動機，收禮者莫不皆大歡喜。

不過，在民俗上，各民族都有各民族的禁忌，送禮贈物也有禁忌。

---

11 讀書讀到尸朏壢：客家俗語，意為「讀書讀到屁股溝」。同閩南俗語「讀書讀到胛脊骿」（讀書讀到背部），意旨「越讀越糟糕，不懂禮節及待人處事之道」。

例如佤族日常生活中就禁忌以辣椒、雞蛋爲餽贈品。這是因爲舊時佤族部落交戰常以送給對方辣椒來代表宣戰；復仇則先送給雞蛋，所以才有此禁忌。

一、贈送之物品禁忌

國人有不送手帕、傘、鐘、剪刀的習俗。忌送鐘，因爲「送鐘」諧音「送終」，一定要送鐘時，也要加送一本書，諧音「有始有終」；客家人在日常生活用語中沒有「送終」這個詞彙，所以無此禁忌，在新居落成時，「送鐘」反而成爲送禮熱品。

1.忌以扇子贈人

因「扇」與「散」同音，有分手之意，也有「送扇，無相見」的說法，恐會引起絕交的猜疑。且扇子用於夏季搧涼之用，一到秋冬，就會「秋扇見捐」，意味著利用完畢後，就無利用價值了，有「狡兔死，走狗烹」的味兒，給予人有狠心拋棄，太絕情的感覺。

以前的扇子都是紙製的，價廉易碎。所以，用這種不能珍藏良久又價廉易碎的物品，贈者自覺無顏，受贈者不喜歡，勿以扇子贈人。不過該扇子若是有藝術名家題字作畫的眞跡，會當成藝術品，令人珍藏，可能又另當別論了！

2.忌以手巾贈人

送人手巾從古以來具有離別之意，除非是傳統愛情故事裡，經常看到故事女主角在寺廟祈福後，於路上不愼遺失貼身手巾，被男主角無意撿到送回而締造一樁圓滿喜事。或是在寺廟進香見美帥男子而暗生愛戀，出寺時故意掉落手巾暗送，期望締結良好姻緣。不然贈送手巾，古來只有在離別之時。

閩南語有：「送巾，離根」或「送巾，斷根」之說，即是贈送手巾離別之後，難以再相見之意。因俗語深入人心，況且臺灣民間喪事習俗慣例，不論閩南或客家，於參與喪事法事時，喪家會送手巾給前來弔喪者，

這項慣例起於何時？一說始於日治時期，雖已無法考據，其用意可能在象徵弔喪者與死者從此將「永別」，不會再往來，或可擦拭眼淚。所以，在喪禮結束時的「謝詞」裡，喪族長者會表明「期望前來弔喪者不要因為死者之棄世而與死者後人斷絕關係，仍要繼續照顧提攜喪者後人」之語。手巾雖不像扇子紙製易碎、秋後見捐，但代表離別，仍以不送為宜。

客家流行歌曲〈一條花手巾〉中有「阿哥送妹這條花手巾，情意值千金，上面繡等七隻字，萬古千秋不斷情」之句，似乎有違送手巾之忌，但就全曲詞意來看，作者似乎特意巾中繡有「萬古千秋不斷情」這七個字，期待分別的女友回來之盼。

3. 忌以刀剪贈人

刀剪屬尖銳利器，以剪斷物品為主，若以刀剪贈人，其含意有「一刀兩斷」、「剪斷交情」之意，在贈者與受贈者之間，必然產生互相猜疑，是否有不懷好意與威脅之意？以前槍砲彈藥尚未流行之前，為恐嚇人家，就寄一把刀或將刀子扔到對方桌上，使人心生害怕，以致民間習俗忌贈刀剪，結果連民間常用的鐮刀、菜刀、剪刀、指甲剪也很少人贈送了。不過若是送把名貴寶刀或寶劍，還會不會有心理忌諱？又有不同想法呢？但贈送寶刀名劍這事，古人少有，只能想像了。

4. 忌以年糕贈人

年糕，客家人稱為「甜粄」，閩南人稱為「年粿」。每到過年，民間都要蒸年糕，只有該年有喪家守孝的人家，照例喪家守孝過年過節不能「蒸糕綁粽」，蒸糕包含蒸年糕、蘿蔔糕、碗粿之類，必須由親友贈送。大概是源於守孝期間的心傷，不能過於鋪排聲張或熱鬧之事。

過年是一年之中最大的節日，家家戶戶喜氣洋洋，受贈者若家無喪事，而贈與年糕之類的「粄粿」，那不就被人聯想是否詛咒受贈者家會發生喪事？或把對方看成喪家了嗎？確實一項大忌。不過到現在隨著時代演變，習俗也漸次演變，小戶人家人口簡單，過年過節大多不自蒸「粄粿」，轉而向市場小販購買，也不用親友贈送。若鄉居有不知習俗或不知

情的送來年糕，也不用在意，只要象徵性的付些微金額，表示買的，以化解心裡的陰影就好。

5. 忌以整串粽子贈人

粽子不能贈人，那是指一整串而言，因為綁粽子是一整串的，一整串的送人，會讓人聯想到喪家不能綁粽。若要以粽子贈人，習俗上把整串上的粽子一個個剪下，零散的分贈人家，這是很值得玩味的。

6. 忌以番石榴送禮

客家話稱「番石榴」為「朳仔」。以前在鄉下地區，隨處可見，繁殖力強，品種繁多。依肉質、形狀、口感、季節，可分為紅心朳、糖盎朳、葫蘆朳、油朳、冬朳等等，在品種尚未改良之時，價格低廉。同時又因過去衛生條件不發達的農業時代，上山或下田工作，亟需「大號」之時，經常就地解決。番石榴果實吃下肚子之後，不能消化，隨便排出，又能在「便處」逢地再生，因此人們便以為是輕賤污穢之物。基於此，又價格低廉，除禁以之拜神之外，也不敢輕易以之贈送他人。

二、贈送物品之時間禁忌

1. 勿於傍晚過後送病人物品

病人體虛氣弱，亟需休養，尤其在傍晚或晚餐過後，不宜去探望打擾，以讓病人好好調養。

2. 勿臨行前餞行

昔時有親友離別或出外旅遊，常於行前餞行，贈送禮物，祝其順利。現代人生活忙碌，若要餞行送禮，最好於行前一兩天為之。勿於行前之際，才匆匆致送，一方面匆促，使人覺得誠意不夠；另方面打擾其準備時間，頗為不禮貌之舉。

3. 年節送禮禁忌

過年過節，到親朋好友家帶伴手禮，要特別注意，精心挑選送的禮物以聊表心意，若不適當的話，即使再貴重也徒然無功，甚至造成傷害。尤

其是高齡長輩，往往有三高或其他慢性疾病者，一不小心就碰到禁忌，以致輕者掃興，重者傷身。

　　因此，有時候、有些東西在某族群、某地，甚至某人會不存在禁忌，但在某族群、某地、某人、某個節氣，卻會存在一些禁忌，不能拿來當禮物相贈，否則一番好意反而引起不必要的誤會。送禮的時間上，也需拿捏得好。所以有時「禮多人也怪」，「送禮贈物」在人生觀念中，也時時需要注意、看重的。

第七章
民間信仰禁忌

　　民間信仰又稱民間宗教、民俗宗教。一般而言，是指民間社會中，根植於傳統並延續至今神佛、聖賢、祖先、鬼魂及天地、自然、器物的信仰和崇拜。民間信仰沒有統一的教主、教義和經典，所以它有宗教的原始意涵，但不是一般傳統的宗教，民俗、宗教學者稱其為：「普化宗教」。

　　俗語說：「天有不測風雲，人有旦夕禍福」，民眾除了命相、卜卦之外，凡是聚落、當生命中面臨重要儀禮或遇到困惑疑難之時，最重要的往往由自身的民間信仰，企求祖先庇佑，到廟宇求神拜佛，以趨吉避凶、祈求平安。甚或於自家屋宅，設立神位以求保護。

　　常言道：「舉頭三尺有神明」，說明天道常存；「惡有惡報，善有善報」的觀念，印證了民眾廣植福田以求福報的心理。在求神拜佛儀式中，祭祀為首重。祭祀的用意，無非是在於溝通人與天神、地祇、祖靈、物魅之間的情感。主要是從前人們既懾於大自然中一般超乎人力範圍，在冥冥之中有一種主宰力量。復驚於人事上福禍生死之無常，兩者加以聯想的結果，無不以為掌握於冥冥之中的主宰者手中。所以基於畏懼，繼之敬仰，遂衍出一套複雜的祭祀儀式，作為人與超自然主宰之間的交流，消極的請求消災解厄，積極的請求降福賜安。

　　信仰必須虔誠，以免褻瀆神明。有關祭祀方面，《臺灣民間禁忌》以為可分祭祀者的禁忌和供物方面的禁忌兩大類，看是不是基於「不潔」或「不敬」觀念引伸出來的[1]。這項禁忌，閩客及各族群有其共通性。

1　林明峪著《臺灣民間禁忌》頁293～294，觸怒神靈的原因，即「不潔」或「不敬」，要事先防備。

第一節　祭祀者的禁忌

一、進廟禁忌

1.忌從中門、虎邊進入廟門

　　進出廟門，宜左（青龍）進右（白虎）出，禁跨中門，中為中空，空則虛，虛則不藏。

2.忌不潔者入廟

　　不潔者即是有月經者、孕婦、產婦、月內婦、帶孝者、大小便不洗手者、未剃胎髮之嬰兒等，皆忌參加祀神，否則會失去祭祀的一番誠意。

3.忌不齋戒者

　　凡慶典或醮事期間，或是祈福、還神（還福）之日及其前一夜，需齋戒沐浴，禁絕房事，以求潔淨表虔敬，凡未遵守者，忌其進入參與。

二、行為禁忌

1.忌以手指神明、神像

　　神像如神在，為其靈氣臨在的象徵物，用手指指神明、神像有若指著神明鼻尖，為輕蔑之意，構成不敬之罪，若犯了需跪下叩頭謝罪。

2.忌未洗手

　　通常廟宇入口側處會陳設洗手臺，入廟參拜必先洗手，若未洗手及持香參拜，表示不潔，恐褻瀆神明。

3.忌觸摸神像、神案、法器

　　所謂「法器」，有兩種解釋：一為家庭或寺廟神龕上所擺設的香爐、燭臺、花瓶、茶杯、聖筊等物；另一為道士覡公作法時手上所持有的龍角、搖鈴、法索、劍器等物。這些法器讓人信賴是的是它的法力，若又被不潔的手摸了，恐會失去靈效。

4.忌對著神像拍照攝影

　　入廟拜神想要得到神明庇佑，就該遵守廟規。香火鼎盛的廟宇，多

半是該地的信仰中心，也是歷史建築或是古蹟之一，是民間藝術存在的現場，所以還延伸出觀光功能，常有很多觀光客進入廟宇參觀，在廟裡拍照攝影，最好要徵詢同意，才不致引起沒必要的糾紛。因為廟方不知道觀光客對著神像拍照會作何用途？尤其有閃光燈對著神像拍照，更不合宜！要拍照神像，最好先合掌敬拜，向神佛打聲招呼，不要正對神像拍攝，最好側拍，以免犯忌。

5.忌用口吹熄燃香之火

到廟裡燒香之時，點香後常有火焰，傳統民俗以為不可用口吹熄香上的火焰，若是以口吹熄香焰，傳言嘴角會潰爛，甚至以後生小孩會嘴歪，甚為恐怖，尤其到陰廟拜拜，回去會運勢轉壞或不鬆爽，著實嚇人。其實會有這些嚴格禁忌，全由一個「敬」字，如果用嘴巴對著香焰吹，一來難免夾雜自己的唾液或細菌，既不莊重又不衛生。二來若是去佛教寺院參拜之前又吃了葷食，用口吹香焰不就把葷氣吹到香上獻給佛祖諸神，引起神明不悅而導致心願難以完成？正確的熄火動作，應該是將香枝鬆散，握緊香枝下端，輕輕搖動，揮動一下香枝，火焰自然順利熄滅。

6.忌跨越焚燒金銀冥紙器具

古有跨下之辱，人們供神的冥紙器具豈可跨下褻瀆？

7.禁小便入燒過的金銀冥紙

跨下之辱且已褻瀆，若在其上小便豈不更褻瀆神明，客家人以前不准人（主要是男生）在灶前、火堆裡或在燒過的金銀冥紙上小便，認為會「火燬胺[2]」，即是警告世人不要褻瀆神靈的意思。

2　火燬胺：火燒生殖器，其實是一種生殖器病，生殖器會像火燙到一樣，出現紅腫瘡疤。

第二節　供品的禁忌

一、牲儀禁忌

1.忌用牛、狗肉祀神

古時天子以整隻牛、羊、豬爲太牢祭神，以爲至誠。但客家民間農家憫牛耕田，以狗防竊，一向禁食牛肉，更不能供上神桌祀神。狗肉不上宴桌，豈可祭神？

2.忌用番石榴、百香果、蕃茄、釋迦等水果祀神

番石榴、百香果、蕃茄等水果，以前到處都有生長，屬於低賤水果且價格低廉。而且這些食物的果殼，食用後經過腸胃不能消化，排泄下來，從糞中出來後仍能發芽，以此「不潔」食物祀神，豈不褻瀆之至？至於釋迦，釋迦果形像佛陀，以之祀神，亦爲禁忌。

3.忌用苦瓜、冬瓜、辣椒等菜餚祀神

苦瓜取其苦，冬瓜可能是易熟易爛，亦是被輕視的食物，客家諺語有言：「冬瓜大好做菜，鹹菜細好上臺」、「冬瓜再大也係小菜」、「冬瓜好看毋好食」、「冬瓜恁大好做菜，胡椒恁細辣過薑」，無非都指冬瓜只能做菜，沒有其他用途，有輕視之意，以之祀神會被神明誤認，導致敬意不夠。

辣椒在飲食禁忌章中有言：「忌吃辣，會不孝」，客家人以三牲祀祖，傳統不吃辣，所以客家民間可能不會以這些食物祀祖祀神。閩南人以菜餚祀祖，客家人絕少使用菜餚，唯有在親人去世未「合爐」之前，亦即「未成神」之前，祭拜有用菜餚，應避免這些食物。

4.忌用無鱗的魚祀神

民間對於祭神用的牲禮，講究「帶皮」與「帶鱗」，如「鰻、鱔」等無鱗魚類，以爲滑溜，不可祀神。傳統以來，已往祀神，講究不可去鱗去鰓。但時至今日，民間祀神的三牲，多以魷魚「湊牲」，魷魚亦無鱗，一般的魚也去鱗去鰓，取其祀神之後，煮食方便吧！

5.忌以食用過的食物祀神

　　食物需讓神明先用，「吃果子，拜樹頭」，飲水思源，表示誠意與敬意，等祭祀結束，人們才可食用。若已經食用過之食物祀神，則表示無誠意與敬意，不可祀神。

二、行為禁忌

1.不以苦苓做供桌

　　與苦瓜一樣，忌其苦，唯恐日常生活帶來艱苦。

2.忌把掉到地上的香插入香爐

　　當香枝不小心掉落地上，應該使用新香，以示尊敬，不可以再撿起來點燃插到香爐上，就好比掉到地上的食物，不可以再撿起來給別人吃一樣。

3.忌持香平行

　　進廟持香點拜，最好雙手以直持香，忌平行或前傾。持香以直則尊敬，平行或前傾則容易與他人相撞而燙傷他人。

　　不管是祭祀者的禁忌，或是供品的禁忌，都是信眾的的虔誠表現，而廟宇人潮眾多，尤其是有名的廟宇，每日需要秩序，若信眾都能依循左（青龍）進右（白虎）出的規則，對人流動線一定有一定的指引作用，減少發生推擠混亂，燃香燙傷的危險。

　　其實，到廟宇佛寺燒香，除了敬神禮佛、祈還願望之意，還有暗示信眾要像香一樣，培養「燃燒自己，普香十方」的無私胸懷，也是一種修行的功能，得到神佛眷顧之後，行有餘力再去幫助他人，那才是真正的福氣。

第八章
行業生產禁忌

　　因生活所需，需要工作，民間各行各業因而醞藉以生，又因工作性質不同，將士、農、工、商四大範疇細分，遂衍生出三百六十行。各行各業，「行有行規，店有店規」，便是每行每業都有其特別的規定和特殊習俗。臺灣閩客民間諺語都說：「食係福，做係祿」，將吃飯與工作同列為人生兩件大事，同等重要，「工作即生活」，是一種「福在吃飯中，祿在工作中」的人生哲學。

　　工作後的代價是吃飯，好好的吃一頓飯就要努力的工作，兩者綿密，有其不可截然劃分的關係。當各行各業與吃飯問題打成一片之時，不知不覺中，每行每業便醞釀出關於本行本業的特殊習俗與特殊禁忌。舊時，各行各業都有自己的祖師神，這行業的祖師神，基本的職責即是幫助本行業的每一成員都能驅逐一切災禍和不幸，各行業的首要禁忌即是對祖師爺不能稍有不恭。否則，便會遭到責罰，甚至被逐出師門。

　　各行各業為了確保本行業內的生活、生產能平安進行，凡行業中人都要絕對尊崇祖師之外，還必須遵循各種行業的禁規忌諱，甚至「盜亦有道」，連做小偷也有忌諱，「兔子不吃窩邊草」，即不偷鄉親鄰里的財物。「賊無空手回」，即出門行竊，那怕值錢的東西偷不到，也得順手帶回一些不值錢的東西之類。行業本身，有其特殊面，因特殊面而造成特殊禁忌，不但不容易為外界所了解，就連行業內的人也不一定能說出一個所以然來，只知照例奉行而已。

　　當然，行業禁忌大多只是行內人恪守而已，不過這些行規禁忌卻成為民間行業文化的一個重要內容。各行各業繁多，客家人自古以來，主要居地為閩粵贛三省交界之山嶺丘陵地帶，刀耕火種，主要即是從事農業、種

植工作。來臺之後，雖有住居於都市、平原之地，但多成爲「福老客」。於今來看，所謂客家人仍大都分布于桃竹苗丘陵及高屛田莊爲多，經商較少，大企業家也相對較少。所以多從事農作生產、山間工作、林業生產，其次是飼養生產，到近代才較多的魚撈養殖、工業製造、經商往來等行業，本章即嘗試從這些行業中探討。

第一節　農作生產禁忌

　　所謂農作生產，即是指農田耕作生產之事，主要範圍包含種植稻作、五穀雜糧等方面。我國以農業立國，向來期望風調雨順、五穀豐登，一家才可溫飽，甚至可以穀易物，增加家庭經濟收入，以致禁忌不僅數量繁多，而且具有特色。這些禁忌反映了農人們改造自然的願望，試圖利用生產過程中的言行約束、暫時停止生產等方式，以達成征服自然過程中所作出的妥協與讓步，也是人與自然連接的一條紐帶。農作生產禁忌的範圍很廣，本文嘗試從下列幾方面來敘說。

一、生產過程禁忌

　　在農事生產過程中，不但是漢族，連少數民族都非常重視「愼始」，非常重視「開秧門」與「關秧門」。所謂「開秧門」，即是每年插秧的頭一天，農人們必須先從「秧田」中把秧苗劃成一塊塊的「秧餅」，用秧籃挑到稻田中讓插秧者將「秧餅」分成「株叢」插入田中。在中國大陸，不但過去，直到現在都還有「開秧門」的習俗。開秧門時，必須備齊葷腥酒菜、香燭紙錢，主祭師帶領群眾舉行祭祀龍神、水神、財神儀式，在田邊祭燒，並燃放鞭炮，祈願風調雨順、五穀豐登。「開秧門」也是哈尼族的傳統節日（哈尼語稱「卡窩棚」）。這天，哈尼寨子裡的男女老少都穿上新衣服，帶上好酒好菜和用黃花染成的糯米飯來到田間，聚在一起，插秧時唱歌，休息時跳舞，祈福豐收。

　　各地「開秧門」有很多禁忌，浙江嘉興地區插第一行田時禁忌開口，

認為開了口後手要傷筋。開化縣農村拔秧苗時，要左腳先下田，拔兩三株秧苗，以其根鬚洗手指，否則會「發秧風」。或手指屈伸不靈、發癢。長興一帶開秧門插第一株秧，必須先倒插，接著拔起再順插，俗謂這樣可以避免秧瘌病。

《禁忌與中國文化》談到「在弗洛伊德的《圖騰與禁忌》書中記錄了在爪哇的某些地方，當稻穀即將開花的時候，農夫們帶著妻子在夜晚到達他們的田園，藉著發生性關係來企圖勾起稻米的效法，祈求以人的生殖力互滲入到莊稼身上，從而提高水稻產量，是個非常特殊的風俗。爪哇人和中國少數民族的作法不同，但體現出來的觀念卻是一致的。[1]」

臺灣稻作每年有兩期，北部客家人居於山區丘陵較多，南部六堆地區雖平原較多，但南北農家現已無「開秧門」的習俗，但每期插秧之日清晨，都必須具備三牲禮儀去拜土地公，祈求一切順利豐收。苗栗三義的鄉間，在八〇年代時，第二期稻作插秧之後的農曆七月底，關鬼門關之日下午，仍有挑三牲、果餅、紙錢、粽粄到田邊祭拜，以求第二期稻作仍然豐收的習俗。

稻子生長時間頗長，直到收成之日的過程中，都需時時刻刻注意稻子的生長，以筆者記憶所及，耕作者需注意以下幾種禁忌。

1. 忌喝酒者進入放穀種之室

欲播入秧田的穀種，需先挑選品質良好穀子，以水洗淨，置入缸中，使之保持濕潤，放到一個陰濕的房間，類似泡豆芽一般，慢慢讓它發芽。此期間最忌諱喝過酒的人進入，尤其喝醉的人。俗信以為酒醉之人會使穀種發不出芽，或使已經發芽的穀種萎縮而死亡。

2. 穀種發芽後忌亂翻

挑選「穀種」非常重要，以水浸泡過的穀種，使其發芽更須時時注意，在穀種未發芽之前，需定時翻動穀種，讓濕的穀種透氣，穀種發芽後

1　萬建中著《禁忌與中國文化》頁366～367。

即禁止亂淘翻，以免妨害芽筍脫落。且要注重「秧田」撒種前的施肥，稱為「打肥底」。又因春耕之前仍為寒冬將盡之時，並注重預防風害，需搭圍籬保護秧田，以維護秧苗順利發芽。

3.忌長稗草

稻田中最忌生長稗子，還有客家話說的「黃梨草、鴨舌草、布袋蓮」，這些草繁殖迅速，生長能力極強，可說是敗家子、賊子、浪蕩子。每次除草時，務必除惡務盡，斬草除根，但都無法根除。尤其是稗子，雜在稻叢中，與稻子相爭吸取養分，與稻子長得齊高，見之極為礙眼，所以農人在稻子成長過程中，務必辨別清楚，若發現稗子，需下田盡除稗子。

4.忌於稻穗開花時噴灑農藥

稻子開花授粉後即將結穗，此時之後，不可噴灑農藥。若再噴灑農藥，農藥即可能會滲入稻子之中，藏留穀子，收割之後食之，必會影響食安。同時噴灑過後的農藥深入土壤、水中，使稻子根部吸收之後，亦會滲入整株稻子，使稻子殘留農藥遺毒過剩，食之使人體受害，土中也會殘留農藥，殃及下一期稻作。

5.忌喝生水

耕作口渴之時，忌喝生水，以免傷及喉嚨及嗆口。若真要喝水止渴，也要先漱口緩衝一下，不可立即吞肚，同時要觀察水質，是否可喝？浙江西南廣大鄉村，若要喝生水，要先吐一口唾沫到水中，見唾沫未散的表示鬼未投過毒，此水才可喝。若見唾沫散開，表示鬼已經在水中放了毒，喝了會肚疼、生病。這些俗信雖狀似迷信，不知有無科學根據，但也是叫人不要隨意喝生水。

6.忌喝放置過久的茶水

田間勞動非常辛苦勞累，農人經常攜帶茶水到田間飲用。如過中午尚未飲用完畢，茶水必須倒掉，下午上工時再泡過新茶水，要不然家裡人需提新泡茶水至田間置換。昔時鄉下人不知茶葉浸在水中時間太長易溢出茶鹼，只覺味苦，且經太陽曝曬容易變質，喝之對身體有所傷害，先民在經

驗中已經有所體會。

二、耕作時日禁忌

以前，科學不發達的時代，農業生產力低下，主要是順從自然，靠天吃飯，一方面要不誤農時，一方面還要定期祭祀，以求助神靈的保護。祭祀期間也不能從事農事活動，否則神靈會以為祭祀者缺乏專心與虔誠，於是有「禁日」的時間產生，而且這禁日各地不一，長短也不一。

1.忌於清明後插秧

客家諺語：「清明前好蒔田，清明後好種豆。」依照二十四節氣變化，在臺灣北部，有兩期稻作，第一期稻作若不在清明節前插秧完畢，勢必要耽誤第二期稻作插秧時間。第二期稻作若插秧延後，等寒降季節來臨，稻作成秕居多，不能結穀，收成必然歉收。臺灣南部一年可以三熟，可能還要於清明節前更早些插秧。

2.忌過年初一耕作

過年現稱「春節」，是祭拜神靈最多的時期，從除夕到元宵，許多民族都有禁忌生產勞動的慣例。以為在過年期間耕作，會觸犯神靈，一年百事不順。客家人與所有漢族一樣，主要以農耕為主。客家有句俗話：「初一做事，一年都會做死。」所以客家人勤儉持家，一年努力工作，雖在過年期間沒有一定要禁止生產勞動，但至少每年在大年初一時，一定要禁止所有生產勞動。

3.忌「天穿日」生產勞動

元宵節已過，一年之中最重要的年節已近尾聲，客家人還保留一個中國人非常古老傳統節日「天穿節」，又稱「天穿日」。天穿日祭祀於正月二十日早上舉行。這天是紀念古時女媧娘娘補天完成的日子，客家人刻意把年糕留下一塊，切成一片片，煎好之後疊起祭拜女媧，象徵補天。所以，這天除了女子穿耳洞、為牛穿鼻以外，禁止所有一切生產勞動，於歲時節日「天穿日禁忌」中已有所述。

「天穿一過，就愛煞猛做。[2]」說明了積極的意義。亦即從天穿次日開始，除了節日祭祀之外，一年到頭都要努力從事生產勞動工作。

4.忌於打雷時耕作

客家諺語：「天頂大雷公，地下母舅公。」客家人與其他農耕民族一樣，敬奉雷神。漢字「申」字造字之初，即是「象雷電之形」，為「神、電、伸」之初文，所以「雷電」為一切神祇的來源，人們敬畏雷電之神，有聞雷輟耕之俗。而這忌雷民俗形成的原因，固然由於敬畏雷神，以為雷聲代表天神下臨地界，初雷、次雷將大地變得生機蓬勃，農民輟耕以示迎接雷神。其後若又聞雷聲，皆為避雷，農民深知，雷聲中於空曠的田野中耕作，亦易遭雷擊，必須輟耕。

5.忌戊日耕作

《禁忌與中國文化》談到：「古時，很多民族都有『戊日忌動土』的習俗，禁止耕作。天干（甲、乙、丙……）地支（子、丑、寅……）相配，再與五行（木火土金水）相應，推算出戊屬土，所以俗謂戊日動土會觸怒土神，使農作物遭殃，全年共有38個戊日，均不從事耕作。其來源各民族都有各其傳說，不過這禁忌涵蓋幅員竟會如此廣大，傳聞與道教有關。至於道教特別禁忌戊日，有『戊不燒香』之說，道教戊日忌諱之肇因，傳聞起源於漢武帝與西王母的神話故事[3]」。

事實上，禁戊更廣泛的原因，由於對大自然靈力的迷信與崇拜，主要是避免遭受自然災害的畏懼。寧願用不耕作來博得大自然的同情，進而希望能獲得豐收的願望。其實是人們在耕作生產的過程中，心理上在每個月有一兩天的休息時間，客觀上可鬆弛人們工作緊張的情緒，調配、蓄積工作的能量。

現代禁戊習俗已逐漸遠逝，農業被工商業取代，除了老一輩的人或許

2　天穿一過，就愛煞猛做：天穿日一過，就要努力工作。
3　萬建中著《禁忌與中國文化》頁370～371。

心中還有一層疙瘩外，年輕人幾乎已不知「禁戊」爲何了！

三、生產工具禁忌

生產工具是農人從事生產最重要的裝備，工欲善其事，必先利其器，要提高產能，必須使工具完備、良善。農人的生產工具很多，牛是最重要的，其次田中器用，犁耙碌碡、鋤鐮籮錘、秧盆斛桶等。古人相信萬物皆有神，必須善待工具，所以敬重工具，期望使用工具順利，禁忌也就產生。

1.忌人跨過扁擔

萬物都有神，扁擔也有神，所以扁擔沒用的時候，不能亂放、亂插、亂丟，應直立放置，忌諱被人跨過，更不許女人跨過。如有女人跨過，不但使用扁擔的人要大罵，連家裡人也會訓斥她。據說被女人跨過的扁擔再拿去挑，使用這扁擔的人肩上會生瘡，而跨扁擔的女人也會生陰毒。

客家地區現在已無聽聞扁擔被女子跨過的後果，但農人或工人如使用扁擔完畢，也會將它豎立起來放好，不要橫放在地，避免被別人跨過。

2.忌吃牛肉

牛是農業生產的主要工具，無牛就無法從事農業生產，爲保證農業生產順利進行，並感謝耕牛辛苦的爲農事生產賣力，於心不忍，所以不單是客家，很多民族都不吃牛肉。漢族到南北朝時仍有明文規定，嚴禁宰殺牛肉，違者嚴懲。元朝以後，逐漸有吃牛肉，現代客家人仍然還有很多農人不吃牛肉，有些人雖不從事農業，但因從小自農村長大，深染其俗，依然不食牛肉。不但如此，前有所述，冬至是牛日，到目前爲止，有些客庄還有把煮好的湯圓裹於牛草中讓牛吃下。

3.忌用鐮刀敲脫穀機

脫穀機是用來使稻穀脫離稻穗，而鐮刀是用來割下稻子的，各有其用途，若用鐮刀去敲脫穀機，說是會驚動五穀之神，會被罰在割稻子時會割破手指，其實是禁止一些無聊的舉動。

農作生產禁忌多出現在開始、農忙與收割的階段，以及對生產工具的尊重，顯示了農人對生產規律的認識與把握，也提醒人們在這些關鍵時期要有良好的勞動態度與精神，看起來雖是迷信，但是藉著這迷信，卻積極解決生產所遇到的問題。然而，隨著科學的發展，提高了生產力，科學知識的普及，迷信觀念逐一破除，這些禁忌也會逐漸消失，失去其傳序的動力。但科學知識的接受，必須依季節而種植的耕作，永遠還是不變的常軌。

第二節　瓜果種植禁忌

瓜果種植大多是屬農業家庭的副業，一般的農人作農作生產的種植稻作、五穀雜糧之外，亦從事些瓜果、仙草、洋菇、木耳栽植，以增加收入，豐厚農家生活。臺灣屬於亞熱帶氣候，水果產量豐富品質愈來愈優良，不但國人喜愛，還外銷世界各國，受到世人的歡迎，賺取不少的外匯。現在除了農家作為副業之外，亦有愈來愈多的專業瓜果農園，除了平時開放作為觀光農園，亦接受農會輔導，大量種植。

農家最普遍的瓜果，蔬菜類的瓜果有瓠瓜、菜瓜、南瓜、冬瓜、刺瓜、西洋瓜、水果類有香蕉、鳳梨、龍眼、西瓜、芒果、百香果、番石榴、柑橘、柚子、桃李、荔枝、柿子、火龍果等等。臺灣發展各鄉鎮一特色，如今在瓜果種植方面，客家鄉鎮較具有特色的有苗栗大湖的草莓，苗栗公館的紅棗，臺中東勢、苗栗卓蘭、三灣的高接水梨，新竹新埔的椪柑、高屏六堆地區的鳳梨、香蕉等等，昔時，這些瓜果，事關農家副業收入，攸關專業的品質，所以愈是小心謹慎，則愈講究禁忌。

1.忌種瓜果樹苗時，人影照入坑內

香蕉為臺灣普遍生長且營養豐富的熱帶水果，以分株法繁殖，必須挖坑洞，若人影照入土坑，把香蕉樹跟和土埋入坑中，這和安葬時棺木入土一樣，忌諱人影照入壙中。對照這種心理，人影在古人的觀感中，是人體

的重要部份，「含沙射影」是一大禁忌，人影受到傷害，人身亦會受到傷害。

　　只要分株法，或是將瓜果之根苗種入坑中，都有此忌諱。既有此忌諱，種植香蕉等瓜果樹苗最好選在陰天，或是面對太陽。但時值今日，一般蕉農是否如此講究，需再深入訪查。

2.忌用手指指剛結實的瓜果

　　凡一切生長現象，都在暗中或逐漸進行，若公開喧鬧，可能會妨害生長。例如初生嬰兒，不得任意鋪張慶祝，或是對嬰兒直說體胖、好可愛，要說「好討厭」。也不能問體重，如果直說會「嚇著」，即得到反效果，客家話說「生毛面」，使嬰兒變瘦、變輕、或長不好，所以說好的不能正面說，只能「背說」。

　　植物也一樣，像結果實的瓜果，若是被人（大多是小孩）用手指指過，這果實可能長不大。為何不能用手指？俗信以為用手指指人含有輕蔑之意，所以不能指月亮、神像、一切神秘或神聖之物。瓜果供給人類食用，算是有功於人類，人們往往以神的名分看待。

　　敬畏瓜果的結果，事關農家副業的收入或是種植者的經濟，在結合人們對待生長現象的心理。不過現代農業逐漸走向專業，已經以機器大量代替人工栽植，這些禁忌是否尚有存留，大概只存於個人心裡了吧！

第三節　飼養禁忌

　　飼養可分專業飼養與作為一般家庭副業的飼養。總的來說，有關飼養的禁忌，飼養人與畜養的動物有密切關係，這些禁忌一方面表現了飼養人唯恐牲畜生病死亡的恐懼心理，一方面對保護所畜養的群體亦有實際作用。

　　客家人居於閩粵贛三省交界，不管在原鄉、或是移居他鄉，大部分還是住於丘陵山區或河谷平原，以農耕為主要行業，兼飼養禽畜作為副業，

以自用或增加收入。也有以飼養爲主之業者，但絕大多數還是以副業居多。禽類所飼養的主要以雞爲主，鴨鵝次之；畜類以豬爲主，農人則每家每戶都有畜養耕牛，較少飼養馬、羊。間或有養蠶、養魚，以補助家庭經濟來源，改善生活。在臺灣或許有養鹿人家，以鹿角買賣或製作鹿茸酒。

一、養豬禁忌

閩南諺語：「養豬有技巧，豬潲⁴要餵飽，豬欄拴得緊，豬糞出得勤。」這是養豬的方法。豬潲要飽，不使豬隻餓著，農家也常常要到野外摘些涼性的野草，摻入豬潲中，給豬降「火氣」。有些地方，豬舍裡會掛一件蓑衣，據說如此在出豬欄糞可避地煞。

筆者家鄉，每年元宵節晚上，必到家旁土地公「抓大閹雞」、「抓大豬」的習俗。所謂「抓大豬」，其實就是在拜完土地公之後，在土地公祠前的園圃用鋤頭挖一土塊抱回家，那土塊即稱爲「大豬」。回到家後，立即放在豬欄前，以爲豬欄神，並說「豬仔遽遽大。」（小豬趕快長大）

養豬是很多農家副業，也是增加經濟收入的來源，所以養豬方面的禁忌也多。

1.忌啓建豬欄時不作聲

啓建豬欄時要特別慎重，和人建房子跟建牛欄一樣。要請風水先生擇位避煞，擇日動土開工，招待工匠要如同對待「上親」，要給工匠泡茶、遞酒、送食物和給紅包。送點心時最好放在豬欄裡，並且要吃完，若是工匠客氣沒吃完，主人也要當場吃完，不可拿回，以示將來飼豬時能餐餐吃完。給紅包時不能作聲，紅包不能封口，放在豬欄的欄杆上，工匠收紅包時，也不能作聲。據說這樣做可以使豬安欄，豬就肯長大。

2.忌從欄上跨越

裝豬欄時，無論任何人都不能從欄杆上跨越，都要彎腰從欄杆下鑽

---

4 潲：臭汁，或淘米水做成的豬食。雲影花陰（第八回 俏美人巧計私會）「恨不得將其搗碎，及至醃處，愈發著力猛，只聞得唧唧作響，猶豬吃潲水之聲，不絕於耳。」

過，否則以後豬也會學著跨欄而不吉。後來有些人家豬欄採用磚砌，也不宜從欄上跨越，進入豬欄，應從豬柵門進入。

3.忌單日買豬

豬肉是漢族主要的肉類食物，所以豬是農家最主要的飼養動物，也是昔時農家廚餘的銷處。舊時有「豬相圖」，在抓小豬養的時候，要挑選吉日，喜雙忌單，買的豬隻，也要雙數。

4.忌豬頭上長「旋」

挑選小豬，與牛相似，忌買豬頭上長「旋」的豬。俗說這樣的豬「蓋水淋頭，十人見了九人愁」。

5.忌豬頭毛黑白相雜

豬頭上的毛也有講究，與牛相似，通常忌買黑豬頭上有一線白毛或白豬頭上有一線黑毛「破頭豬」，或是黑豬白頭或黑豬白尾的「帶孝豬」，俗信以為以上這兩種豬活不長，也不吉利，家裡可能難得順暢。

6.忌豬頭大、豬嘴長、尖

俗說豬頭太大的豬不肯長，豬嘴要適中，忌長、忌尖。俗說：「豬嘴過長，喜拱壁撬欄」，是不安於欄內的「吵欄豬」；尖嘴豬光吃不長。客家師傅話：「豬嫲落菜園－大噴[5]」，即是形容豬嘴會翹起豬欄、噴起泥土。尖嘴豬光吃不長大，俗話說：「尖嘴石鞍頭，吃潲如牛，要它長，磕響頭。」

7.忌細耳豬

細耳豬也不易長大，耳小又尖像葉片的豬稱為「鐵跎豬」，它更不易長。俗話說：「梔木子耳麂子腳，三十六斤上屠桌。」即是說：「這樣的豬養不大，養了很久，小小隻就要殺了。」

5　師傅話：歇後語。本句原意為「母豬跑入菜園－會用嘴巴努力翹起泥土，把菜園弄壞。」深意為「形容一個人辦理喜事大張旗鼓，廣發貼子大宴賓客的舉動。」

8.忌生畸形豬

所謂畸形豬，即是不同於一般豬的形狀，可能由於恐懼心理與迷信色彩的結合，才產生這樣的禁忌習俗。即使稱「靈官豬」的「神豬」，均視爲「倒運豬」或「背時豬」，這些豬仔，賠本減價也沒人要，自家養又怕遭不測，故一般養母豬人家見生下畸形豬，多半淹死或丟棄，以免不測。現在民間飼養母豬者已少，大都是大型養豬場，豬種交配亦採人工受精，所以畸形豬，民間已極少看到。

所謂畸形豬，有如下幾種：

「背時豬」或稱「背時豬」，豬全身的毛倒狀，俗以爲這種豬會背時倒運。

「五爪豬」，北方人認爲這是神龍變化的，民間不敢飼養，恐遭凶禍。

「靈官豬」，種類很多，有三爪、五爪、綉花、馬蹄、黑腳、黑臉、白臉、花臉、三眼、鐵嘴、蛇舌等等，這些畸形不等的靈官豬，不得飼養。

9.忌買「本島豬牯」

養豬戶表示：一般肉豬，以美國品種的「約克夏公豬」和「本島母豬」交配的黑豬最好，肉質優美而體型大又易長，獲得養豬人家的喜愛。所謂「本島豬牯」，即是「桃園的公豬」。「桃園本島豬」向來爲全臺最爲優良的豬種，一般都用來配種，極受全臺養母豬人家的喜愛。

桃園本島豬有一特色，即是背脊稍凹而肚大垂下，客家話稱爲：「肚陀陀」，母豬可容納很多小豬，但公豬則肥肉多而無肉，所以桃園當地人深知其特性，不要飼養「本島豬牯」。「本島豬牯」與「本島母豬」交配之後，一生下來若發現是小公豬，除非是將來要留來當作公豬配種外，即刻拿到市場售予豬販，也許可以魚目混珠售予不明就裡的養豬者，所以挑選小豬時必須睜大眼睛審視一番。小母豬則大受歡迎，因爲以前很多農家兼畜養母豬，所以價格也高。

10.忌買豬成交送至買主家

買豬成交之後，賣主不願意把豬送到買主家裡，忌被人譏笑「嫁女送親」。但有些買主買得多或老病，需要賣主送到家，則要按俗規買主要辦酒飯招待，除豬款外並致送「腳力錢」，以紅包袋之。

通常在買賣成交之後，賣主會多說些吉利話，如「餵豬人家毋使[6]糠，一盆清水對米湯」；「恭喜風吹夜夜長，豬財年年滾落來」等等，買主多半也會感謝回以「打幫[7]你个好金言」。

11.忌將小豬從欄上放入

舊俗在豬仔進欄前，要點香祭豬欄神，打開豬柵門，發出「ho！ho！」聲，趕著小豬，任由小豬進入，忌將小豬從欄上放入。在小豬進入豬圈時，要說：「日大千斤，夜大八百」，期望小豬趕快長大。若是小豬不肯進欄，千萬不能罵，也不能打，必須有耐心地慢慢趕入。此時要左手拿兩塊小石頭，右手端杯茶。在小豬進欄時，一塊扔到乾燥處，並說：「這是你睡覺的地方！」再把一塊扔到涵空處，再說：「這是你屙屎屙尿的地方！」接者主人連喝三口茶，聽說有靈性的豬，會尊此指點睡覺、大小便。遇有鄰居來訪或看小豬，要沖糖水請鄰居，鄰居要一飲而盡，以討主人「一盆清水長千金」之喜。

12.忌將閹物丟地上

小豬養了一段時間後，通常要閹豬。閹豬師傅來時，主家通常會刮「火燂煤[8]」摻和茶油，以備給閹豬師傅在閹後擦拭傷口，據說可以消毒，快癒合傷口。

閹完豬後，通常主家會煮雞蛋麵條請閹豬師傅，閹豬師傅會把取出的豬睪丸帶回家，不然丟到屋瓦背上，切忌丟於地上，否則會認為兆頭不好，豬會養不好、長不大。此與小孩換牙一樣，把換下來的乳牙要

6　毋使：不用。

7　打幫：沾光受惠、幸好、感謝。

8　火燂煤：鍋底或煙囪內等的黑色屑末。

處理好，習俗以為上齒要丟床下，下齒要丟屋頂，如此才不會長「豬哥牙[9]」，不過現代人地板以為水泥、鋪地磚、大理石，住高樓大廈已無屋頂可棄置，小孩換牙通常請牙醫拔去，若齒列不齊長「豬哥牙」，可請牙醫矯正，已無此俗矣。

現代養豬大都是大型養豬場職業經營，採用人工受精，專業閹豬，古代牽著公豬到養母豬家配種的「牽豬哥」行業，以及吹著笛聲到各家的「閹豬師傅」、「閹雞師傅」等行業早已消失。「一日閹九豬，九日無豬閹」的客家諺語，只能從想像中去體會這句諺語的真義了。

13.忌殺母豬

飼母豬戶一般忌殺母豬，人們也忌吃母豬肉，以為母豬肉有「毒」，吃了會生病。有的人家在母豬老了以後，會請閹豬師傅來閹割，待餵壯了再殺，俗謂「豬嫲到老一刀閹」。不過大部分都直接賣給豬販、屠戶，宰殺販售或製成肉類製品轉售。

14.殺豬忌說「殺」、忌沒抓牢

以前在臺灣，民間殺豬必須申請核准，否則稱為「私宰」，被檢舉或抓到必須罰鍰，所以平時民間較少殺豬。但在過年時，大家族或村莊聚落，會聯合起來殺豬，稱為殺年豬。殺年豬忌說「刣」（殺），要說：「出欄」。出欄時要祭拜豬欄神，祝其今世為豬，來世變人。殺豬者進刀時，要說一句：「出世人身」，忌小孩和婦女忌在旁觀看，希望一刀即死，忌諱一刀不死，還要補一刀。湧出的鮮血稍有泡沫，據說此兆「血財好」，「養豬豬興旺」。忌諱血色混濁不清，成黑紅色。

殺年豬另一項最忌沒抓牢，跑到別人家裡去了，因為客家俗語說：「狗來富，貓來窮，豬來著麻布」，若豬進他家，再好的鄰居都要翻臉，罵得狗血淋頭，主家只好「掛紅」抱歉，才能把豬領回。

9　豬哥牙：歪芽、暴牙。

15.忌豬三狗兩

所謂「豬三狗兩」，即是養母豬人家，忌生三條小豬；養狗人家，忌生兩條小狗，若生下「豬三狗兩」，認為兆頭不好，恐有厄運來臨。當遇到此種情形時，得趕快到市場尋覓買小豬回來「鬥雙」；若是小狗生兩隻，大都會遭棄置不養。

另外，一頭母豬可生十二隻，若少於此數目，一般養豬家為疼惜母豬乳浪費，會趕緊到市場買小豬回來湊數，若是多出十二頭，由於母豬乳頭不足讓初生小豬吸吮，必須立即抓到市集賣出，以免死亡。

二、養牛禁忌

牛是農家最重要的資產，可幫做田事，也可拉車，全人類對牛應是同樣尊重。客家以農耕為主，對牛更是尊重。前有所述，每逢冬至是牛日，有些客庄還在牛草中餵食湯圓，讓牛也能享受與人樣的節日。為了田事順利，自然對養牛比其他族群更為注重。

1.忌牛旋長錯位置

世上有給人相面的，也有給牲畜相面的行業，說不定前者是後者的延伸。牛是農耕地區最寶貴的牲畜，也是資產。牛在農學家王禎的《農書》說：「牛為農本」、「有功於世」。農家買牛，如同家中添了一個成員，如同選婿娶媳一般，十分慎重，必須精細挑選。

首重牛旋的禁忌，根據民間選牛的原則注重在「牛旋」生長在何處？有在額頭、耳朵、背部、胸部等不同的地方，可分為蓑衣旋、落耳旋、打鼓玹、曬穀旋、望山旋、扯皮炫、鎮富旋、瑣倉旋、丁字旋、穿棕旋、拖尸旋、落塘旋、蜈蚣旋等等。還分好旋、普通旋、不好旋等三類，其中拖尸旋、落塘旋、蜈蚣旋等三種旋是最忌諱的。「拖尸旋」是長在牛脊梁正中間位置的旋，「落塘旋」是長在牛肚子正中間位置的旋，「蜈蚣旋」是指從牛頭到屁股這條直線上長有兩個旋轉著的圓圈，長有這幾種旋的牛被人們認為是大不吉利的，會使其主人家運衰敗。

2.忌毛色爲青，額有雜色

毛色的禁忌也是重要的，中原人多忌養青牛，以爲青牛是凶牛，易剋主家。再次是額頭雜有它色的牛，稱爲「孝帽子牛」，一般人家都忌諱飼養，尤其是前額有白色的黑牛，俗稱「戴孝牛」，說是「帶孝子帽」，飼養這種牛，多主對主人不利。

3.忌殺牛

昔時一般漢族禁殺牛，客家人也同樣。南北朝以前有明文規定，嚴禁殺牛，違者嚴懲。元朝滅宋之後，放寬法令，逐漸吃食牛肉。早期臺灣客家農村，也是絕少殺牛，牛老死了，還要焚香燒紙錢，悼唁一番：「牛啊！你在世上受了一輩子的苦，送你一些盤纏，希望你下輩子不再爲牛，變人到有錢人家去享清福。」不過臺灣早期農村貧苦，大部分人家，牛老了，不忍心自己殺了，便賣給牛販，拉到別處殺了。很多動物都很敏感，很多人可能不知道耕田的朋友應該都知道，耕牛知道自己要被殺了會流淚，牛主人不忍看牛流淚，多會迴避。老牛在離去時，會不時頻頻回眸望視主人而落淚，令人心酸。

4.忌牛欄糞即有即出

由於敬牛、愛牛，視牛爲農耕之寶，連出牛欄糞也有禁忌習俗。一般牛欄糞忌諱即有即出，必須把牛糞堆積起來，看個吉日出糞。不過有些例外，即是到了稻子收割時期，有些農家，禾埕（曬穀場）非水泥鋪成，還是泥土表面時，爲了曬穀，在收割前一日，需把禾埕打掃乾淨，用新鮮牛糞摻水稀釋，用竹掃把平鋪於禾埕上，使之乾硬平坦，不致塵土飛揚、穀摻沙石，方便第二天曬穀，客家話稱爲「打禾埕」。此時得隨時注意牛糞新出即要用。

三、養禽禁忌

所謂禽類，是指一般家庭飼養的雞、鴨、鵝等家禽，由於雞肉是肉類食品的主要來源，也是過去農村的主要副業，所以家庭飼養主要以雞爲

主，鴨鵝爲輔。

1.忌怕瘟病

所有行業，都忌怕瘟病，即是可怕的傳染病，飼養禽類尤怕「瘟病」。瘟病一起，全數雞隻將近死亡，不但遭受巨大損失，尤其現在大型飼養場，更是影響至鉅，不得不注意。近年禽流感也是瘟病的一種，威脅甚大，據研究是飛鳥禽類被病毒引起的傳染病，近年來甚至會傳染至其他獸類動物，甚至人類，高度引起世人的重視，加以防範。

以前農家養雞等禽類動物，沒有科學知識，亦沒有媒體資訊的報導，只有靠經驗防範。養雞人家只要發現雞等禽類「下白便」，俗稱「雞屙白屎」或是看到所飼養的禽類「有精無神」，毫不猶疑，立即宰殺，可避免瘟病的蔓延，並且還可上桌飽餐一頓。要是等到雞不能走路，可能已經太慢，防堵之法，只有立即殺死掩埋。

現代大型飼養場，要定期防制禽流感的發生，消毒、衛生極爲重視，有些雞場還有透明布幕遮蓋場空，以避免飛鳥越過，掉下糞便而感染，可謂備極艱辛。

2.忌不關禽門

禽舍雞鴨有別，以雞鴨的習性，雞舍要搭「竹笪」，使雞棲於其上，稱爲「雞棲」。鴨鵝則不必搭笪，可直接棲息於地上，稱爲「鴨（鵝）寮」。不管如何，到了傍晚，雞鴨鵝都已進入禽舍，切記一定要關禽門，以避免黃鼠狼、狐狸、野狗、蛇等肉食動物的侵入，而遭到莫名的損失。

3.忌黃昏宰殺

因爲雞的眼睛到傍晚黑暗時，無法識別事物，稱爲「雞盲」。爲使雞被殺之後能看清往陰間路途，所以客家人忌在傍晚或黑夜殺家禽。殺雞鴨時並且要解除綁於其身上的繩索，讓他在被宰殺後能自由飛行，並念咒語：「做雞做鴨無了時，生成愛來分人刣，下二擺正來投胎，做有錢人的子兒」，助其超生，充分表現出客家人的好生之德。

4.忌談自家雞鴨鵝孵蛋

雞鴨鵝孵蛋，同屬神秘不可解之事，猶視剛受孕之孕婦未滿三月，均認爲宜在暗中進行不宜說一般，萬一「說破」，恐怕小雞孵不來。民間習俗上，母雞剛孵蛋三天，應稍動雞卵，以後就不宜移動。同樣希望小雞和小孩平安出世一樣，忌談家禽孵蛋之事。

5.忌母雞啼叫

正常是要由公雞司晨啼叫，如果「牝雞司晨」，人們便以爲反常，閩南俗諺：「雞母啼，刣頭夾紙錢。」客家俗諺：「雞嫲啼，係禍母係福。」在在都說明母雞啼是反常現象，被人們視爲心頭上的禁忌，必將母雞殺了！閩南人還要將雞頭連同冥紙扎在竹竿，豎於田頭田尾，以資禳解。

現在工業社會，一般家庭禽類飼養已非常稀少，取而代之的是大型的禽類飼養場，幾十年前吹著笛子到各家閹雞的「閹雞行業」早已消失，大型養雞行業仍有禁忌。

四、養蠶禁忌

種桑養蠶，自古以來即是農耕經濟的一大特色，傳說中的黃帝后妃嫘祖發明以蠶絲製造衣服。在周朝早期，養蠶已成爲人們的普遍行爲。《詩經‧豳風‧七月》：「春日載陽，有鳴倉庚。女執懿筐，遵彼微行，爰求柔桑。春日遲遲，採蘩祈祈。」「蠶月條桑，取彼斧斨，以伐遠揚，猗彼女桑。」蠶絲可織成綢緞，製作衣服，幾千年前就有了養蠶的行業，也是舊時「男耕女織」最代表性的生產組織方式。

臺灣客家較少以養蠶爲主業的，歷來爲農耕的主要副業，尤以苗栗最爲興盛。苗栗縣的大湖農工職校還有全臺唯一的蠶絲科，培養現代的蠶絲業人才。以前所有養蠶者的蠶繭，都要挑到當地農會，再運到大湖繳交。

民間以爲蠶是極爲嬌嫩、神聖而又是極有靈性的動物，稍有不愼就會受到損傷。受到一分損傷，有一分病，就歉收一分。《農桑通訣》有載：

「蠶有十體，寒、熱、飢、飽、稀、密、眠、起、緊、慢，此十者，人所當體恤，尤懼有失。[10]」蠶體本身的這種種特性，要求蠶民在養蠶時格外小心，所以養蠶必須遵守一些禁忌。范成大〈晚春田園雜興詩〉「三旬蠶忌禁門中，鄰曲都無步往蹤」，即是書寫養蠶時節遵守養蠶禁忌的狀況。筆者小時家裡每年都曾養蠶，照顧時真的無微不至。

1. 忌生客入門

　　歷來養蠶諸多風俗，〈西吳枝乘〉「吳興以四月為蠶月，家家閉戶，官府勾攝，及里閭往來慶弔，皆罷不行，謂之蠶禁。」由此可知，春末夏初為養蠶時節，鄰里不相往來、官府罷「徵稅、公事、抓人」，收蠶繭之日掛紅紙等風俗，多麼注重養蠶。但至今民俗已消失，唯農家在養蠶時，生客不可進入蠶房，恐讓生客見之而生蠶祟。猶若剛出生之嬰兒不宜見生客，恐受驚嚇一般。

2. 忌不關蠶門

　　蠶怕風冷、怕香臭異味，養蠶者素有「關蠶門」習慣。舊時有些養蠶戶會將紅紙書「育蠶」貼於蠶房門口，謂之門神，可以避邪護蠶。元人《農桑輯要》「蠶有七忌，自小到大忌煙燻，忌酒氣五卒，忌香麝油氣、忌飼霧葉、忌側近舂搗，忌喪服產婦。」明人《蠶經》「蠶不可受油鑊氣、煤氣，不可焚香，亦不可配香，否則焦黃而死；不可入生人，否則遊走而不安箔；蠶室不可食薑暨蠶豆；上簇無火，繰必不爭，蠶婦之手不可擷苦菜，否則讓蠶青爛。[11]」養蠶禁忌繁細瑣碎，所以一切麝、檀等香氣，蔥、蒜、韭、薤等臭氣，陌生人等都不可入蠶室。三、四月份，西南風吹，怎能不關蠶房門？人們交談，只有在河邊或井邊洗衣，才可互通蠶訊，一直要到採蠶繭時才開禁。

---

10 引自萬建中著《中國民間禁忌風俗》頁118。
11 引自萬建中著《禁忌與中國文化》頁387。

3.忌飼濕桑葉

如遇雨天,採回的桑葉,必須晾乾才可以給蠶吃,因爲濕的桑葉,蠶吃下必會瀉肚,遭致死亡。蠶與禽類差不多,飼養有時看運氣,禽類怕瘟疫,蠶最忌怕腹瀉,要是發現蠶瀉肚,必死無疑。桑葉無法提前摘下,以備下雨時供給蠶食,所以養蠶忌諱下雨,使蠶無桑葉可食。

4.忌對養蠶人家說「隻」

客家人對於計數,魚算「尾」,雞、鴨、鵝、蝦算「隻」,牛、豬、羊算「條」,蠶算「尾」,閩南人則算「仙」。演變的結果,閩南養蠶人家只准人家說:「一仙兩仙」,客家人說:「一尾兩尾」,若說「一仙兩仙」或許還可以,不准人說「隻」,若說「一隻兩隻」,養蠶人家會非常不高興。

5.賣蠶者忌賣「單」

賣蠶人家,一般以賣雙一單位,兩條爲一對,絕不賣單。但唯一不賣四隻給別人,買者也大都不一次買四隻,因爲四與死諧音,恐蠶遭遇不測。

五、養鹿禁忌

鹿在古代就被人們敬奉爲「四靈」之首。《禮記‧禮運》「麟鳳龜龍,謂之四靈」,麒麟就是以鹿爲原形,經人們幻想而成的動物。養鹿主要是鋸公鹿的鹿角爲藥、泡酒,由於現在鹿源稀少,價格昂貴。以前,人們在母鹿產子,公鹿鋸角之時,要燒香上供,磕頭祈禱,而且要遵守一些禁忌。

1.忌在鹿園工作時喧嘩嘻笑

在鹿園工作時,不但不可喧嘩嘻笑,甚至不能講話,互動只能靠手勢、眼神和打暗號。

2.忌女人靠近鹿圈

婦女也不準靠近鹿圈,以上都是反映了鹿怕驚動的習性和人們對路的

神秘感、敬重心。

臺灣以前是鹿的王國，在《康熙臺灣輿圖》中可以看到原住民逐鹿的盛況，可是經過兩三百年的開發，現在已經成為稀有動物，只剩下少數養鹿人家供應鹿茸為主。

六、養魚禁忌

養殖業是漁撈業的一部份，漁撈業通常崇信龍王、水神、媽祖、河伯、孟婆等，以為自己的漁撈多少都和這些神靈有關。神靈會保佑豐收，也會使人勞而無獲；能使人幸福，也能使人遇難，所以必須虔敬敬奉、祭祀，不敢得罪或怠慢。客家人因多住山區丘陵，沒有近臨海邊，所以較少船業，通常在山區丘陵或河谷平原「開田作陂」，利用陂塘養殖漁業較多，也拜水神、媽祖，不過本文不談船業漁撈，只淺談一些池塘養殖禁忌。客家人在池塘養殖的多以鯽魚、草魚、鱅魚居多，蝦、虱目為輔。

1. 忌養鯉魚

鯉魚，客家話又稱「裡嫲」、「鯉仔」，在江西婺源當地可是名菜。但在臺灣客家，普遍因其肉質柔軟若泥，口感不佳；更重要的是人們認為它「有毒」[12]等幾項原因而不吃。苗栗客家諺語說：「菜毒[12]番瓜，魚毒鯉嫲，肉毒老雞嫲，人毒後來嫲。」因此臺灣客家人不喜歡吃鯉魚。又因其有亮麗赤橘顏色，易招人耳目，就遑論要在池塘中養鯉魚了！後來流行的觀賞魚－錦鯉，也只養在水族箱或觀賞魚池中。

2. 忌養吳郭魚

吳郭魚又稱「南洋鯽」，因其骨刺堅硬，歷久而不會腐化，早期農耕必須跪地除草，池塘裡若養了吳郭魚，萬一颱風來襲或發大水時，池塘的水滿溢，吳郭魚易被沖入田中，流進田裡，死亡後魚骨在田中不易腐爛，除草或赤腳下田時，經常刺傷農人的膝蓋、腳底，所以忌養吳郭魚。

12　有毒：此「有毒」並非馬上見到「毒性」危害人體，泛指「存有對人體有害或不好的物質」。

現在專門供人釣魚的觀光池塘，或專供餐廳的池塘所養的「福壽魚」，則是吳郭魚的改良品種，肉質及體型都較吳郭魚好，成了一些釣魚人士的愛好，外銷市場極受歡迎，被稱爲「臺灣鯛」。也由於現代農人改用機器耕耘，不必跪地除草，所以一般灌漑用的池塘也養殖福壽魚了。

3.忌養鬥魚

苗栗三義一帶出產有名的蓋斑鬥魚，頭部眼後到鰓蓋有一黑色紋，鰓蓋上有一暗綠色圓斑。成年雄性鬥魚會出現性徵變化，背鰭、腹鰭、尾鰭會一直延長至體長的一倍左右，身上的鱗片也會發出紅、藍相間的光澤，世人的喜愛。

通常雄魚體型較大、雌魚較小；雄魚顏色較爲鮮豔，身上的條狀斑紋較爲明顯、色彩也較艷麗，尾鰭較長且呈燕尾狀；雌魚的色澤則比較淡，尾鰭短，燕尾狀不明顯。由於鬥魚體型雖小，但在繁殖時期，雄魚爲搶地盤，習性特爲兇狠，若養於池塘中，經常啄傷其它飼養魚類眼睛，而造成死亡。所以早期農民忌諱鬥魚游入池塘中，只能養於魚缸中或觀賞池中，作爲觀賞用，若發現陂塘中有鬥魚存在，必撈棄置。

4.忌對養魚者將魚去鱗斷尾

魚鱗片片相疊，接連不斷，到魚尾開叉，象徵子孫繁衍不絕，開枝散葉。若在養魚者面前將魚去鱗斷尾，在對方的觀感上，必然是莫大侮辱，像是在詛咒斷子絕孫一般，故在養魚者的眼見範圍內，忌諱這使人敏感的動作。

5.忌吃魚時將魚翻面

客家人居住於山區丘陵較多，很少出外以航海捕魚爲業，所以行船漁撈禁忌較少，但以前長輩也不時教誨，告誡子弟日後若到漁家作客，於宴客當中，切忌將魚翻過來。把魚翻過來，是漁家大忌，使人想到船翻了！因語音上的聯想，使人產生不吉利的聯想，以免造成誤會。

第四節　工業生產禁忌

一、上山工作禁忌

在原野老林中，大凡山地丘陵、繁茂森林的地方，總給人一種恐懼之感，以爲會有山靈鬼怪出沒，心理上常疑神疑鬼。對此，古書亦多有記載。屈原《山鬼》說山鬼的住處是「處幽篁兮中不見天」的「蔭松柏」中。《述異記》說：「南康有神，名曰山都（即山鬼，越語稱鬼爲都），行如人，長二尺餘，黑色，赤目，髮黃被身，於深山樹中作祟。[13]」《太平環宇記》卷100：「劍山在（沙）縣西北120里，…其中有山魈，其形似人，生毛，黑色，身長丈餘，逢人而笑，口上唇蓋眼，下唇蓋胸，人見亦怪矣！」

在傳說中，山鬼形象醜陋、貪婪、兇惡、好淫、多疑且又容易上當受騙，愛捉弄人又容易被人捉弄的人形怪物。楚地民間至今仍信奉山鬼並流傳著形形色色的山鬼傳說。臺灣山區、鄉下至今也繪聲繪影地流傳著人被山上、原野間的「魍神仔」抓去弄死或被捉弄吃炸猛、牛屎、雜草、泥巴的傳奇恐怖事件，甚至報紙也曾報導這類不可思議的神奇怪事。

「魍神仔」到底是什麼神呢？閩南語稱爲「魔神仔」，客家話音同「芒神仔」。傳說中的魍神仔，喜好出沒於山林間、溪流邊、河岸旁，是一種誘導人到山野間迷失的鬼或精怪，不是抓小孩，就是抓老人，或是抓神智不清的人。聽說魍神仔身高像國小中年級的學生，瘦瘠的，不過眼睛很大，二枝犬牙尖凸露，臉皮黝黑，看起來毛不多，不像猴子，很精巧，只差不是神、也不是鬼而已。

人們確認山裡有山神，水裡有水神，大樹有樹神，神聖而不可褻瀆與冒犯，這種濃厚的山鬼信仰，給大山深處蒙上一層神秘的迷霧，給人們帶

---

13 舊題南朝梁任昉撰。二卷。內容凌雜，間有任昉死後之事，當為唐宋間人掇集類書所引《述異記》，益以他書，雜記而成。崇文總目，《郡齋讀書志》等始載之。

來不安定與恐懼感，爲了不觸怒山神、山鬼，魑魅魍魎等自然界，求得心理的平衡，人們在言行舉止方面嚴厲約束自己，以避災禍，所以到山區工作自然產生了很多禁忌。

1. 忌在山裡亂說話

遠離人煙到山上工作，上山後，嘴巴要乾淨一點，不可胡言亂語、烏七八糟亂講話、開玩笑，否則會有報應。有時候說鬼鬼到、說曹操曹操到，說是巧合，也不得不令人相信。聞說有一群人上山工作，在午餐閒聊時，有一人說今年工作到現在，林中沒見到幾隻鳥兒，鳥兒都死到哪裡去了？說巧不巧，話剛說完，剛巧有一把鳥屎自空而降，正好落入其頭上，掉入其便當之中。在俗信中被鳥屎擊中頭部要倒大楣的，何況還落入便當之中？

2. 忌赤膊工作、野合

在山上勞動的男女，忌諱赤膊工作。若互相愛悅而避人幽會，一忌赤身暴露於光天化日之下，二忌下體朝向山峰，以免穢及天神與山鬼。其實，在自然天地山林之中，赤膊工作，容易招致危險而不自知，怎可以在山中以自然爲歡場而「野合」，不褻瀆山神也忽略野獸、蟲類侵襲，不更加危險？

爬山者亦不宜赤膊身體，有位被登山客封爲「比基尼登山女」之稱的36歲女子，每次百岳登頂都要換上比基尼拍照，展現胴體之美。前年（2019.1.21）報載「G哥比基尼登山客」11日從南投縣東埔入山獨攀挑戰「馬博橫斷」，沒想到19日卻打衛星電話求援，表示自己在盆駒山附近發生墜谷意外，最後該比基尼女卻香消玉殞，引起眾多山友討論，有以爲是不尊重大自然，褻瀆山神所致。

3. 忌喊姓名應聲回應

據說山上神少鬼多，山鬼的威力常具體的表現在一些禁忌之中。禁忌雖是看不著摸不著，卻實實在在可兌現的東西。譬如在同一山區，想和人說話，必須先發出「嗚」、「嗚嗚」或「喂」、「噯」聲先打招呼，

不可直喚姓名，若是被換的人也不可應聲，傳說被山鬼聽著了會依照姓名害人。客家人呼喚人很少連名帶姓的情形，年齡較長大的都以「阿○哥」或「阿○嫂」，年齡較小的都直接叫名字「阿○仔」，亦是要先呼叫後回聲，才呼喊名字較適宜。

4.伐木或燒炭俗規

上山砍樹，尤其砍樹燒木炭，燒木炭的材質主要是相思樹。首次砍樹必定要選擇吉日，先祭拜山神，祭祀的方式比較簡單，只要三、五炷香，一些餅乾，一疊「割金」，拜過燒過，祈求山神砍樹平安，將來燒炭順利。

在砍樹的數量完成之後，進窯燒炭稱為「滿窯」，該日午前，要在窯口拜山神，客家俗稱「拜伯公」，這「伯公」土地神其實就是山神，以祈求該窯之炭能夠燒得順順利利。祭祀禮儀也很簡單，只要一把清香，一料豬肉，些許餅乾、水果，以及大小「割金」各一些即可。祭拜之時不可講不吉的話，也不許開玩笑。

祭拜同時，煮一鍋飯、湯、青菜，把祭拜完的豬肉做菜，午餐就如此簡單的「犒賞」工人，下午完成「封窯」之後，傍晚就開始起火燒炭了！現代已經很少人燒木炭，燒木炭的辛酸與記事、習俗禁忌，只存一些老年人的記憶矣！（圖16～17）

圖16　炭窯已封窯　　　　　　圖17　計算工時與記事

（拍攝地點與時間：北埔，2016.05.29）

5. 忌挑擔照相

挑擔行進之中，忌諱照相，俗言：「挑擔照相會挑死」。挑擔在行進之中，有重物在身，搖晃不已，所照之相貌，必然不易對焦，且易發生危險。所以為了防止危險，不惜以命為恐嚇，叫人心生恐懼而不為。其實不只挑擔不能照相，就是在上下樓梯或是爬山之際，若要照相，必須停下腳步，才不致引發危險。

二、手工業禁忌

手工業包含的範圍非常廣泛，這種行業的從事人員，古來稱為桶匠、木匠、竹匠、藤匠、蓆匠、織匠、帽匠、鞋匠、衣匠、陶匠、磚匠、鐵匠等等，後世則予以敬稱為「師傅」。因各行業不同，也存在著各種差異性的禁忌，總括地說，約有以下幾項。

1. 忌工作時手受傷的血沾到器物上

不管任何工匠，都十分忌諱工作時，不小心手受傷的血沾到器物上。若沾到器物上，要立即擦抹拭除。據說如果忘了擦拭，那器物久了就會變成精魅害人。為何人血附著器物會成精魅呢？原來古人視血為神秘之物，人活靠血，血乾則死，古之歃血為盟，即是基於血的神秘性，巫覡於是藉著此神秘之血關係著生死而大作法術。若是不留意在各種器物沾有血跡，恐血跡吸收日月精華，俗信會變成精魅作祟之下，人畜就會遭到災厄，在恐懼心理上揮之不去。

2. 忌打帽斗

在製造業中，有很多類工匠都會戴安全帽工作，忌諱別人拍打其帽斗（安全帽）。因為帽子是保護頭部的，而頭部是人體的象徵或同體，忌諱人敲打或玩摸，更不許別人將帽子扔在地上。

三、礦業禁忌

在所有行業中，採礦是最危險的行業之一，特別是在過去古老歲月

裡，安全措施差，安全係數相對較小，因而有較重的生命危機感，所以特別注重禁忌。

1.忌說「死」字

所有人都忌諱說「死」字，尤其是礦工，不管是在礦坑內外，都忌說：「死」、「憋死」、「砸死」之類的話，或用髒話罵人，不但工人之間不能說，也不許別人說，甚至連夫妻吵架也不能說。若心理覺煩悶，或與別人吵了架，這一天就別進礦坑了！

2.忌被拍打帽斗、帽口朝上

與其他工匠一樣，安全帽是保護工匠頭部重要的工具，礦工不管在坑內外都會戴安全帽工作，忌諱別人拍打其帽斗，放置時帽口朝上。工作完畢時，應將帽子掛好，忌諱放至於地上，帽口朝上，讓人聯想到意外發生。

3.忌於坑內飲酒更忌諱帶火柴、打火機進入坑內

在飲食方面，也禁止礦工在坑內飲酒，聞著酒味也不行。更忌諱帶火柴、打火機進入坑內，這些都是防止坑內瓦斯爆炸的。另更忌諱任何人坑口燒紙，因為只有死了人才燒紙的。

4.忌於坑內捕殺動物

礦坑內有動物是吉祥的，那怕是過街人人喊打的老鼠。在坑內忌諱捕捉老鼠，那怕再窮，礦工們在礦坑內吃飯時，也要拿點飯菜分一點餵食老鼠，吃不完的飯菜也不帶回家，倒在坑內宴請鼠輩。因為坑內有瓦斯、沼氣、煤氣等散中危害人的氣體，而老鼠對這三種氣體極為敏感，若能與這群老鼠精靈同在礦坑內生活，就會有一種安全感，若是礦坑內沒有發現任何一種生物，可能才要產生恐懼感了！

四、裁縫業禁忌

古代把裁衣看成神聖的事，漢朝王充《論衡‧譏日》云：「九錫之禮，一曰車馬，二曰裁衣，作車不求良辰，裁衣獨求吉日。」可見在中古

時期就有「裁衣求吉」的民俗觀。

1. 裁衣凶日

　　根據敦煌文獻所載：「春三月中的申日不裁衣，夏三月中的酉日裁衣凶，秋裁衣大忌。血忌日不裁衣，凡八月六日、十六日、廿二日裁衣，凶。以十月十日裁衣，大忌，晦三月裁衣，被虎食，大凶。」故裁衣的禁忌不見血的血忌日。

　　古代爲何不能見血的血忌日這天不能裁衣？現難以考據，就從「以十月十日裁衣，大忌」來看，十月十日是唐文宗李昂的生日，此日動刀裁剪便被認爲是不忠的舉動，象徵著「動刀」謀反，所以被列入禁忌。其次也可見，君王生日這天便是「血忌日」，這天動刀殺牲畜，便預示要開殺戒，是對王朝有反叛嫌疑。

　　至於「凡八月六日、十六日、廿二日不裁衣，凶」，則是八月六日爲南北朝武帝蕭衍的生日。八月十六日爲觀音顯聖，故不得動剪裁衣，佛經云：「八月十六南無清靜寶揚惠德觀世音菩薩示現」，八月廿二由於神仙下凡亦不得動剪刀，《道書》云：「八月廿二昭靈李眞人降於方丈臺。」[14] 可見古時裁衣的禁忌日非常之多，與當代皇帝生日及佛道盛日特別有關係。

2. 忌正月縫衣

　　裁衣有禁忌，縫衣也不例外，民間有「正月不動針」的習俗。俗諺云：「初一不忌針，當年國庫空。初二不忌針，天下百姓窮。初三不忌針，三孤三寡興[15]。初四不忌針，朝中軼事生。初五不忌針，五月五雷轟⋯。」從初一到三十，都有犯禁的劫數。相傳此俗起於北宋末年，爲張天師解救刺繡宮娥而倡導的。可見帝誕、佛降、神生、仙人下凡均爲裁縫休息日，還有其他每月固定的忌日，裁縫休假的日子快要趕上現代的週休

14　對於裁衣凶日的說明，引自萬建中著《中國民間禁忌風俗》頁97。

15　三孤三寡：三孤，本爲明朝的「少師、少傅、少保」三職的合稱。亦有曰「孤兒、孤老、孤殘」。三寡，第一曰「寡思慮以養神」，第二曰「寡嗜欲以養精」，第三曰「寡語言以養氣」。

二日了！

五、石業禁忌

1.忌石頭神生日敲石

石業以刻石為業，包含雕柱、鑿磨、刻碑等行業，從業的工匠信奉石頭神。石頭神生日這一天，無論如何，不管有什麼特殊情況，都不可敲打石頭。否則得罪石頭神，將會降災於匠人，毀壞材料，做不出成品，甚至長期臥床，不能痊癒。石頭神的生日各地不一，大部分是正月初一，山東則是三月十七，絕對不許與石頭接觸。

2.忌「龍抬頭」日與石有關的事幹活

農曆二月初二是「龍抬頭」的日子，禁忌做一切與石頭有關的活，否則壓了龍頭，壞了龍體，傷了龍目，龍王降災於石匠及與石頭有接觸的人，後果不堪設想。

六、屠夫禁忌

先前未用電宰殺豬時，屠夫殺豬雖非工業製造業，但因用手，又不能稱為手工業，又似屬手工業的行業，只好暫列在此。

1.亥日不殺豬

屠夫的禁忌在逢亥日不殺豬，屠戶不吃豬血，但可吃新鮮豬肉[16]。

2.忌殺一刀未死

宰殺牲畜時，要一刀殺死，忌一刀不死，還要再補一刀。殺兩刀為不祥之兆。若是殺自養之豬或年豬，預示來年養豬不旺。殺豬者進刀時，要說一句「出世人身」，祝豬投胎轉世為人。

3.忌血色混濁不清

拔出刀後，湧出的鮮血又有些泡沫，據說此兆「血財好」，「養豬豬興旺」。殺豬時忌諱流出的血色混濁不清，或成黑紅色，泡沫紅白相摻，

---

16 姜義鎮著《民間禁忌》頁220。

都是不吉利的。

4.忌肉色呈現金黃色

據屠宰業傳下的說法，若殺豬羊，遇到金黃的肉色，即需金盆洗手，改行換業。傳說這是已達罪孽深重的警示，宜離開屠宰業，從事他種職業。若不當一回事，一意孤行，就會遭到報應。

5.忌殺五爪豬

別以為屠夫這行業殺雞宰牛不眨眼，天不怕地不怕什麼都敢殺，屠夫行是一個很迷信的行當。有師父教的屠夫，都知道哪些東西不能殺。豬是偶蹄動物，它的末端只有四隻指頭，據說這五爪豬是人投胎，殺了罪孽重，屠不敢殺。

6.忌殺懷孕帶崽的動物

《周禮‧孟春之月》「禁止伐木‧毋覆巢‧毋殺孩蟲‧胎夭飛鳥‧毋麛毋卵。」所自古以來，不捕捉懷孕的野獸，不殺懷孕帶崽的動物，後世常聽愛吃懷孕動物，和動物幼崽遭現世報的故事。

7.忌殺有靈性的動物

有靈性的動物，如屠夫在殺牛的時候，如遇到一上來就下跪求情，還會像人一樣磕頭的牛，會說：「哎！賠錢了！」就會叫人去喊牛主人說：「我賠錢了！不殺了！」遇到其它妖異的動物也是如此，因這些動物靈性已深，屠夫擔心殺了被報復，趕快改行。

8.屠戶不吃豬血，但可吃新鮮豬肉。

9.刀尖忌朝大門

若是自己殺豬，殺豬後擲刀於地時，刀尖忌朝大門，否則這家將有凶事，開膛後，不能把豬掛在正對神位之處，以免得罪神靈。

第五節　商業往來禁忌

我國自古以來，雖以農立國，卻素有輕商賤農觀念，而商尤輕于農。

周朝諸子百家興起，雖有「農家」卻不見「商家」，四大行業「商」居「士農工商」之尾。民間常聽「無奸不商」、「農不與商鬥」、「官商勾結」等不利於商人的說法。民間向來很看不起商人斤斤計較的職業與習性。因此，爲了買賣經商，如何能夠成交商品，昔時民間商界就形成了一些趨吉避凶的禁忌民俗，也期望謹守這些禁忌民俗，能夠獲得財運亨通、貨物交易通暢的效果。

　　商業往來交易很多種，以「行商」和「坐商」兩種爲主。「行商」俗稱「行販」，意即「游動行販」，小至挑擔小販、市場流動攤販，直到車船、航空來往運行交易等等。「坐商」尤以店鋪居爲最，多以行業聚集，故從古以來商人以坐商爲多，這兩種經商都有其忌。

一、行商禁忌

　　行商種類很多，不一而足，禁忌便有差異，總的如下：

1. 昔時挑擔出門經商者，忌初三、十四、二三等月忌日出門。出門忌見烏鴉、尼姑、和尚等，以爲不吉。

2. 忌怕價格不明：挑擔者沒有牌價公告，價格要先說明，買賣交易才不致發生糾紛。客家諺語：「上船無講價，下船才惹惹权权」，即是說的這個道理。

3. 忌別人從扁擔上跨過，尤其是被女人跨過，故無挑擔時應將扁擔豎立起來。

4. 趕集忌說不吉利的話，也不要採到別人的腳後跟，否則會感覺落人後、晦氣，賺不到錢。

5. 廟會建醮其間，勿前去販售葷食，以免觸犯當地民俗而遭意外。

二、坐商禁忌

　　坐商主要是於店鋪中，主要是等待客人上門交易，買賣成交與否，雖至多因素影響，但有些禁忌雖類迷信，或有些不信迷信，總覺心頭較安。

1.忌第一個客人未成交

早上開門第一個客人不成交即離去，恐似一早即帶來晦運，所以無論如何，商店對第一個來的客人必定誠心誠意，客氣對待，就是打折到極限也要完成交易。

2.忌第一個客人賒帳

客家諺語說：「一千賒毋當八百現」，生意人非常懼怕客人賒欠，尤其是早上第一個來店的客人，雖完成交易，卻跟店主說要賒欠。

3.忌玩弄算盤

昔時算盤是商家計價最重要的工具，客家師傅話：「蝦蟆胲[17]吊算盤」，意即「很會計較」的意思。算盤一算錯卻要「失之毫釐，差之千里」，所以對算盤極為重視。如果在坐店時玩弄算盤，或是將算盤傾覆過來，較迷信者會認為對財神爺不敬，是一大忌，會被譏為「不會計算」，如何做生意呢？現在算盤已束之高閣，早被現代電算機或電腦取代，但對這些計算工具還是要維護好。

4.忌懶散行為

於店中忌懶散行為，如伸懶腰、打呵欠、將二郎腿高置於椅上、顧客上門不知招呼、敲櫃桌等等，現在環保觀念漸漸深植人心，甚至吸菸等都被視為禁制的範圍之內。

5.掃地忌往外掃

商人做生意買賣當然即希望賺進金銀財寶，平時掃店堂掃的雖是垃圾，但也不能往外掃，需由外往內掃，恐怕把家裡的財寶、好運往外掃掉。

6.言語禁忌

開店希望「生意興隆通四海，財源茂盛達三江」，誰也不願意經營不善以致「倒店」、「關門」是最糟糕的事，所以在言語上最忌諱「打烊」

---

17 蝦蟆胲：脖子。

被說成「關門」。在交易過程中，也很忌諱說錯話。例如棺材店，很忌諱有顧客上門時間：「誰死了？」棺材要說「壽板」或「大樹」。豬肉店最怕人說「買豬舌頭」，因客家話「舌」與「蝕」同音而忌諱「蝕本」，要說「豬利頭」，感覺有「利頭」，買「豬血」要說買「豬紅」或「豬旺」，第三章語言交談忌諱已有提過。藥店、棺材店經營者在顧客離去時忌諱說「再來坐」、「歡迎再來」之類的話。

　　商業往來很多，行商與坐商等種類不一，禁忌也有差異，不過忌懶惰、含糊、濫出入、浮躁、拖延、奢華等是共通的。昔時挑擔買賣的商業行為，至今似乎漸漸消失，大型商場到處矗立，傳統市場周邊的流動攤販，愈來愈不見蹤影，原有禁忌到現在漸失蹤影。不過，買賣貿易的成敗往往難以預料，雖然偶然因素很多，但有熟諳商業禁忌並適切地運用，或許會成為利器而贏利的關鍵之一。現代商業已進入快速競爭的時代，車船航空運往國外，也要了解各國各民族的禁忌，如果經營的商品商標或包裝，違背了當地的民情風俗，就會失去競爭能力，說不定遭到慘敗而生意告終。

第六節　戲劇從業禁忌

　　各種行業都有行業神，傳統戲曲自然也不例外，從本行創始人或技藝超群的人，找出祖師爺，於是產生了戲神信仰。戲神信仰有整合戲團的向心力，安定演員心理，維持戲團運作，還可以建立戲團之間的情誼。各種戲班、戲業演員為了趨吉避凶，避免一切的意外發生，期望演出成功，臺上臺下都應遵守一定規矩，於是產生了戲曲行業禁忌。

　　戲業舊稱梨園行、戲行，梨園，供奉的神很多，各有不同，包含祖師與出於某種原因而供奉的保護神。祖師又包含梨園業祖師、行當及職事的祖師。有些戲班中，各種戲曲行當又有自己行當的守護神。時代變遷，所侍奉的祖師也有變化：戲種不同，地域不同，習俗信仰也有不同。

　　客家戲業的祖師已不可考，戲神則遵從各戲種之神，譬如北管西皮、亂彈戲、四平戲都崇奉田都元帥，北管福路崇奉西秦王爺。「客家戲在臺灣的發展，從日治時期（1895～1945）的相關文獻記載，臺灣客家三腳採茶戲的活動，至少在清光緒年間就有紀錄，可見臺灣客家三腳採茶戲至少在清代中晚期就已傳入[18]。」其後再融合當時流行的四平戲、亂彈戲、外江戲，先於內臺，後於外臺演出，後來經由改良戲，最後形成客家大戲。

　　客家大戲既由三腳採茶戲融合各種漢劇而成，各種漢劇展演的禁忌，在客家戲劇中也一樣遵守，所以其禁忌與一般漢劇無多大差異。

⑴ **忌對祖師及守護神不敬**

　　俗說對祖師神的敬奉，一可使他們得到藝術方的神授，二可使表演時免去災禍的降臨。戲業從業人員很注重嗓子不能啞、記性要好、演什麼像什麼，所以出入家門，上下場都要向祖師或戲業之神揖拜敬禮。不管如何，戲業中人對其祖師或守護神都非常虔誠，不敬即是違逆，是首要禁忌，會遭懲罰。

⑵ **忌說蛇**

　　戲班到處演戲，常住在野外，野外多蛇，臺灣處亞熱帶氣候，春夏之際又多蛇類出沒，人們非常懼怕遭到蛇咬。常言：「說曹操曹操到」，「說鬼鬼到」，「說蛇蛇也到」，如果在演出之時，有人說：「有蛇！」豈不場面大亂，個個驚慌失措，必定造成混亂，觀眾逃之夭夭，所以進出戲院，也不能說蛇。遇到說「蛇」要說成「溜」，禁言「蛇」。

⑶ **忌說「狗」**

　　傳說戲神「西秦王爺」因唱戲而倒嗓，因聽狗吠而體會發聲之法，遂將狗塑成人形，將之膜拜，謂之「將軍爺」。又傳說「金雞、玉犬」為戲神「田都元帥」的朋友，田都元帥得道之後，雞犬也成陪祀之神，戲業從業後代為表敬意，都不說狗而說成「幼毛」。

18　鄭榮興著《臺灣客家戲之研究》頁56。

⑷ **忌說「豬肺」**

客家話把「豬肺」說成「豬氣」，「氣」又與「戲」同音。因此，若說「豬肺」形同「豬戲」，形同把自己貶低成「豬」一般，故不說。

⑸ **禁食毛蟹**

傳言田都元帥原爲棄嬰，被丟棄稻田埂受蟹之濡沫餵養才存活下來，戲班爲感念毛蟹對祖師爺的救命之恩，禁食毛蟹。

⑹ **禁食豬舌**

客家話「舌」與「蝕」同音，所以通常說成「豬利」或「豬利頭」。民間又謂豬舌「有毒[19]」，盡量少吃爲宜。而豬舌很大，戲業演員通常怕吃了會「大舌頭」，「大舌」在臺灣閩客都意指「口吃」。演員最怕上臺唱曲念詞口吃，所以禁食。

⑺ **避吃辛辣及熱燥性食物**

臺灣的傳統客家，不食辛辣之物，而戲業演員保養聲音最爲重要，所以避食辛辣及熱燥性食物，以免傷害喉嚨。所以劇團人員，演出時通常不接受請主的邀宴。

⑻ **忌踢、坐、臥在戲箱上**

「戲箱」客語稱爲「戲籠仔」，是裝戲班器具、衣物的箱子，裡面件件是戲班展演的重要物品，重要的還有頭盔，怎可臥、坐於其上？況且若臥於箱子上，客語說「橫」在上面，與閩南語的「倒」同義，不就是倒閉了嗎？尤其是女子，更爲忌諱，因昔時以爲女人不潔，坐臥於戲箱上，恐使戲班倒楣。總說，推開對女性歧視的看法外，踢、臥、坐戲箱，都是對本業不敬、不禮貌的行爲。

⑼ **「破臺」忌偷看、說話**

通常，新建的戲臺、戲院、會館、寺廟，首場演戲都要舉行「破臺」祭禮，破臺之後才能演出。還有如果演戲時出了大事故，死了人，也要

19　有毒：泛指「存有對人體有害或不好的物質」。

破臺。另外朝西的戲臺也要破臺，因爲俗說：「要想發大財，最忌白虎臺[20]」。若不舉行破臺祭禮儀式，俗以爲會使戲班演員出現吵架、打架的事，也有可能發生演武戲之時不愼傷人，或者演出時出了差錯，以後無人趕來邀班演戲。至於破臺時間及方式，各有不同，有在夜間，亦有在清晨，客家戲劇破臺演出多半在晨間吉時。破臺之時，忌人偷看，演員嘴裡含著硃砂包，禁止說話，破臺完成之後，據說可以趨吉避邪，免得引鬼上身。

⑽忌對「鼓」的不敬

對鼓的敬重，包含在演出前不可擊鼓，據說在戲臺上無故任意擊鼓，會對劇團不利，這是對「動鼓樂」的隆重而起的禁忌。其次不可踢倒鼓架，因鼓架倒了不能打鼓，等於「散鼓」，客語稱爲「煞鼓」，意謂「散戲」，會讓人聯想到劇團倒了！還有不可坐「頭手鼓」的座位，單皮鼓未擊之前，其他樂器不可先演奏，因爲單皮鼓具有領導作用，打頭手鼓的人是總指揮，不坐其座位，是對其尊重。

戲業從業人員除了以上禁忌外，還有相當多的規矩，不但敬祖師爺，對人、對神、對動物都要燒香祭拜，演什麼戲要對什麼道具頂禮膜拜，不然，認爲上了臺怕會出事。舞臺上使用的兵器，都禁止隨便亂動，上場前都要給這些兵器行禮，名曰「祭刀」、「祭叉」、……等等。演各種角色，也有各種角色的禁忌，演鬼有演鬼的禁忌，演丑有演丑的禁忌，演特殊人物有特殊人物的禁忌。如演鍾馗、關公、扮仙者在演出前要禁房事，禁吃牛肉，化妝後，不能回頭、不能說話、不能叫本人名字。演乞丐者唱乞食調時若有觀眾賞賜，也要給文武分紅，因爲他們也有功勞。不遵守這些禁忌與規矩的人，就不能在演戲這行業，還要受到責罰。

人們從事各行各業中所遵從的禁忌，人們對於自己的發展、運氣難以捉摸，也有人力難以把握的災厄，都非常在意，充分顯示從前人爲避免災厄或壞運氣所做的努力。

20　戲業從業人員稱戲臺之臺口朝東、朝南的叫「陽臺」，朝北的叫「陰臺」，朝西的叫「白虎臺」。

　　行業禁忌的類別很多，各部門都有各自的禁忌，這些禁忌與各行業的生產內容及形式結合在一起，共同構成各行業的特徵，行業中的人並不以為這些禁忌是迷信，反而視之為應該遵守的法則。這些禁忌隨著技藝，一代一代傳下來，雖然時代在進步，多少禁忌已經被時代所淘汰，但普遍還迎合了民間了心理需求。

第九章
宇宙生物禁忌

　　宇宙生物禁忌包含廣泛，本章擬分爲宇宙禁忌與生物禁忌兩大主軸。宇宙禁忌又分爲天象禁忌與夜間禁忌兩節，生物禁忌又分爲動物禁忌與植物禁忌兩節來敘說。

第一節　天象禁忌

　　漢民族對天象的信仰，包括日月星辰、風雨雷電、雲霧風雨等等，有信仰便有禁忌。日月星辰是光明的象徵，與人們生活關係最爲密切，所以很早以前，就有對日月星辰的祭祀，留下許多有關天地神話的傳說故事。生活中對日月星辰的依賴也很明顯，人們信奉天地是有靈的，如果褻瀆它，天地就會震怒，並且可能垂禍降災，地動山搖、霜雹旱潦接踵而至。在古籍中，「仰而罵天」、「以杖擊地」、「指天畫地」、「哭天喊地」、「罵天罵地」都被視爲禁忌。爲避免天空降下不祥之兆，於是天象禁忌應運而生。

一、日月禁忌

　　祭日是一個古老的習俗，據《中華全國風俗志》說：「河北寧津一帶每年六月十八日晚，各村寺廟中鑼鼓喧天，是夜百姓宿於廟中，念經誦佛，直至天明，排列香案向東致祭，直至太陽出來爲止[1]的接太陽習俗，若值晴朗光明則吉，倘若天陰，則曰不吉，異常懊喪。古人不知天象、不

---

[1]　中華全國風俗志：胡樸安著，共四冊，上海：廣益書局，1923, 1936.3出版，資料來源：北九州市立大學圖書館藏書檢索。

知天體運行的規律而產生祭祀。現在臺灣寺廟中，還有在農曆三月十九日「太陽星君誕辰」時，祭祀太陽[2]。

1.忌日月之蝕

古人不知天體運行規律，忌諱日月之蝕，以為上天在向人類垂示凶禍之兆，天狗將把太陽或月亮吃了，必須以弓箭射太陽或月亮。客家人稱「日蝕」為「天狗食日」，「月蝕」為「天狗食月」，遇日、月蝕時，民間則敲擊銅鑼或臉盆，連續發出聲響，將天狗驅走以救日、月。客諺：「爛褲好遮羞，爛鼓好救月」，說的雖是惜物，但也是昔時日月之蝕時，擊鼓救月的民俗寫照與反應。村中一時響聲大作，果不其然，約莫些許時間，太陽、月亮又重放光明，民眾欣喜若狂，以為救了日月。

古時逢日月之蝕，以為不祥，天子不舉樂；人們禁飲食，以靜思己過，怕生噎病；男女禁交歡，否則必有災殃[3]。於今科學昌明，民眾了解日、月蝕為正常的天體運行，所以「擊鼓救月」的民俗已在六○年代就消失，這項禁忌也就只存茶餘飯後了！

2.忌以指指月

不只客家地區這樣說，很多地方都有禁用手指指月亮的民俗。在月亮升起的夜晚，家中長輩總是告誡小孩不准用手指月亮，月中有月神，指它即是侮辱它。月神受侮，到夜晚睡著之時，月神就會偷偷下凡把耳背割了。六○年代以前，的確有很多人的耳背會裂傷，都說是被月亮割傷，就信以為真，到晚上要雙手合十向月亮懺悔，祈求原諒。

2　根據仇德哉著《臺灣之寺廟與神明》（四）頁286之記載，臺灣主祀太陽星君的寺廟共有6座，分佈在臺北內湖、苗栗頭份、高雄左營、茄定、臺東市、宜蘭羅東等地。

3　《素女經》黃帝曰：「人之始生，本在於胎合陰陽也。夫合陰陽之時，必避九殃。九殃者，日中之子，生則歐逆，一也。夜半之子，天地閉塞，不瘖則聾盲，二也。日蝕之子，體戚毀傷，三也。雷電之子，天怒興威，必易服狂，四也。月蝕之子，與母俱凶，五也。虹蜺之子，若作不祥，六也。冬夏日至之子，生害父母，七也。弦望之子，必為亂兵風盲，八也。醉飽之子，必為病癩，疽痔有瘡，九也。」…素女曰：「夫人合陰陽，當避禁忌，常乘生氣，無不老壽。若夫婦俱老，雖生化有子，皆不壽也。」

　　其實這一禁忌，表面上月兒彎彎像把刀，當月兒受侮時，會割小孩耳朵，應是遠古月神崇拜的遺留，告誡小孩不可隨便以手指指物、指人，養成良好的行為習慣。現在已無人相信以手指月會被割耳背的迷信，客家諺語：「掃地愛掃壁角，洗面愛洗耳角。」即表面明確告訴人做事要顧及細微處，不可大而化之，卻暗隱耳背不清潔會致病了。若耳角常常去洗，注重耳背的清潔衛生，應可防止「耳背裂傷」的事發生。

二、星辰禁忌

　　天象禁忌中，關於星辰的禁忌特別多，許多星宿在民間都有另外一個民俗化的名字和民間故事。慧星民俗名字又稱「掃把星」，流星又稱「亡星」、「妖星」，客家話則稱為「星仔瀉屎」。所傳的民間故事有如牛郎織女，成為中國四大民間故事之一，桃園市中壢也流傳著「七星墜地[4]」的故事，隨著民俗化的名字，產生了很多聯想與禁忌。

1.忌慧星出現

　　古時星辰禁忌中最忌諱慧星與流星的出現。慧星因其拖著長條的光影，有如掃把，故又稱「掃把星」，在古代視為一座凶星。《漢書・天文志》記載：「慧星入太微，天下易主。」又說：「始皇之時，十五年間慧星四現，久者八十日，長或竟天。」結果連年征戰，「死人如亂麻」，不久，「秦遂以亡。」

　　《中國歷代演義全集》記載：「（元平元年）孟春過後，便是仲春，天空中忽然出一星，體大如月，向西飛去，後有眾小星隨行，萬目共睹，大家驚為異事。誰知適應在昭帝身上，昭帝年僅二十有一，偏生了一種絕症，醫治無效，竟於始平元年夏四月間，在未央宮告崩。[5]」

　　所以，慧星的出現，人們以為即將有禍災，「慧星襲月」更是不祥之

4　〈七星墜地〉見徐貴榮〈澗仔壢傳說〉首次刊登於《文學客家》第11期，101.12出版。修正版見《中央大學客家學院電子報》307期，2018.08.15出刊。

5　《中國歷代演義全集》第4冊〈秦漢演義之2〉頁671，蔡東帆著，臺北：地球出版社。

兆。

　　當慧星出現時，古代人們應趕緊停止宮殿房屋的建造，終止行軍打仗的活動，取消歌舞娛樂的行為，甚是連賭博、裁衣、縫補、房事等都應暫停，若有衝撞，大至社會動盪，小至個人病亡，都會隨即發生。到後來，「掃把星」就變成闖禍者的代稱，女子最好不要長如掃把的眉毛，否則變成被取笑的對象。

2.忌見流星隕落

　　古時認為世界萬物，或善或惡，都由天上的星宿來代表。許慎的《說文解字》說：「萬物之精，上為列星。」民間以為天上的星星與地上的人丁相對應，所謂「天上一顆星，人間一口丁。」天上有一顆星隕落，地上便有一個人死亡。若亮星隕落，則以為有大將軍、名人死亡，甚至皇帝駕崩。自古以來，朝廷中有觀星象之官員，傳下如東漢「莊光與光武帝同眠」犯帝星的故事，也有如三國末期諸葛亮欲借點「七星燈」延壽的故事。

　　若看見流星隕落，忌用手指指點，說這是「星宿逃難」，要朝天吐一唾沫來拔除不祥，才不致有禍。左傳也有記載人們見到紛紛隕落的流星，便判定魯國即將有死喪之禍。所以，「星隕如雨」在古人看來是非常恐怖的，現代人則視為宇宙天然現象，從新聞氣象報告得知，甚至相邀到偏野空曠處觀賞流星雨，真是不可同日而語。

3.忌在太歲頭上動土

　　太歲是民間信仰有名的凶神，「誰敢在太歲頭上動土？」民眾對太歲最為害怕，視太歲為猛虎，人們對於難惹的人，稱之為「太歲」，甚至戲稱老婆為「太歲」。人們深信不能觸犯太歲，時時提防，並採取一定的禁忌方式以避其所害。

　　漢以後，太歲信仰對後世影響極大，到元朝得到最高統治者的承認，從元成宗開始，將太歲與太陽、火星、土星同祭於司天臺。從明太祖開始，設專壇祭祀太歲。舉凡興建土木，都要避開太歲所在方向。不僅興

造、遷徙、婚嫁、分娩都要避開太歲。

　　時到如今，因太歲是星宿神靈中的凶神，不敢觸犯它，深怕觸犯它而遭到報應。雖有不信邪的人，但還是大部分人們普遍的信仰，對太歲深信不疑，甚至與之對沖年歲生肖的人也要閃避它，凡遇太歲當值或與之對沖的生肖者，紛紛在自家或到廟裡安起太歲神位，虔誠膜拜。

三、雷電禁忌

　　天象中的彩虹、雷電、風雨等也有不少的禁忌。雨後天空出現彩虹，本是自然現象，但有時東山飄雨西山晴，天氣變化莫測，虹的出現，古人以為天在顯現神靈的兆示，在想像中，以為是掛在天上的蛇龍。《詩經‧鄘風‧蝃蝀》寫道：「蝃蝀在東，莫之敢指。」意指彩虹在東，不敢用手指指它。其實南方或北方出現的彩虹，民間仍是以為災難的象徵。如今，科學昌明，人們已了解彩虹為自然現象，已無人認為出現彩虹會有災難無禁忌了！

　　古人對於雷電的自然現象迷惑不解，對其威力充滿恐懼，每當打雷前的閃電，急速而耀眼的亮光及形狀，接著轟隆巨響，滾落下來人畜斃命，甚而引起森林大火，以為天上一定有什麼神靈在起作用。雷雖會擊毀房屋、人畜、樹木，但人們仍相信其神性不是惡神，而是把它看成替天職行刑罰、伸張正義、擊殺違禁者的善神。「浪費食物遭雷劈」，唐代和清代各有一個不孝媳婦分別給盲婆婆吃狗屎和雞糞的故事，不久蒼天忽然發雷霹靂，一個腦袋變成狗，一個變成豬，變狗者被官府牽著遊行，人稱「狗頭新婦」；變豬者入廁吃糞，每天圍觀者數千人[6]。告訴世人，必須端正其行為，不可行為不檢、違逆倫常。

　　儘管雷神為善神，雷電的自然威力仍然極為恐懼，以為雷電發作必有災變，而預告民眾。但有時雷神也會誤擊，常聽人說：「好心遭雷打」而

6　事見唐代唐亢撰《獨異志》卷上「賈耽為滑州節度，酸棗縣有俚婦事姑不敬條及清代錢泳撰《履園叢話》卷十七「報應‧忤逆報」條。

怨怪雷神咧！

1. 忌正月響雷

一年伊始，應至驚蟄始雷，卻早到正月就響雷，農民聽到雷聲即非常害怕。客家諺語：「正月雷，二月雪，三月無水過田缺，四月秧打節。」說明正月打雷，二月下雪，三月的第一期稻作會逢天旱無水，到了四月秧苗就都要枯了！這天象也預告人們要注意防患。

「正月雷，二月雪」，也說明正月打雷的話，二月還會更冷，人們不可掉以輕心，不可遇晴多日即收起多衣，春寒料峭，隨時還要預防天氣的多變。

2. 忌未驚蟄響雷

驚蟄於三月五日前後，此時天氣回暖，春雷始鳴，驚醒蟄伏於地下冬眠的昆蟲，開始出來活動。尚未到驚蟄時節即打雷，表示季節有些反常，爾後一個半月多半在下雨。

客家諺語：「吂驚蟄先響雷，四十五日烏。」或說：「吂到驚蟄先響雷，四十五日烏暗天。」表示春雨綿綿對春耕有幫助，但其反效應是可能因雨而酷寒、霜雪，接近「正月雷，二月雪」的境界。再其次是遭受寒害，所以也說：「吂到驚蟄一聲雷，家家田禾無收成。」南部虱目魚養殖場若遇寒害，魚兒暴斃，損失更是欲哭無淚。所以，人們懼怕異常時節的雷聲。

3. 忌十二月打雷

農曆十二月正是寒冬季節，萬物潛伏冬眠，若在此時打雷，聽到雷聲，著實會令人嚇一大跳，表示明年可能凶兆。客家諺語：「十二月打雷，豬子母使槌。」說的是明年對養豬業不好，不是水旱之災就是有豬瘟疾病發生，可能要提早預防。另外還有一句：「雷打冬，十個牛欄九個空。」冬天不應雷聲大作，若打了雷，牛圈裡的牛全都要去工作，非常忙碌，預告次年並不是一個豐年，可能會發生飢荒，人們就要特別注意了！

四、下雨禁忌

雨在人們的生活中非常重要，雨神是天象諸神中最重要的一位。尤其是天旱之時，人們望穿雲霓雨不來，只得向天求雨，希冀雨神降雨。雨天裡最忌諱在空曠的原野裡，因為空曠原野最易落雷而遭雷擊中。至於何時下雨？何時不要下雨？雨神大概也很為難，各種行業、各個地區、各種季節需要不同。很多氣象諺語，都在說明何時應下雨，何時不應下雨？客家諺語：「暗晡落雨天光晴，魚脯會燥禾會生。上晝南風下晝北，農漁船旅都做得[7]」可能是雨神參考何時下雨、是否下雨的準則。

也由季節下雨預估一年的氣候，例如客家諺語：「立春落雨透清明，一日落雨一日晴。」意謂立春若下雨，必定春雨綿綿、霢霂霏霏而陰晴不定了！河南諺語：「立夏不下雨，犁耙高掛起。」江蘇忌處暑不雨，諺語云：「處暑若還不下雨，縱然結實也無收。」最受歡迎的雨，除了「久旱逢甘霖」外，就屬秋高氣爽時節，秋天夜裡的雨了！客諺：「秋淋夜雨肥過糞」，足以說明秋高氣爽時節的夜雨，多麼重要了。

第二節　夜間禁忌

在陰陽觀念之下，人們以白天為陽，夜間屬陰。白天陽氣旺盛，鬼魅不敢出現，可是一到夜間，鬼魅屬陰，就大肆出動。人屬陽氣，在夜間不宜外出走動，恐怕陰氣沖犯了陽氣，導致人的不安與遭致厄運。

所以，一到晚上，人們對於黑暗的夜間，縱使有皎潔的月光照射，仍就會產生莫名的恐懼，尤其置身空曠的原野或茂密的森林中，似乎隨時有鬼魅就在四周伺機出現，自然的天籟之聲，蟲魚鳥獸之鳴，變成恐怖之聲。於是，自古以來，夜間起了很多聯想與禁忌。

7　這句諺語的意思為「晚上下雨白天放晴，魚兒能曬乾稻苗也會生長，上午吹南風到了下午吹北風，農漁行船旅遊者通通都適合。」

一、忌吹口哨、笛子

在本書前述篇章中，也多次提到夜間忌吹口哨、笛子，甚至不聽洞簫之聲。因爲夜間寂靜，口哨、笛子之聲，聽起來令人感覺淒厲、哀怨，彷彿狗吠鬼哭一般，心靈不安，俗以爲這樣會招引鬼魂。而通常在夜間會吹口哨、笛子之人，大多是小孩或青少年，所以大人們一聽到當然會制止加以訓示。

二、忌用針線、利器

穿針引線是用來縫補衣物的，昔時夜間使用油燈，利用夜間穿針引線，可能會浪費油燈，傷害眼睛，因而有此禁忌。可是人們白天工作，不利用夜間縫補衣服，要利用何時做這額外工作呢？可見忌夜間使用針線可能是裁縫業的禁忌，而非一般人的禁忌。

忌夜間使用針線，可能由於針是尖銳之物，一不小心，容易傷人、傷物。其實更重要的還是人們以爲鬼神晚上藏於黑暗角落之處，若使用針線，恐一不小心戳到鬼神，引起憤怒而遭到報復，這與孕婦不准動用針線是同一道理。再引伸開來，凡一切利器，如剪刀、鑿子、柴刀、鑽子等，夜間也一律禁止使用，到了現在，有些行業的需要，生活方式的改變，已經很少人縫補衣物，這項禁忌也逐漸消失之中。

三、忌探病人

此項禁忌已在日常生活禁忌的醫藥禁忌談過，在此不再贅述，探望病人宜在白天，最好上午去，主要是早上陽氣上升，最旺盛時去探望病人，表示帶來陽氣，給予病人精神上的鼓勵。若在下午過後，陽氣下降，陰氣上升，甚至日落過後探望病人，等於替病人添加陰氣，探望者或有可能被鬼煞感染，雙方都不吉。

四、忌洗髮

　　夜間忌洗髮，在日常生活之雜事禁忌中也曾提及。古人洗髮，在午後日正當中之時，打散頭髮，容易曬乾，主要是古人以為「身體法膚，受之父母，不敢毀傷」而流留長髮，婦女且要挽髻。夜間忌洗髮，主要是不易乾燥，易患頭風之症，亦即著涼感冒。今日吹風機普遍，幾已無人忌夜間洗髮了！

五、忌倒垃圾

　　財富來之不易，使用卻非常快速而去。客諺云：「賺錢就像針挑笋，使錢就像水沖沙。」不然就說：「賺錢龜蹶壁，使錢水推沙。」提醒人賺錢不易而用錢快速，平時必須撙節開支，以為日常生活所需。平常的財富，最怕不知不覺一點一滴的「暗中去」，就像家中老鼠偷吃米糧一樣，不易提防。家中的每天垃圾，雖是要丟之物，但亦是象徵財富，所以新年初一到初二不能丟垃圾一樣。有人說垃圾中藏金，白天丟棄時尚可發現，及時找回，若晚上丟棄，就有「暗中去」之虞。

　　不過時至今日，除非鄉下山間，垃圾車無法到達的地區，住在城市的人們，每天跟著垃圾車的時間到來倒垃圾，夜間忌倒垃圾的禁忌，以全然打破。若怕財富暗中去，在丟垃圾之前，詳細檢查一下，確定垃圾就是垃圾之後才丟上垃圾車，就不會發生「財富暗中去」的憂慮了！

六、鬼月忌外出

　　夜間陰氣上升，鬼魅處處，即使無鬼魅，黑夜中看不清楚，野地蟲魚鳥獸盡出，處處危險，所以夜間盡量不夜出，不單獨隨意去野地。尤其是到了農曆七月鬼月，在本書歲時節日之「鬼月禁忌」一節中已有所述。在七月中，若非有急事要辦，不然不要在夜間出門，更不要到荒山野地，否則，夜路走多，總會遇到鬼。

七、忌呼人名、拍肩、答人呼己名

　　撇開鬼魂勾人之說，在夜間呼人之名或拍人肩膀，著實會使人驚嚇。所以即使在夜間見到久未見之人，也不要直呼其姓名，盡量以「喂」或臺灣人習慣「阿○仔」稱呼。而被叫的人，聽到有人叫其姓名，應閉口先不回答，回頭詳細觀察之後，再做處理。

　　古時傳下來的夜間禁忌，從日出而作、日落而息的生活方式，千百年來一成不變，直到近百年來工業社會興起，國際網絡連動之下，三班輪制，國際交流，才有在夜間上班、工作，改變了千古不變的生活模式。昔時夜間忌倒尿桶、忌採花、忌洗髮的民俗習慣，已因馬桶、吹風機的發明，鬼神迷信的打破，消失殆盡，其他的禁忌也在逐漸消失之中。

第三節　動物禁忌

　　在過去客家農村生活中，可能接觸的動物，家裡大概有鼠、牛、豬、雞、鴨、鵝、貓、狗等，在野地則有鳥、蛇、石虎、魚、蝦、蟹、蛙、蝗蟲、金龜子等較為人所注意。家畜中牛替人耕作，與人關係最為密切了。客家人住於南方，馬羊較為少見。家禽中雞鴨鵝為人所食用，其中雞幾成家家戶戶的副業，最為密切。野地則以蛇關係最忌諱，「一朝被蛇咬，十年怕草繩」，接觸多了，不知不覺間反常的現象一發生，即視為禁忌。

　　很多動物都有一些人類不具有的生理特徵和生存本能，俗話說：「老鼠搬家豬狂奔，貓狗亂叫心不安」，說的正是人們心中對動物的預知作用。還有人說蚯蚓、螞蟻具有預測地震的能力，狗發出聲音顯有不祥之兆等等。由於其外型、聲音、生活習性帶有極大的神秘性、便與人類所敬畏的鬼神相糾纏，或禁食其肉、或忌見其形、或忌聞其聲、或忌說其名、或禁殺其體、或忌被其咬，而有所忌。有關牛、狗、雞、鴨、鵝的禁忌，在日常生活之飲食禁忌、行業生產之飼養已有所述，豬、魚的禁忌，在行業生產之飼養禁忌篇已有所述，本章就未提到的動物提出介紹。

一、鼠之禁忌

「過街老鼠，人人喊打。」「養老鼠咬布袋」、「狗盜鼠竊」、「獐頭鼠目」，說明人們痛恨老鼠的程度及意象，其實老鼠過街，人們未必都敢喊打。對於老鼠，算是一種家居動物，因其常咬壞東西、偷吃糧食、傳染疾病，所以人們討厭它、恨它，以為是不祥之物，並與蒼蠅、蚊子、麻雀並稱為「四害[8]」。不過有些地方，稱老鼠為財神爺，因為老鼠會來，表示糧食有餘，即表示自己糧食富足。筆者幼時，父親說看到「錢鼠」進屋不能打它，讓他自動逃走，可能因為鼠名中有個「錢」吧！說不定是「帶財」來！

1.忌物被鼠咬

老鼠主要藏身洞穴，偷吃糧食，要是咬壞東西，主禍事降臨，古已有之。老鼠咬壞東西，大都在夜間為之。一切恐怖的東西幾乎都跟黑暗有關，所以一切夜間活動的東西也都令人恐懼。老鼠利用夜間咬物，聲細如點數銅錢，兆家中必出禍事。

2.忌鼠夾尾而舞，以尾畫地

一般狀況，老鼠見人立即溜之大吉，見老鼠覓食失足，以為不吉；如見老鼠夾尾而舞，以尾畫地，是在預告人們不祥的事即將發生。

3.忌見白鼠

老鼠一般為灰色的，如見到白鼠，因其反常，俗以為凶兆，主失火或遭不測。

4.忌見老鼠搬家

民間以為老鼠居地穴之中，夜間活動，能與鬼神相通，可預知人間吉凶禍福。老鼠搬家過街，主該家有凶禍發生。

如今，人們相信老鼠身帶病菌，尤其容易傳染鼠疫，是傳染疾病的媒

8　四害中的麻雀，由於動物學家的反對，1960年已被蟑螂取代，所以現代動物四害為「老鼠、蟑螂、蒼蠅、蚊子」。

介，故千方百計捕殺之。

二、貓之禁忌

貓抓老鼠，是以前農業社會家家必養的動物。貓性溫馴，認屋不認人，愛乾淨，從不在屋內大小便，大小便會加以掩埋。

1. 忌它貓入屋

有些地方以外豬、貓、狗入家作為家道興衰的吉凶之兆。貓至為吉，主家道興隆；豬狗去處，主家貧窮衰落。但有些地方謂「豬來窮家，狗來富家，貓來孝家。」以狗至為吉，家道興隆日盛；豬到處，主貧窮；貓至處，家人著孝服，有喪事，所以忌外貓入家。

臺灣閩客族群比鄰而居或混居，對貓的禁忌完全相左。閩南諺語：「豬來窮，狗來富，貓來起大厝」表示貓、狗入屋是一件大吉之事。客家諺語卻說：「狗來富，貓來窮，豬來著麻布」，只有狗入屋大吉，同樣不喜豬入屋，若豬入屋，為人人忌諱之事，昔時豬若進入他人之屋，豬之主人尚要去「掛紅」致歉去諱。對於貓入屋卻大異其趣，客家貓來窮，閩南卻認為貓來可起建大房子。

2. 忌養白蹄貓、白尾貓

白屬喪事，如果家畜全身白色，並無禁忌，可是不單是白尾貓，白尾的豬、狗、牛等都非常忌諱。白啼的也一樣，同屬反常現象的雜色現象，這些突變的基因現象，古人並不了解，於是一律以不吉視之。若是母貓生下白啼貓，必定會把它用麻袋包裹丟棄，若是白尾貓，可能斬斷尾巴，以化解不祥之兆。

3. 生小貓忌人看見

有言：「肖虎者忌看初生之貓」，以為被肖虎者看了之後，母貓會吃了小貓或對小貓不吉。其實人們懼怕肖虎者，並不止於此，凡對初生的豬仔、嬰兒都不許看，連有女訂婚、結婚也不許看新娘，可憐的肖虎人，人們大都敬而遠之。

初生之貓眼睛尚未睜開，需母貓保護，而母貓有喜至隱密處生產的習性，不被人發現。萬一被人發現或有危險，立即「貓徙竇」，亦即「將竇裡的小貓一隻一隻的銜到別的隱處去藏起來」，昔時人們不察，以為母貓把小貓都吃了！

4.忌養雄貓

雄貓，客家話名「貓公」或「貓牯」，俗以為雄貓的唾液具有毒性，被其唾液沾到會生「瘰癧」，是一種頸部淋巴腺腫的疾病。為何雄貓的唾液就有毒性而母貓就沒有呢？大約是自古沿襲的觀念，普遍認為雄性的體質較燥熱，像受傷或手術過後的病人，忌吃雄性的雞鴨鵝肉一樣。至於為何雄貓會生「瘰癧」？而公狗不會呢？可能是「雄貓蜷縮在屋角睡覺時，脖子看起來像大奄龜，而公狗一點兒都不像，其他如雞、鴨、鵝等瘦脖子動物，都無此睡相。[9]」

不過，對於養公貓的禁忌，可能有些人並不禁忌，猶記筆者幼小時，家中養了一隻黃公貓，非常溫馴，每日晚間眠於灶上，直至老死！家裡似乎也無特別大事發生。

三、狗之禁忌

在各種動物中，人們最親近的大概要算是狗了！狗生性忠厚，忠於職守、主人，主人家再窮途潦倒，狗也不捨離去，忠狗的故事，時時發生，充滿人間。它曾是許多民族奉為祖先的圖騰，蒙古、滿、苗、哈尼、畬族，禁吃狗肉。倒是很多國家、民族，竟以狗肉為香肉，大啖狗肉。客家人分地域不同，對狗肉的食用與否也有不同。

平時狗生性機警，有陌生人靠近，必定吠叫，以狗的行為，視狗作息，尤其對狗的異常反應，約有以下的的禁忌。

9　見林明峪著《臺灣民間禁忌》頁261。

1.忌狗作狼嗥

狗如於深夜或凌晨作狼嗥，客家話說：「狗打哦歌嘴[10]」，叫聲淒厲長嚎，聲音異乎平常，使人不寒而驚，俗以爲有不祥的事即將發生，最驚懼的是說狗看見惡鬼或預知凶兆，有火災、盜竊或親人即將往生。

2.忌腿毛先從腿或頭上先褪

狗有一生理現象是褪狗毛，俗以爲從腿上及頭上先褪都不吉利。俗謂：「狗褪毛，先淨腿，發大水；先褪腰，油餅火燒吃一遭；先褪腔，主人幸；先褪頭，主人愁。」那要哪裡先褪爲吉呢？俗謂：「狗落腰，家家憔；狗落肚，家家富；狗落頭，家家愁。」可見有些地方連從頭、腰先褪毛都不吉，以爲忌諱，大概只有從狗肚先褪毛才大吉。

3.忌狗上灶

家貓經常蜷縮在灶上眠睡，並無人在意，狗是吉祥的動物，唯有狗爬上灶，人以爲厭惡。客家諺語：「三年來一到，就像新官到；一日來三到，就像狗上灶。」清清楚楚地將「狗上灶」令人厭的情形比喻出來。原因爲何？可能貓體積小，愛乾淨，不隨意大小便，便後會抓土掩埋；而狗體積大，在野地亂跑，並且會隨地大小便，身軀味臭，上了火灶，沖犯灶神，成何體統？立即令人生厭吧！

四、鳥的禁忌

臺灣在幾十年前，曾經養鳥蔚爲風氣，當時鳥價昂貴，麻雀變鳳凰，「十姊妹」奇貨可居，家家飼養，當時養鳥可能有很多禁忌。現在養鳥以純成個人寵物愛好而已，已無風氣，在此不談養鳥禁忌，只談一般對野鳥的禁忌。

1.忌鳥糞落在頭上

鳥飛空中，排糞時若剛好落在人頭上，人們自然視爲不祥的預兆，稱

10　狗打哦歌嘴：是說「狗作狼嗥，俗以爲有不祥之兆。」「狗打哦歌嘴」是四縣腔較多人的說法，海陸腔人較多說「狗嗔冇」。

為「鳥屎運」。此運與誤踩路上的狗屎、雞糞同樣，被稱為「狗屎運」、「雞屎運」不謀而合。但路上的狗屎、雞糞可閃避，對於鳥糞則無法走避，注定要倒楣似的。若不幸遭此厄運，其禳解方式則回家要吃豬腳麵線消災。因被鳥糞擊中，有豬腳麵線可朵頤一頓，但心頭的疑慮，是否解去？有人說：「去買彩券！」

2.忌拾溪邊魚、路邊鳥

　　魚游水中，鳥飛空中，為自然現象，若魚擱溪畔，鳥墜路邊，則屬反常現象，人們恐懼反常現象，往往忌諱撿拾。這反常現象常以為是凶兆，不撿「溪邊田、路邊屋」就如「路上紅包」不要撿，撿之恐有意想不到的災殃降臨。

五、蛇的禁忌

　　蛇，俗稱「小龍」，人們對其來去無蹤、脫皮蛻變、水陸兩棲、無足無翼，具有毒液，感到驚訝與恐懼，對蛇崇拜幾乎遍布各民族各地區，甚至說是龍圖騰崇拜伊始，尤其是吳越地區的先民曾以蛇為圖騰，傳下不少「蛇郎君」的民間故事，臺灣排灣族也是以百步蛇為圖騰崇拜。

　　由於對蛇的崇拜與恐懼，甚至恐懼夢到蛇、蛇纏身、被蛇追、被蛇咬等，即衍生很多禁忌。有些地方忌呼蛇名，如江蘇宜興叫「蠻家」、「蒼龍」，浙江杭嘉湖稱「大仙」、「天龍」，湖南常德說「老溜」，客家則尊稱其為「蛇哥」，顯然是蛇圖騰崇拜的遺存。

1.忌見蛇交配

　　見蛇不吉利，俗傳見兩蛇交配更不吉利。西漢賈宜《新書‧春秋》記載孫叔敖幼時見兩頭蛇而殺之的故事，為人稱道。唐朝段成式撰的《酉陽雜俎》說：「見蛇交，三年死。」可見看見蛇交配必兆凶禍的說法傳之已久。筆者小時住在山上，見蛇不怪，也曾於自家半棚閣上見蛻去的蛇皮。有次與弟去山上，看見兩蛇交纏於樹叢，驚恐不已，以為將有禍殃，回家不敢告訴家人。

　　臺灣閩南傳言：「若不小心見蛇交尾，必須趕緊拔掉一根頭髮，摔掉一根鈕釦，再吐一口唾液，以資禳解。」為何要用這些來化解呢？大概怕觸怒蛇被報復，頭髮屬黑，遮障之下表示沒人看見，閩南語「鈕仔」與「溜啊」同音，表示知罪迴避，至於用唾液，可能是最後一招了！因為人們始終相信唾液有其法力，可以辟鬼鎮邪。[11]」筆者當時幼小時曾見蛇交尾，只知禁忌，不知這些禳解，幸好事過境遷，並無禍事發生。

　　動物交配與人相同，見之皆屬穢氣之事。若見人野合，回家必定要洗眼睛，吃豬腳麵線以去穢氣；兒童忌見豬牛狗的交配，至於雞鴨鵝等家禽的交配較不禁忌，大概是禽類性器接合不明顯，時間又短，不以為意吧！

2.忌指蛇

　　蛇出沒無常，其毒無比，所以見之不可指它。相傳若以手指指它，手指頭會長「蛇頭疔」，就像以手指指月，會被月亮割耳背一般，一聽就超級恐怖。通常以手指指人、指物、指神像，都是極不禮貌的行為，大概也是怕被蛇咬洩恨吧！

3.忌打蛇不死

　　蛇不容易一下打死，「打蛇隨棍上」，打蛇說不定有時反被咬。俗說：「打蛇打七吋」，一定要即時命中要害，顯示蛇非常地耐命，若打蛇未死，讓其受傷而逃，俗信「蛇會討命」。民間傳言被蛇報復的故事不少，所以若要打蛇必定要打死，以避被其討命。

4.忌以鐮刀劈蛇。

　　農民上山或下田耕種，經常手持鐮刀，若遇蛇類出現，忌以鐮刀劈蛇。因以鐮刀劈蛇之後，蛇身斷成兩段，俗以為蛇頭該段可能逃離癒合，假以時日必定尋仇報復。客家俗話：「死蛇生生走」，民間亦有以鐮刀劈蛇被蛇咬死的情事。

　　今日平地極度開發，蛇的地盤漸被驅離，不過還是時有報載蛇進入家

11　林明峪著《臺灣民間禁忌》頁265。

屋的新聞，嚇得人民報請有關單位協助捕捉。現在有些毒蛇如雨傘節等被認定爲保育類動物，不得濫予捕殺，有某些團體，卻藉放生之名，將毒蛇野放，造成人人恐懼，實應立法禁止。

六、蝗蟲禁忌

　　一聽到蝗蟲，很可能會聯想到「蝗蟲過境」的恐怖，有蝗害出現的環境，之後都會顯得一片狼藉，予人侵略、攻擊性的印象，對其惶恐又深惡痛絕，所以農民看到散居的蝗蟲，必置之於死地。但有一現象除外，即是在治喪或做七期間，若有蝗蟲，或類似蝗蟲的螽斯、炸猛等飛到神案上來，或是屋內，俗信以爲是祖先或是剛去世的親人化身前來，只能驅走或讓其自由飛去而不能打死。

七、金龜子禁忌

　　金龜子，客家話稱爲「金蛄仔」，可能蟲名中有個「金」字吧！民間相信是錢財的化身，如果飛入屋中，表示錢財入屋，必然不能拍打，或把它抓來把玩，如果不幸死於屋內，要妥善處理，事之如金。幼時看父親打開的抽屜，赫然發現好幾個已經僵硬的金龜屍身置於其中，父親表示不可把它隨意拋棄。

　　總之，對於動物禁忌，種類繁多，譬如忌貓頭鷹進屋、忌見蛇、忌聽烏鴉叫聲，這些在山區的人卻習以爲常。由於客家人長期住於丘陵、山區、農田等地，只要不危害作物，造成爲危險，並不很忌諱看見它們，聽見它們的叫聲。居於市區、平地者則以爲忌，實無法一一介紹。對於常見的動物，人們得潛意識之中，有一種認同感，這一認同感源於原始的圖騰崇拜。儘管這些圖騰崇拜觀念逐漸淡薄模糊了，人們仍將自己的生命與動物交感地聯繫在一起，動物的異常現象被認爲是自己某種異常現象發生的前兆，成爲動物禁忌產生的基礎。

　　動物正常規律的現象，就不會有所畏懼，也就不會構成禁忌，在人類

還無法消除鬼神等超自然觀念之前，及無法擺脫動物禁忌精神上的糾纏，以表示人們對其敬畏。

第四節　植物禁忌

　　動物禁忌主要是由動物本身的反常行爲引起的，而植物無外在的行爲舉動，同樣具有靈性，在其出現異常現象，同樣也被視爲吉凶的先兆。舊時民間以爲草叢是鬼的藏身之所，樹木也是常常被認定爲神靈附著的地方。因此很多民族都有神林祭祀的習俗，神聖不可侵犯，不可砍伐、狩獵、大小便，否則會有災禍發生。

　　有關植物的禁忌，有些已在日常生活之居住禁忌，及行業生產禁忌之工業生產之上山工作禁忌中提及，於此稍再補充。

1.忌竹開花

　　竹子不易見到開花，若見其開花，有所謂「竹子開花，亡人破家」之說，或是「竹子開花，人畜搬家。」都是非常不吉利的凶兆之言。因竹子靠地下莖無性繁殖，抓地甚淺，爲臨枯死或水旱蟲害肆虐之時才會開花，視爲不祥。

2.忌鐵樹開花

　　《鏡花緣》第五回：「至鐵樹開花；尤屬罕見。相傳每逢丁卯年，或可一放；今係甲申；更非其時。」由此記載，可知鐵樹六十年開花一次，比喻事情非常罕見或極難實現。有諺：「鐵樹開花，人亡財瞎。」所以，家中庭院不宜種鐵樹，有種者若遇開花，風水師表示家庭衰運將至的徵兆，會建議應即去請風水師察看一下家運。廣東梅縣丙村溫公祠屋後化胎左右各有一棵鐵樹，傳聞樹齡已歷四百多年長青，屋內人口繁衍，卻是奇蹟。（圖18）

圖18　廣東梅州市梅縣區丙村溫公祠後之化胎左右兩棵鐵樹（2010.08.02攝）

3. 忌屋旁種桑，且避「喪」音

桑葉是農家養蠶之必須，所以過去農家普植桑樹，以供應所需，故對桑樹之禁忌為桑樹之神聖。「桑」與「喪」同音，使人想到死人之事，所以屋旁忌種桑樹。《禮記・士喪禮》鄭注：「桑之言喪也。」《搜神記》又載：「鮑瑗家經常有人病死，家境貧寒，便請術士占卜。術士說，這是因其室東北方有一棵大桑樹所致。」故自古以來，朝野對桑樹多有顧忌。

「桑」與「喪」同音，為避「喪」音，客家人把「喪」讀做「酸」，「桑樹」就讀成「酸仔樹」，「桑椹」就說成「酸仔子」了！對於「桑葉」，有些人甚至不說「酸仔葉」而說成「蠶仔葉」了！

4. 忌伐木之前不祭拜

受植物有靈觀念的影響，上山砍伐樹木，被視為危險的行業，稍有不慎，就會遭到樹神的報復。孟子曰：「斧斤以時入山林。」《禮記》云：「孟春之月，禁止伐木；仲春之月，毋焚山林。」可見伐木之禁忌，由來已久。

本書於行業生產之上山工作禁忌一節曾提及上山砍樹，尤其砍樹燒木

炭，首次砍樹必定要選擇吉日，先祭拜山神，祭祀的方式比較簡單，只要三、五炷香，一些餅乾，一疊「刈金」，拜過燒過，祈求山神砍樹平安，燒炭順利。

5.忌亂砍特殊地草叢

舊時民俗以為草叢是鬼藏身之所，不僅上山砍樹有禁忌，也忌亂砍特殊地的草叢。所謂特殊地的草叢，譬如墳上、寺廟旁的野草、小樹等。臺灣客家人大都於元宵節過後開始上墳掃墓，昔時掃墓需先至墳地砍除雜草、小樹，也唯有這段期間可以上墳砍除雜草，等到掃墓完畢，俗以為墳地是眾「鬼」群聚之所在，陰氣甚重，若無特殊情況，就忌諱上墳了，必須等到第二年才可以上墳除草、砍樹。

現代除私人墳地外，大部分公墓逐步公園化，各地管理單位在過年前都會到公墓清理雜草，等到掃墓季節，就不用在掃墓前先到墳地去除雜草。且現代各家祖先墳墓也逐漸集中「塔化」，較不需去除雜草了！

第十章
民俗禁忌的禳解、傳承與生存狀態

第一節　民俗禁忌的禳解

　　在日常生活中，圍繞著禁忌的事情很多，因此人們常常要從多方面限制自己的行為，以致於防不勝防，禁不勝禁，弄得人們手忙腳亂，無所適從。因此，不管人們如何小心謹慎，都難免有違禁犯忌之處，萬一出現了這樣的過失怎麼辦呢？不管是有意或無意的，違犯禁忌都會受到懲罰的，沒有嚴格遵守禁忌，必然遭受災難。為了使災難不至於變成現實，或是能減輕一些災難，人們總不能坐以待斃，需要多做一些努力，需要用一些手段，以挽回遭到的傷害，這就是需要禳解，同時達到禁忌的目的。

　　禁忌這種由人性內在對生存問題的關切所激生的產物，就像一把無形的枷鎖，影響著人們日常生活、禮俗信仰、思想觀念、族群行為。為了避免沖犯禁忌，或不小心沖犯了禁忌後而遭受處罰，必須依靠禳解，以祛除這份心裡的無助與不安，能平順地度過生活上的困局。

　　有關民俗禁忌的禳解，在本書各章節細項之中已多有描述，總的來說，大體上可分為兩類。一類是事前的設防，即借用某種力量，事先就使禁忌失去應有的約束能力，造就一種無禁忌的狀態。另一類是事後的補救，即採取某種措施，使得違禁犯忌之後的惡報，得到某種程度的消解或轉移到他人身上。

一、事前設防的禳解

　　事前設防的禁忌禳解，其目的在於「防患於未然」，是用一種超自然的靈力來抑制另一種超自然的靈力，使原本為禁忌的事物或事件不成為禁

忌。

1.靈物驅邪法

所謂「靈物」，包含了一些「易經、佛經、聖經」等「經書」，人們相信它們都具有解禁的能力。由後漢《風俗通義》的記載，即可知漢朝時就認為「孝經、易經」等經書有化解禁忌的作用。後來很多志怪小說的故事，都講故事主人翁夜半遇鬼狐殭屍，手無寸鐵的書生在慌忙之中，拿起手邊的經書就扔過去，沒想到竟然可以擊退鬼魅，仔細一看，原來是《易經》。

現在我們去旅行時，進入旅館房間，經常會發現在房間的是物桌上或抽屜放著一本《聖經》，或許這是人們古老傳下的避邪之法吧！甚至若真有邪氣，還可當作驅邪之用。另外有些人，出門經常袋中帶著《金剛經》或《心經》，相傳若遇到鬼打牆或什麼邪氣的，可以虔心唸著這些經書，即可突圍，平安到達目的地。

2.鎮物鎮煞法

所謂「鎮物」，即是「麒麟、鳳凰、獅子、老虎」等「靈獸」的圖像或石雕像，還有石敢當、桃符、前賢圖像、符咒等鎮物，如有這些鎮物，亦有鎮煞解禁的能力。

民間常常看到「麒麟、鳳凰、獅子、老虎」等靈獸的圖像貼於牆上、門上或用來製作裝飾品，相信靠這些靈獸保護，即可免除災禍，帶來好運。或刺繡於童衣、童帽上，以保護兒童免受邪物之侵襲，能平安成長。

《禮記·禮運》曰：「麟、鳳、龜、龍，謂之四靈。」據說其首似龍，形如馬，狀比鹿，尾若牛尾，相傳只在太平盛世或世有聖人時才會出現，所以被稱為瑞獸。古代用麒麟象徵祥瑞，故言：「麒麟獻瑞」，被人人喜愛。牠格外受客家人的重視，在節日慶典之中，常常看到牠的身影，很多廟宇正廳後，都有麒麟的雕飾。在寺廟大門或是較為富貴人家的宅第前兩旁，都會豎立石獅以避禁忌，是一種普遍的民俗文化現象。獅子原是西域特產，是百獸之王，佛教經典中有不少獅子的典故，如佛祖誕生時，

一手指天，一手指地，「作獅子吼，云：天上地下，唯我獨尊。」具有法力隨著佛教東傳，因其狡貌，體魄雄壯，頭大臉闊，長披鬣毛，成了具有法力的形象，也逐漸爲我國人民接受，作爲驅逐禁忌的神獸，慢慢用石獅守護大門的風俗。

　　除了石獅之外，古人爲了內心長期的安寧，石敢當也是民間常用以禳解禁的方式。許多城鎮或村里巷口路邊，都會設有一塊片石，上刻「石敢當」或「泰山石敢當」，作爲禁壓不祥之物。石敢當的民俗信仰，源遠流長，歷時已久，據考「石敢當」始見於西漢史遊的《急救篇》：「師猛虎，石敢當，所不侵，龍未央」。顏師古注：「衛有石蠟、石買、石惡，鄭有石制，皆爲石氏：周有石速，齊有石之紛如，其後以命族.敢當，所向無敵也。」有關「泰山石敢當」或「石敢當」的民間故事也非常多[1]。臺灣雖有石敢當的民間設置，但不甚普遍。以在危險路段或曾發生災難的現場，以石碑上書刻「阿彌陀佛」的居多。

　　古代，人們有以桃符化解禁忌的民俗，用一塊長方形的桃木板片刻成，上面用彩色按一定格式劃上符號，寫上咒語，每年仲夏五月，掛於門上，據說爲了抑制陰氣，以有利於萬物生長，後來變成新年元旦掛桃符、喝桃湯的民俗。現在只剩端午時節，還有掛菖蒲、艾草避邪；新年已不掛桃符，改以春聯添喜氣討吉彩，傳說中的降鬼大神「神荼」和「鬱壘」已變成前賢圖像「尉遲恭」和「秦叔寶」，而街屋連春聯、門神都已遁跡不存，接近「百無禁忌」了！

　　拋開道術施符害人的不說，若說最爲神秘的避邪鎮物，應是符咒吧！每年過年的時候，過去家家戶戶都會「安太歲」，通常都是一張「太歲符」。

　　民眾可以自行書寫於紅紙上，或是購買當年農民曆也會隨書附送，民眾只要依照安奉法指示，安奉於正廳神位旁，每天與神位或祖先同時上

1　「石敢當故事」參閱萬建中著《禁忌與中國文化》頁446～451。

香，依時祭拜，即可防當年「年沖」、「對沖」的人避開太歲禁忌，稱爲「安太歲」，現代人則大部分由寺廟代爲安之。

還有即是前若有婦女懷孕，通常一般人家都會「安胎神」或者安胎符，預防孕婦或是他人妨礙到胎神而使胎兒有所傷害。

苗栗縣南區客家人[2]有一特殊的習俗，即是非常信仰俗稱「陂塘下」的苗栗市玉清宮「恩主公」。若有新居落成或是喬遷他地，經常會到該宮求取主神「恩主公」的神符鎮宅。若在苗栗縣境內客家人大門正中或神龕上貼著該宮「靈符」，並不覺得稀奇，若是在他縣市看到此種情景，即知該住戶是苗栗人，可見苗栗縣大部分客家人認爲深信恩主公，且能保佑民眾平安，禳除禁忌。

鎮物還有紅筆、青竹棍等，紅筆的來源可能封建時代國人對於「丹書」是特別講究的。皇帝用硃砂筆批閱奏摺斷人生死，或是道士畫符驅邪皆用紅筆有關，所以經常可以看到一些經常相信此鎮物的文人、教授，出門時上衣口袋都會攜帶一隻紅筆，除了避邪之外，尚可批改學生文章。至於青竹棍，家鄉之人以爲青竹棍堅硬有節，青皮中空，鬼神見之懼怕，所以晚上出門行走於鄉間，山林小道，必然攜帶著一隻青竹棍，除可驅邪避鬼之外，尚可壯膽，兼打蟲蛇。

二、事後補救的禳解

當人們冒犯了禁忌或知道無意間犯忌之後，爲求避免遭到懲罰或解除心裡的忐忑，總是千方百計要求解脫或禳解，如何去避開或是轉移禳解，約有下列方式。

1. 藉口

「藉口」是運用一種原因，把不合理或違犯禁忌的行爲說成沒有禁忌。

2　苗栗縣南區客家包含苗栗、頭屋、西湖、銅鑼、三義、公館、大湖等大部分鄉鎮的客家地區。

過去，表兄妹結婚，上至王公貴族，下至平民百姓，屢見不鮮，藉口「親上加親」，還以爲是美事一椿，風流表哥俏表妹的故事或戲劇經常上演。在以男人世系爲宗法的觀念裡，客家人認爲親上加親是有分別的，父親世系的「姑表兄妹」不可結婚，而以母親世系的「姨表兄妹」藉口「姨表關係較遠」卻可以成婚，其實是「父系觀念的作祟」。從古至今，在今兩性平權下，不論是姑表或是姨表，都是近親；以現代醫學觀點來看，兄妹或表兄妹近親結婚，容易孕育不健康的下一代。基於優生學及倫常觀念的考慮，法律上限制血緣相近的親屬結婚，依我國民法，六親等以內近親均禁止結婚。從歷史來看，表兄妹婚者，雖不乏後代子孫無恙者，但看陶淵明的父母是表兄妹婚，陶淵明自身不但無恙還成著名文學家，不過其所生五子皆痴呆來觀察，即可知表兄妹婚非只看下一代即可，必須在仔細觀察再下一代的隔代遺傳。這些藉口無法破除違犯禁忌的懲罰，慢慢已被破除。

平時小孩過錯或違犯禁忌，經常會遭受父母或長輩的責罰。本書〈歲時節日禁忌〉章「新年禁忌」述及：新年初一這天，照例是不可責罰小孩，若責罰小孩則犯禁忌，否則這一年小孩都容易犯錯而常遭處罰。當小孩在新年元旦這天又違禁犯錯時，父母應如何處之？於是在責罰時找到了一個「藉口」，即是在責罰小孩之前，要加一句「要人開新年了是嗎？」通常是如果小孩知錯趕緊求饒的話，父母長輩在通情達裡下只會輕微告誡，不加以責罰，以不違新年禁忌。「開新年」這話「開了新年禁忌」的意義，實令人尋味。

2.說彩話

常見人們在犯忌之後，常以說彩話趨吉。如爲使除夕遇不吉之事而有禳解，常以「彩話」拔除，如說：「童言無忌」、「歲歲平安」，客家人會說：「小孩有嘴無心」，或說：「破了才有新的」。說彩話、討口彩，表面上是人們玩弄著語言遊戲與施展語言技巧，表現出一種直拙的心跡與自慰的機智，實際上與大型的祭祀儀式無異，承納了神聖與宗教的莊嚴。

　　說彩話是期望語言的魔力，在信仰中起作用，現在很多以蛻變爲習慣用語，〈語言交談禁忌〉章「凶疾禁忌語」中敘及如不想虧損，即把「豬舌頭」稱爲「豬利」或「豬利頭」；不願見血，「豬血」說成「豬旺」或「豬紅」，爲了忌諱「久」，苗栗客家人把「韭菜」說成「快菜」；「箸」說成「筷子」等，無非是抒發了人們共有祈福納吉的願望。

3. 掛紅

　　「掛紅」是到對方家裡掛上紅彩，表達歉意。本書〈行業生產禁忌〉「飼養禁忌」之「養豬禁忌」有述：忌諱家養的豬跑到別人家裡去，因爲客家人認爲豬來恐有喪事發生，再好的鄰居都要翻臉，罵得狗血淋頭，主家只好「掛紅」抱歉，才能把豬領回。

　　還有以前孕婦忌諱在別人家裡生產，不得已在人家家中生小孩，產後臺灣閩南人得向借家掛「紅彩」與燒「糕仔金」，即備辦糕餅、香燭、鞭炮、金紙等物向借家神龕禮拜，以期避免帶走借家的福份。

　　現代人已無掛紅的習俗，至多包一個大紅包致謝。

4. 轉移

　　轉移的禳解是運用模擬巫術的原則與方法，讓一個人代替違禁者遭受懲罰。代替者就好像是眞正觸犯禁忌的人，承受著嚴厲的折磨或死亡，轉移是否成功，折射出國人生存的應變模式與方式。這代替者往往不是眞人，而是物。

　　客家民間習俗，寺廟常在正月十五（元宵節）天官賜福日舉辦「祈福」活動。下午爲眾信辦理當年「制煞」活動，凡事當年有犯流年關煞的信眾，都可拿著穿過的上衣到廟裡，廟裡會請道士爲民眾制煞，這衣服即是替犯者轉移的方式，只不過這是事前的預防轉移。

　　平時常見遭受沖煞者，如遇喪的麻衣煞、空棺煞、犯着[3]等煞，以及莫名的受到驚嚇、生了病吃了藥而無好轉，民間以爲遇到凶神惡煞（客家

3　犯着：衝撞、侵擾、得罪，通常指神鬼，例如砍樹得罪樹神，動土犯著太歲，挖路侵擾土神等等。

話說：「遇著神頭」）必須「送煞」。昔時民間很多人懂得這民俗形式，可自行處理。不然必須請道士或到有起乩的寺廟，請道士或乩童以道術送煞。送煞方式通常是拿犯者上衣制化，或者紮製紙人，放於籃中，經念經送咒制化之後，將衣服帶回，紙人送至「長流水」（寺廟則送到神爐燒化），燒點紙錢，經下雨隨水送走，形同將那犯忌者送走，使犯忌者轉危為安或起死回生。

5.去穢

　　現代科技進步，網傳無遠弗屆，迷信亦逐漸打破，禁忌也變得不禁，如A片氾濫。剛開始時是電影院的「小電影」，後來是「影音帶」，到現在色情網站無處不有，手機網路瘋傳，司空見慣，不以為意。其實，過去看到動物交配，已是非常晦氣，若無意中看到人「做愛」，是屬極穢氣之事；或不小心見人野合，回家必定要去穢。去穢的方式為一到家先洗眼睛，吃豬腳麵線，如同含冤洗白、遇禍能安一樣。

6.祈求

　　違犯禁忌深怕遭受神靈懲罰，心裡非常緊張，企求禳解。通常的作法，即是祈求神明或請有法力的人來禳除。過去孕婦若是不注意「犯著」或「動著」胎神，情況較為嚴重的，可能會請道士來作法安胎，並貼保胎符、鎮煞，以祈求孕婦母子平安無事。今醫學進步，孕婦亦有事前防備在家貼保胎符者，若真有犯著胎兒情勢發生，大多數還是到醫院婦產科就醫為主了！

　　人們忌怕做惡夢，但做夢不是人們主動為之，若不幸做了惡夢，例如被蛇咬、被惡狗追，或是鬼壓床，總覺自己是否觸犯了什麼禁忌？大都會趕快到廟裡或土地公祠祈求神明保佑平安。

　　客家人崇拜「龍神」，每家每戶的神案或祖廳正軸下，必然安奉龍神。龍神的神格即等於土地神，具有鎮宅保家的作用。昔時若是家人不斷地生病，經常工作不順，或不斷地發生意外，總認為家運不佳，必定是龍神衰頹，必須「禳龍」。瓢龍的方式是請道士到家，在龍神神案前念咒施

法，使龍神振衰起弊，振作起來方能保家。

　　違犯禁忌會遭懲罰，所以人們積極尋求禳解。民間禁忌習俗禳解的各種方式，還有牙齒、牛角、燕尾等，多得不勝枚舉，無法一一舉述。禁忌與禳解，是人們對禁忌矛盾性的反應，是禁忌被動搖的表現，如果禳解都有效，能抵銷違禁，那「魔鬼的力量」何在？禁忌便會淪落到虛名而無事實意義的空殼，那禁忌的末日也就不遠了。有關對禁忌的禳解，並沒有突破禁忌的邊界，也沒有導致禁忌的解構，而是屈從了禁忌一切的文化規定。既是如此，那為何又要去設防呢？違禁之後又要尋求禳解呢？禳解雖不一定都有效，但也不能說不一定無效，這是人類受生存本能的驅使，由此而產生的寬慰及自足的心裡，也是民眾普遍的祈願心裡凝聚，至少能平撫違禁後的戰慄與驚悸。

第二節　民俗禁忌的傳承

　　遠古時代產生的禁忌，為何沒有隨著歷史的前進步伐，人類生產能力和智力不斷的提高而消失？為什麼有些禁忌能夠傳承千百年，這肯定有著深刻的社會歷史根源。民俗禁忌能流傳久遠，有其特有的神秘性，已難以確定其具體的根源。民俗禁忌雖然有些已經隨著歷史的前進步伐，隨著人類生產能力和智力的提高，科學的發展而消失，傳承最不利的因素，即是對禁忌源頭-魔鬼的力量恐懼感逐漸減落。不過仍有大部分的禁忌卻能夠承傳下來，經歷數千萬年，其中必有著深刻的歷史根源與未來生活模式。

一、依賴從眾效應

　　千百年來，民俗禁忌能夠傳承下來，從眾效應功不可沒。歲數大的人，從小對禁忌耳濡目染，多年遵循，已成習慣，並一代一代地傳承下去。有些人對民俗雖不知何意，但見旁人都這樣，他也就盲目跟從，而不明確反對。科學昌明，知識水準較高的人，自己不怎麼相信禁忌，礙於父母長者、社會習俗，有時就跟著大家走，在「寧可信其有，不可信其無」

的心理下，代代相傳給下一代。

　　民間祭祀鬼神及祖靈的活動繁多，幾乎每一鬼神都有一種專門的祭祀活動，這些活動代代相傳，傳襲至今，同時也將這些活動的禁忌保留到現在。由於這些傳統祭祀中，蘊藏著祖先的經驗與教訓，傳播祖先流傳下來的禁忌，期望得到鬼神與祖靈的守護。

　　除夕為例，客家人在除夕夜團圓飯必然少不了一道「長年菜」，以前說是給「長年」吃的菜。其實是應時蔬菜，在過年油漬漬的節日裡，吃了有助消化，「長年」象徵可以長保平安健康，增長壽年。到了初一當天吃素，不能工作、打罵小孩、回娘家、睡午覺、洗澡等等禁忌，至今雖然時代不一樣了，很多年輕人已沒有了禁忌，但還有很多長輩都還努力遵循著，並交代年輕輩能傳承下去。

　　以前常被告知，跟著父母前輩與社會，民俗與禁忌傳承下來。當今知識傳播無遠弗屆，很多人也從網路知道為何有這些禁忌的訊息，有些無稽之談的禁忌，自然慢慢消失。不可否認的是，只要有道理、有意義的，靠著群眾效應傳遞下去有時會給人們在精神上得到踏實，轉化為肉體上的抵抗力，以達到消災避禍的目的。

二、具有實際效益

　　禁忌得以傳承，在於他對於人類社會的穩定和發展，是仍能有著某些不可替代的實際功效。看看它們是否對於人類社會的穩定和發展，有無實際的效益，可從下列幾方面來觀察。

1.能對族群良好行為模式的塑造

　　人們在進入社會之後，社會都會通過禁忌，對其言行進行引導，灌輸社會群體審美觀念的行為準則。比如通過家庭或社會組織的各種禁忌，引導教化行為的規範，引導他該做哪些事？不該做哪些事？以達到其行為能夠符合社會要求通過道德規範。

　　各族群都禁忌說髒話、粗話，有助於良好行為模式的塑造，客家人為

新生嬰兒取名忌諱與族長同字同音，避免呼名時產生差錯，也是對族中長輩的尊敬。飲食方面的禁忌，持筷禁忌，忌邊吃邊說，忌趴在桌上吃飯，忌吃飯時解褲帶，忌吃飯時抖腿，忌飯粒掉於地上等等，都是基於飲食的衛生、禮節、健康、愛惜食物而忌。都是一種具有禮貌行爲模式的塑造，是非常文明的禁忌，應予發揚與提倡。

2. 有助於調整人與社會的關係

人類不能離開社會而獨居存在，因此，調整人和社會關係，不僅關係到人類社會的發展，且關係到社會的進步。

忌諱晚上去看病或弔喪，俗信以爲陰氣重，恐會帶給病人煞氣或從喪中引來煞氣，於己於人都不好，其實這是不打擾病人，給病人早日康復；給居喪者養息時間。飲食中，忌與耕田者談吃牛肉的事，與魚撈業者同席避將盤中之魚翻面，都是尊重各行業人的禁忌，都有助於調整人與社會的關係。

孕婦忌看建灶、鑿井、上樑、開張，如果孕婦不自重，去了這些地方，不但不受歡迎，參與者皆忌諱，若遵守禁忌，必能有助於調整人與社會的關係，如此，自身也能避免受傷、驚嚇，恐傷及胎兒，導致流產。

3. 對社會公共秩序的維護

人與社會的關係存在著共同性、和諧性，推動社會向前發展，就要有一定的秩序來制約每一個人的行爲，法律無法制約的行爲，禁忌則是輔助法律、維護社會秩序最佳而有效的手段。爲了保護人與社會關係的共同性、和諧性、就需要有一定的制約來約制每一個族群中的個人行爲，而禁忌正是維護這秩序的有效手段。如果禁忌能有助於維護公共與社會秩序，自然能有利於傳承。

譬如信仰方面，進入寺廟忌從中門進入，需左進右出，這樣就可維持社會的良好秩序，避免發生擁擠而產生憾事。

社會禁盜忌偷，能偷盜的一晚，大概只有元宵節的晚上了吧？閩南俗諺：「偷挽蔥，嫁好尪」、「偷挽菜，嫁好婿」、「跳菜股，娶好某」，

臺灣傳統社會在元宵夜摘蔥的習俗。民間相信未婚女子，在元宵夜偷摘蔥或菜將會嫁到好丈夫，「蔥」與「尪」、「菜」與「婿」諧音，想要祈求婚姻美滿的女孩，都會在元宵夜到菜園裡偷摘蔥或菜，而且一定要放回菜園才算數[4]。這種習俗，一直到日治末期，由於戰爭期間物資缺乏，原本只採一、兩株的習俗，卻變成見青就採，當時還引起農家極大的抗爭，此一風俗因而逐漸消失。所以本來是一種很特殊而有趣的習俗，只可惜後來因無助於社會秩序的維護而消失了！

4. 有助於科學知識和生活經驗的傳遞

事實上，很多古老的生活經驗，所產生出來的禁忌是符合現代科學知識的。例本書〈生命禮俗禁忌〉章「孕婦禁忌」中指出「孕婦的飲食禁忌，哪些能吃哪些不能吃？妊娠期的忌嘴禁食有些是人們長期生活經驗累積的總結，有些是根據醫學而來，像孕婦吃了某些食品不易消化或患了病，就列為禁忌。有不少出於附會，純屬無稽之談，不過從中卻也反應人們的一種優生意願，或是飲食習慣。

客家人長期住在丘陵或較山地區，以為孕婦不宜吃有腥味的食品，但住於海邊的閩南人而言，蚵仔摻蛋煮酒卻是孕婦的補品。根據近代醫學研究報告，孕婦飲食營養會影響到胎兒，所以孕婦吃的方面需要小心。一般而言，現代婦產科通常對孕婦飲食禁忌的建議，都是孕婦應遵守的。

5. 有些民俗應是理性的產物

禁忌的產生和實施，有時是為了後人不要忘卻當年或某地發生的故事或是歷史事件，與現代許多節日的形成如出一轍。有關客家人祖先牌上或墓碑上，對於婦女的稱呼接稱「孺人」，因何而致？客家地區盛傳這樣一個傳說。

相傳宋末帝昺和部眾因弱不強敵，向南逃到現在屬於廣東客庄的山區，蒙古軍仍窮追不捨，正在危急之際，忽然見到山上一大群工作中的婦

4　鈴木清一郎著、馮作民譯《臺灣舊慣習俗信仰》頁458。

女，個個見義勇爲，手執農具、武器，下山幫助宋帝抵抗蒙古軍，所幸蒙軍並不熟悉南方山區環境，客家婦女一面抵抗，一面引導宋帝逃亡，終保宋帝一命，但最後她們都在奮戰中犧牲成仁了。事後皇帝非常感動，乃下旨說：「後世當地所有婦女，死後一律追贈『孺人』之七品官夫人銜。」所以後來當地客家婦女過世後，一律被尊稱爲「孺人」。所以，在臺灣地區，只要在其祖宗牌位上看到「孺人」二字，其來源應是客家，大致無誤。

三、以口頭敘事文學爲傳播媒介

「民間口頭敘事文學是民俗文化的一項重要組織部分，亦是民俗文化的載體，一方面表現和解釋民俗事項的含意，另一面又影響和促進民俗事項的傳襲。禁忌民俗的傳承受益於民間口頭敘事文學的現象十分明顯、突出。[5]」

同時，禁忌是暫時壓抑著慾望，其流傳呈現著內弱性，傳承需要藉助外部因素，口頭敘事文學正是充當了這一角色。因現實生活中，禁忌本身不能客觀地展現本身強大的魔力，亦即是說它並不具備對違禁者實施直接的處罰。而「民間故事和神話的人物可以做一些違禁或在日常生活中被認爲是可怕的事情[6]」，並在故事的結尾，讓這些人都得到應有的報應，或者規勸世人引以爲誡的話。

要確保禁忌順利流傳，有三種方法可以補救。一是「神化」禁忌的對象，二是把祖先抬出來和禁忌物建立密切的關係，三是安置禁忌於某一「歷史事件」之中，這三種方法的實施，都離不開口傳文學的參與[7]。客家流傳著大年初一禁葷吃素的故事。

傳說以前有五兄弟，在除夕一早就跟父親說要請父親吃年夜飯。父

5　萬建中《禁忌與中國文化》頁84。

6　萬建中《禁忌與中國文化》頁88引吳寶良、馬飛著《中國民間禁忌與傳說》頁163，學苑出版社。

7　萬建中《禁忌與中國文化》頁76。

親聽了非常高興，準備了好多個紅包，等除夕夜發壓歲錢給孫子們，於是滿懷欣喜之情，期待除夕夜快點到來。到了傍晚，鞭炮聲連天，怎麼還沒有人來叫吃飯呢？正在盼望之間，看到有個孫子走了過來。他想：「可能來叫吃飯了吧？」可是那孫子好像完全沒有請他吃飯的意思。過了一陣，他實在忍不住了，就問孫子說：「是你爸爸叫你來請阿公吃飯嗎？」他孫子卻回說：「我們早就吃飽囉！連我家的大黃狗都吃了呢！」孫子講完之後，自個兒玩去。父親本想再等等看有沒有其他的兒子來請他吃飯？此時家家慶團員，歡樂吃著年夜飯，只有自己徒然空等待，突然心頭一冷，覺得人生有何意義呢？把準備好的壓歲錢，散出撒了滿地。

到了第二天大年初一清晨，那五兄弟才想到父親，結果五兄弟都沒有人請父親吃年夜飯，於是趕緊去找父親，來到父親住處，在桌上看到一張紙條以及散落一地的紅包和壓歲錢。紙條上寫著：「除夕晚上不如狗，不如吃素念彌陀。」五兄弟看了之後，覺得非常對不起父親，又羞愧又後悔，結果找遍了所有的廟宇、親戚家，都找不到父親。這時，五兄弟才知道做錯了，再怎麼懊惱也無用處，無法喚回父親了。所以決定以後每年的年初一都要禁葷吃素，以表示自己不孝的懺悔。

後來客家人年初一禁葷吃素，海陸客家人還要到初二才過年拜祖先，以補不孝之大過而流傳至今，甚至父母去世，也要七七四十九天吃素，經由這個口頭敘事傳述下來，可說是後世表示對父母盡孝的一種方式。這些關於民俗的禁忌故事，給禁忌民俗的起因作了合理的解釋，證實了禁忌的可信性，為其產生與流傳提供了依據，藉著口頭敘事文學傳承下來。

總而言之，禁忌能否得到傳承，主要是看具體的禁忌事項本身是否迎合了人們現實生活的某一方面要求。例如孕婦的禁忌，一些被神秘化的保胎措施，若符合人類生育衛生的要求，或是有利於文明社會功能、養成良好社會功能與秩序顯而易見的，在民間有些起禁忌作用的俗諺，這些有利的語言民俗、生產和生活規範，在禁忌的掩護下，往往可以得到更好的傳播。

第三節　民俗禁忌的生存狀態與式微

一、生存狀態

　　「禁忌是一種常見的文化現象，在常態下又是一種無形的符號，是民眾日常生活的一部份，沒有脫離日常生活而存在。在所有民間文化畫符號中，禁忌可以說是唯一具有宗教色彩，同時又完全世俗化的一個符號，它們依託鬼神信仰、祖靈信仰、冥界信仰等至今仍有強大力量的心理民俗，將自己裹上一層厚厚的宗教色彩[8]。」

　　日常生活中，禁忌的生存狀態是平靜的，似乎什麼事都沒有發生，只有在被懷疑或遭遇被侵犯及載體被表述時，人們才會真正意識到它的存在。一般人們在生活中，認為禁忌風俗習以為常，在禁忌不被觸犯的情況下，所有的禁忌都毫無動靜的存在。

　　客家人禁忌從「字紙」上跨過或坐於書有文字的紙上。如果從字紙上跨過，將來讀不好書；坐在「字紙」上，屁股會生瘡腐爛。這禁忌平時存在是沒有動靜的，並沒有人注意，一旦有人違反禁忌，父母或旁人即會提醒，使之不敢違犯禁忌。原因是客家人地處田野丘陵偏處，家庭環境不佳，唯有讀書才能改變家庭環境，於是「晴耕雨讀」。讀書必要尊敬文字，文字發明非常不易。相傳倉頡造字的時候，「天雨粟，鬼夜哭」，可見得文字的發明，是一項驚天動地的大事，昔時賢文說：「讀書須用意，一字值千金」，即是此意。後世尊倉頡為「制字先師」，所以文字就是「聖蹟」，聖蹟不可誇過、坐臥、使用過後即要「過化存神」，要過化存神就必須把字紙收集起來燒毀，所以只要是客家庄很常見「聖蹟亭」或「字紙亭」。（圖19）

8　萬建中《禁忌與中國文化》頁72。

圖19　建於光緒元（1875）年的龍潭聖蹟亭，是目前臺灣所存最具規模、保留最完整的聖蹟亭。（2018.10.31攝）

　　昔時在鄉間，沒有聖蹟亭，客家人將寫過、看過的字紙，收集起來，在初一、十五之時，拿到「長流水」溪邊，燒化成神升天，讓水流將紙灰長流入海。或是常見街上挑著竹簍的老人，喊著：「有字紙嗎？」就將這些舊紙交給這些收紙的老人，這些老人不是把收得的紙挑到回收場賣了！而是挑到聖蹟亭將紙燒了！以使它過化存神。字紙火化成灰，將人崇敬文字的心意傳給上天。

　　由於對文字的尊重，文字神聖化就自然發展出一套禁忌規範，想到先賢倉頡造字，對倉頡的崇敬，文字是神聖的，如果冒犯神聖，即會遭受到懲罰，為避免被懲罰，即必須遵守禁忌。現在撿字紙去燒的人沒了，初一、十五聖蹟亭也很少看到有人燒字紙了，相關的禁忌也越來越淡，不過客家人尊重字紙的觀念並未改變。

二、式微

　　進入文明社會後，有些禁忌因不合時宜而漸漸失去原有的生存空間。另外，禁忌的本質是虛妄的，即使違禁並不全然遭到懲罰，當某一禁忌的虛妄被大家識破或認定，那這一禁忌便到了末日，不再為人們所懼怕，最後變成為歷史的陳跡，譬如宇宙禁忌的慧星、流星出現，以為會有災難，

不宜見之。遇日蝕、月蝕以爲天狗食日、月，必敲鑼擊鼓將之驅趕。現在科學發達，並不以爲忌，日蝕、月蝕不再敲鑼打鼓，禁忌自然式微了！

1.心理不再恐懼

從古至今，令人產生恐懼心理的客觀環境始終存在，死亡的樣式不斷更新、進步，疾病的種類也不斷的增多變化，這種現實生活的景況使得恐懼心理作用下產生禁忌得以傳承。

具體的說，禁忌的傳播一方面藉助了鬼神跟祖靈的權威，另方面又有賴於祭祀鬼神與祖靈的活動，鬼神的權威是鬼神信仰的基礎，鬼神的出現即反映自然界與人生命的一種神秘超自然的權威，此權威通過自然界報復性的災難與人生老病死呈現在面前，使人們產生畏懼，從而自覺或不自覺的用禁忌約束自己的行爲，以取悅鬼神，加強了禁忌的約束力。

禁忌是一切社會規範中最古老的社會規範，就是處在人類社會的早期，禁忌的威力最強，對社會的威力越強，作用越大。禁忌的目的，在於避免不希望得到的結果。這種目的，隨著歷史的發展，人類生產力水準的提高，科學知識的昌明，心裡對魔鬼力量的恐懼感逐漸減落，發現這種禁忌是虛幻的，禁忌民俗本身的生存能力即越來越薄弱心理恐懼不再，最後式微至消失。

2.禁忌慾望的消失

禁忌生存的劣勢在另一方面是它與慾望緊密相連。在弗洛伊德看來，如果沒有慾望，即無所謂禁忌；而有了禁忌，並不意味著慾望的消失。「隨著禁忌的維持，對禁忌事物的的慾望繼續存在，在潛意識中，人們極想去觸犯它，可是又害怕去做；正是想做，心裡的恐懼戰勝了慾望，因爲人們已經察覺不到與禁忌相對應的慾望。[9]」一旦禁忌瓦解，那麼慾望就會穿破意識而付諸行動。無論是固有的禁忌，或是通過教育而培養的禁

---

[9]　萬建中著《禁忌與中國文化》頁87轉引弗洛伊德著《圖騰與禁忌》，楊庸一譯，頁48。中國民間文藝出版社，1986版。

忌，只要人們繼續保持禁忌，想從事禁忌事物的慾望就依舊存在。人們對禁忌事物始終保持著這種矛盾的態度，在潛意識中，想去觸犯又害怕這麼做，有朝一日，禁忌的慾望消失，禁忌即式微、瓦解。

　　昔時灶神在家庭中佔極為重要的信仰。在灶前，有很多的禁忌，每年臘月二十四日灶王爺升天的日子，必以甜湯圓敬奉，期望灶王爺到了天庭，能在玉帝前美言，別把人間的過失告訴玉帝，期望能獲得玉帝的寬宥而不降罪。可是今日小家庭很少有灶之存在，大都使用瓦斯爐，人們以為沒有灶神，即沒有期望灶神升天向玉帝美言的慾望，瓦斯爐上即少灶神神位存在，對灶神的禁忌沒有了，民俗自然也消失了，人們也就沒有了灶神的信仰。不過對灶神的祈求、慾望沒有了，並不代表在廚房就全無禁忌了！

3.脫離了生活場域

　　一般而言，在傳統與反傳統的對抗中，孰勝孰敗很難確定，但就禁忌而言，禁忌的維護者注定要失敗，因為他們找不到人和必然發生的事實做依靠。

　　「舉頭三尺有神明」是一句很常見的民俗諺語。古人信仰神靈，遇到不如意，就會到廟中叩拜。原意是指「神明在供桌上面三尺的地方看著你，你虔誠祈禱、供奉，神明就會顯靈幫助你。」後來引申為，無論你在甚麼地方做任何事，頭上三尺地方的神明都會看得清清楚楚，所以人不要以為沒人看見就做壞事。用以勸人不可做虧心事，以免遭到報應。

　　在現實的生活中，家裡沒有擺設祖先、神明，也不到廟裡拜拜或教堂禮拜，現實生活脫離了場域，抬頭不見三尺有神明。很多人做了虧心事，卻沒有遭到報應啊！這語言民俗禁忌事項即遭到懷疑，所以守護這語言禁忌者，需在其前加一句「人在做，天在看」，或後又加了一句「不畏人知畏己知」或是「善惡到頭終有報」，「不是不報，時候未到」，必須費盡唇舌，舉多少口頭敘事例子以道德勸說，才能使人不犯忌。

　　昔時晚間禁忌洗頭，主要是因為晚間洗頭，頭髮不易乾燥而易著涼。

現在電器發達，吹風機普遍，晚間洗頭已不是禁忌。禁忌對人類產生阻礙或對人們生活的破壞，禁忌現象束縛了人們思想和行動。若合於文明生活、衛生習慣、禮貌行為、身體養生健康的禁忌，應予提倡。

　　涉及迷信不合理的禁忌，如端午惡日，所生之子棄養；醫藥禁忌中的初一、十五不吃藥，有慢性病者應遵醫囑不停藥；還有彭祖百忌除了嫁娶之外，很多都不合時宜；日月之蝕有災難來臨；初剃兒頭良日，寅丑日吉，丁未日凶，蓋以「丁」音近「疔」之故，丁日剃頭易長疔瘡，這樣的語言禁忌等，餘皆脫離了生活場域。隨著科學知識的進展，科技生活的進步，文化的演進，生活水準的提高，脫離生活場域的禁忌，已無人遵行，不是式微就是消失了，新的禁忌也不易產生。

參考文獻

1. 民俗學導論，葉濤，吳存浩，濟南：山東教育出版社，2002
2. 民俗學概論，王娟，北京大學出版社，2002
3. 臺灣的生命禮俗，李秀娥，新店：遠足文化事業公司，2008二刷
4. 臺灣的客家禮俗，陳運棟，臺北：臺原出版社，1999六刷
5. 臺灣客家民俗文集，黃榮洛，新竹：新竹縣文化局，2000
6. 客家舊禮俗，張祖基等，臺北：眾文圖書公司，1986
7. 臺灣舊慣習俗信仰，鈴木清一郎著、馮作民譯，臺北：眾文圖書公司，2004四刷
8. 臺灣人的歲時與節俗，劉還月，臺北：常民文化出版社，2000
9. 慎終追遠，周金水，桃園：桃園客家禮俗協會出版，2002
10. 結婚禮俗，周金水，桃園：桃園客家禮俗協會出版，2010
11. 年節禮俗，周金水，桃園：桃園客家禮俗協會出版，2011
12. 臺灣海陸客話禁忌語研究，黃瑞蓮，新竹教育大學臺語所碩士論文，2006
13. 客家話詈罵語研究，曾燕春，桃園：中央大學客家研究在職專班碩士論文，2011
14. 臺灣民間禁忌，林明峪，臺北：聯亞出版社，1981
15. 中國禁忌，陳生編，南寧：廣西民族出版社，1996
16. 禁忌與中國文化，萬建中，北京：人民出版社，2001
17. 中國民間禁忌風俗，萬建中，北京：中國電影出版社，2005
18. 中國生育禮俗考，郭立誠，臺北：文史哲出版社，1979
19. 中國傳統生命禮俗，葉國良，臺北：五南圖書出版公司，2014
20. 中國禮俗迷信，江紹原，天津：渤海灣出版公司，1989
21. 民間禁忌，姜義鎮，新竹：新竹縣竹東鎮幸福家庭協進會出版，2012
22. 不知道會被笑的66個禮俗禁忌，春光編輯室，臺北：春光出版，2014
23. 歷代避諱字彙典，王彥坤編，鄭州：中州古籍出版社，1997
24. 語言文字的避諱、禁忌與委婉表現，沈錫倫著，臺北：臺灣商務印書館，2003初版三刷
25. 交際稱謂語和委婉語，「韓國」金炫兌，北京：臺海出版社，2002
26. 中國民間信仰論集，劉枝萬，臺北：中央研究院民族學研究所，1974
27. 臺灣客家戲之研究，鄭榮興，臺北：國家出版社，2016
28. 養生之道，鄭康宏主編，劉范聖靈著，臺北：揚善雜誌社，1973.6再版。

29. 臺灣客家民族植物應用篇，邱紹傑、彭宏源，臺北：行政院農業委員會林務局出版，2010初版二刷

30. 臺灣客家民族植物鑑賞篇，邱紹傑、彭宏源，臺北：行政院農業委員會林務局出版，2010初版二刷

31. 新竹縣常見植物海陸客家語名稱(1)楊獅昇編著，新竹縣海陸客家語文協會出版，2005

32. 新竹縣常見植物海陸客家語名稱(2)楊獅昇編著，新竹縣海陸客家語文協會出版，2007

33. 臺南嫁娶禮俗研究，張耘書，鄭佩雯，臺南市文化局出版文化叢書，2019.8

34. 《臺灣之寺廟與神明》（四），仇德哉，南投：臺灣省文獻會，1983.6

35. 客語辭典，楊政男，龔萬灶，徐清明編撰，自印，2014初版二刷

36. 臺灣客家語辭典，徐兆泉，臺北：南天書局，2001

37. 客語俗語典，徐兆泉，臺北：南天書局，2018

38. 臺灣客家俚諺語典，黃永達，臺北：全威創意媒體股份有限公司，2005

39. 客家故事集，出版人：何明光，桃園市客家事務局出版，2018

40. 臺灣客家讀本，黃永達，臺北：權威創意媒體公司，2004

41. 台灣宗教と迷信陋習，曾景來，臺北：南天書局，1939臺北二版、1995二刷

42. 台灣的迷信與陋習（中文本），曾景來，臺北：武陵出版公司，1994

43. 客家婚、喪禮俗詞彙文化研究：以楊梅、新屋、觀音為例，羅必鉦，中央大學碩士論文，2020

網站

1. 教育部重編國語修訂本網站

2. 教育部臺灣客家語常用詞辭典網站

3. 教育部臺灣閩南語常用詞辭典網站

4. 行政院農委會：大風草-認識藥用植物網站

5. 現代孕婦新忌網站

6. 民俗禁忌網站

7. 南朝宗凜編著《荊楚歲時記》

8. 民間信仰網站

國家圖書館出版品預行編目資料

客家民俗禁忌／徐貴榮著. --初版.--
 臺北市：五南圖書出版股份有限公司，
 2021.11 面； 公分
 ISBN 978-626-317-311-8 (平裝)

1.客家 2.民俗 3.禁忌 4.臺灣

536.211   110017530

4X1T 客語系列

客家民俗禁忌

作　　者 ―	徐貴榮
指導單位 ―	桃園市新楊平社區大學
贊助單位 ―	財團法人客家公共傳播基金會
發 行 人 ―	楊榮川
總 經 理 ―	楊士清
總 編 輯 ―	楊秀麗
副總編輯 ―	黃惠娟
責任編輯 ―	吳佳怡
封面設計 ―	姚孝慈
出 版 者 ―	五南圖書出版股份有限公司

地　　址：106台北市大安區和平東路二段339號4樓

電　　話：(02)2705-5066　　傳　　真：(02)2706-6100

網　　址：https://www.wunan.com.tw

電子郵件：wunan@wunan.com.tw

劃撥帳號：01068953

戶　　名：五南圖書出版股份有限公司

法律顧問　林勝安律師事務所 林勝安律師

出版日期　2021年11月初版一刷

定　　價　新臺幣400元

經典永恆・名著常在

五十週年的獻禮——經典名著文庫

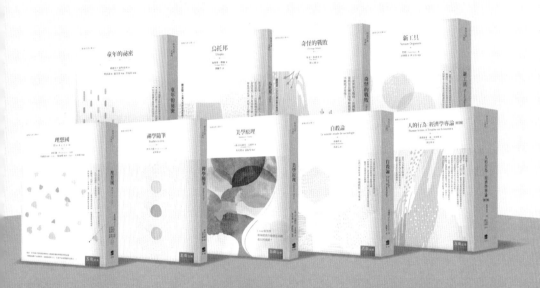

　　五南，五十年了，半個世紀，人生旅程的一大半，走過來了。

　　思索著，邁向百年的未來歷程，能為知識界、文化學術界作些什麼？

　　在速食文化的生態下，有什麼值得讓人雋永品味的？

　　歷代經典・當今名著，經過時間的洗禮，千錘百鍊，流傳至今，光芒耀人；

　　不僅使我們能領悟前人的智慧，同時也增深加廣我們思考的深度與視野。

　　我們決心投入巨資，有計畫的系統梳選，成立「經典名著文庫」，

　　希望收入古今中外思想性的、充滿睿智與獨見的經典、名著。

　　這是一項理想性的、永續性的巨大出版工程。

　　不在意讀者的眾寡，只考慮它的學術價值，力求完整展現先哲思想的軌跡；

　　為知識界開啟一片智慧之窗，營造一座百花綻放的世界文明公園，

　　任君遨遊、取菁吸蜜、嘉惠學子！